大学语文

李白　贾真光　编著

天津大学出版社
TIANJIN UNIVERSITY PRESS

图书在版编目(CIP)数据

大学语文 / 李白，贾真光编著. —天津：天津大学出版社，2020.7（2022.2重印）
ISBN 978-7-5618-6738-9

Ⅰ.①大… Ⅱ.①李… ②贾… Ⅲ.①大学语文课—教材 Ⅳ.①H193.9

中国版本图书馆CIP数据核字（2020）第140889号

出版发行　天津大学出版社
地　　址　天津市卫津路92号天津大学内(邮编:300072)
电　　话　发行部:022-27403647
网　　址　www.tjupress.com.cn
印　　刷　北京盛通商印快线网络科技有限公司
经　　销　全国各地新华书店
开　　本　185mm×260mm
印　　张　18.25
字　　数　456千
版　　次　2020年8月第1版
印　　次　2022年2月第2次
定　　价　49.00元

编委会

主　编　李　白　贾真光

副主编　王秀梅　侯　伟　朱翠芳　李艳爽　薛红云

前言

大学语文课在高等院校开设得比较早。1903年，清政府出台的《奏定学堂章程学务纲要》提及："至各学堂中国文学一科，则明定日课时刻，并不妨碍他项科学，兼令诵读有益德性风化之古诗歌，以代外国学堂之唱歌音乐。各省学堂均不得抛荒此事。"这里的"中国文学一科"即现代的大学语文。大学语文在民国时期的高校中被设置为必修课。梅贻琦先生力推"通才教育"，着眼于学生"人格"的培养，把国文定为清华大学各学院学生修习的五门必修课之一。教育部1913年所颁布的《大学规程》规定国文课为大学预科必修科目，1929年颁布的《大学规程》规定国文课为大学一年级学生必修科目。1977年恢复高考后，南京大学校长匡亚明和复旦大学校长苏步青倡导高校开设大学语文课，鉴于学生素质和师资力量，许多高校都开设了大学语文课。20世纪末，随着高等院校的专业建设发展，大学语文课逐渐被边缘化了。

晚清时期开设的中国文学一科是以"益德性"为目的的。民国时期是民族文化和语言变革的时期，高校开设大学语文课一方面是基于提升学生文化素养，另一方面是为提升学生的语言表达能力。叶圣陶先生提出，"语文"中，"语"指口头语言，包括辩论、说话、演讲等；"文"指书面语言，包括文字、文学和文化。匡亚明校长提出高校开设大学语文课也是基于学生语言能力、文化素养的提升和精神的充实。

语文教育在不同阶段有不同的内容。在基础教育阶段，语文课偏重训练学生对语言的学习运用和对文学知识的积累；在中学阶段，语文课偏重于各类文体的教学和对学生写作能力的训练；到了大学阶段，大学语文无论是作为"公共课"还是"通识课"，都应有其新的学习内容。但20世纪末以来，大学语文课逐渐边缘化，课时被限制，一些高校教师被迫压缩教学内容，文化教育和写作能力训练被合二为一，在师资不足的情况下，大学生的文化素养和写作能力也随之下降。

各时期的大学语文课都有相应的教材，大学语文教材的编写始于晚清。1906年，唐文治先生编写了《高等国文读本》，该书1909年由上海文明书局出版。《国文国语教育论典》评价该书为我国最早的大学语文教材。民国时期，除各高校编写相应的国文教材之外，教育部组织编写了《大学国文选目》，引导学生阅读古今书籍。在1977年恢复高考后开设大学语文的最初目的很明确，但因师资水平、教材的单一和固化，大学语文课的授课目的在教学中逐渐模糊化，以致后来教材编写样式万千。21世纪以来，大学语文教材主要有文学史型、文学文体型、文化专题型、文学写作兼容型等几类教材。

大学语文教材的编写要与其课程开设的目的相匹配。目前，学界对大学语文还没有统一明确的课程定位，但都明确大学语文课要兼具人文性和工具性，明确大学语文要肩负文化传承和学生写作能力培养的任务。大学的课程教学是专业性教学，从内容上看，大学语文应是两门课程的教学内容。高校中文系的学生对文学、文化和写作的学习都是分科教授的，对非中文系的普通学生来说，更应该是开设两门课程。因此，大学语文教材也应分开编写，同时开设不同的教学课程。不同高校学生的文化素养和写作能力不同，开设课程的内容也应不同。清华大学2018年开设了沟通与写作课，是针对清华大学的学生特点设置的，其他高校也应根据实际所需开设相应的课程。

北京联合大学是一所应用型普通高校，师范学院作为其二级学院主要是面向北京市培养中小学师资，学院的办学目标是培养“四有”好老师。因此，学院所重视的是学生的文化素养。培养学生的文化素养，既要培养学生纵向的历史眼光，也要培养学生横向的中外文化比较思维，在纵向与横向的比较中发现不同文化的传承延续和各异发展。在教学内容上，我校开设大学语文课主要是引导学生明晰文学与文化的关系。让学生在文学中感受民族文化和文明，了解各时期文学中的民族文化传承与发展；以文化的视角去阅读文学作品，感受民族文化下的文学共性和个性。基于此，笔者学习借鉴徐中玉先生编著的《大学语文》教材，编写了适合本校学生的教材。

本教材设置十三个单元，以专题的形式设置十三个文化主题，以儒释道文化为主体，另选取民族文化发展中较为突出的其他文化为内容。每一单元围绕主题设置八篇古今中外的作品。在教材最后设置了学院大学语文教研室选编的书目，指导学生课外阅读。

本教材是北京联合大学校级规划教材。我校旅游学院也开设大学语文课，因此，在编写教材时，两个学院教师共商探讨，合作编写本教材。教材第一、二、三、四、五、九单元由贾真光老师选编，第六单元由李白老师选编，王秀梅老师编选了第八单元，李艳爽老师编选了第十单元，薛红云老师编选了第十二单元，朱翠芳老师编选了第十三单元，侯伟老师编选了第七单元和附录。为保证教材编写的统一风格，教材最后由贾真光老师统筹完善。教材出版感谢天津大学出版社的鼎力支持。

目　录

第一单元　大学之道

人是大自然的产物，对宇宙的探索和对人自身的认识一直推动着人类社会的前进。人从何处来，要到何处去？无论是西方的哲人还是东方的先贤都有过思考。

中华文化一直强调天人合一的思想，即认识所处的宇宙，了解这个宇宙中的人如何与之和谐共生。中国的思想家们，无论是先秦的老子、孔子、荀子等，还是后来的程朱理学、陆王心说，都是在探索这个问题。

中华民族几千年来一直探讨人与宇宙的关系，更探索人与宇宙下诞生的人类社会群体如何相处及自处，人们从哲学、宗教和现实的实证出发，提出了各不相同的见解。

时代在发展、社会在前进，把握好当下的大时代，在历史的洪流中探求人的存在、人与自然和社会的和谐相处，构建和谐的生活。

本单元学习历代圣哲对宇宙人生阐释的篇章，了解中华文化确立的根基，进而解读这一文化根基下的文章和著作。

道德经[1]（节选）

老　子

老子又称聃，姓李名耳，字伯阳，生卒年不详，春秋末期陈国人，道家学派创始人和主要代表人物，与后世的庄子并称“老庄”，今存世著作《道德经》。

有物浑成，先天地生。寂兮寥兮，独立而不改，周行而不殆[2]，可以为天地母。吾不知其名，字之曰道，强为之名曰大。大曰逝，逝曰远，远曰反[3]。故道大，天大，地大，王亦大。域中有四大，而王居其一焉。人法地，地法天，天法道，道法自然。

道生一，一生二，二生三，三生万物。万物负阴而抱阳，冲[4]气以为和。人之所恶，唯孤、寡、不谷[5]，而王公以为称。故物，或损之而益，或益之而损。人之所教，我亦教之。强梁者，不得其死，吾将以为教父[6]。

【注释】

[1] 课文选自《老子》（中华书局，2014年第1版）。《老子》内容包含两部分，一部分为《道经》，一部分为《德经》，后人合称之为《道德经》。

[2] 殆：息止。

[3] 反：通“返”。

[4] 冲：摇荡。

[5] 不谷：君主的自我谦称。

[6] 父：本，始。

【课文简解】

课文选自《老子》的第25章和第42章。老子在第一选段里阐述了“道”的产生、特点和存在形式，“道”与天地人之间的关系。老子在第二选段里阐述了“道”的演绎变化。天地万物皆由“道”而生，万物各有阴阳，调和而存在。

选文阐述了老子的大“道”观，“道”是自然存在的，“道”所孕育下的万物存在着内在矛盾。人要顺应大道、天道、地道和人道，明白万物存在之道。

论语[1]（节选）

孔子（前551—前479），名丘，字仲尼，春秋末期鲁国陬邑人。孔子是中国古代思想家、教育家，儒家学派创始人。

他开创了私人讲学，倡导仁、义、礼、智、信。鲁定公八年，孔子走入仕途；约鲁定公十二年，孔子升为鲁国大司寇，摄相事，使鲁国大治。孔子因恢复旧制而触犯了鲁国旧贵族的势力，被排挤弃官，被迫带弟子周游列国。晚年，孔子回到鲁国，修订《诗》《书》《礼》《乐》《易》，编写《春秋》。孔子去世后，其弟子及其再传弟子把孔子及其弟子的言行语录和思想记录下来，整理编成儒家经典《论语》。

孔子在古代被尊奉为“天纵之圣”“天之木铎”，被后世统治者尊为“孔圣人”“至圣”“至圣先师”“大成至圣文宣王先师”“万世师表”。

《论语》成书于战国前期，全书集中地体现了孔子的政治主张、伦理思想、道德观念及教育原则等，是儒家学派的经典著作之一。

季路问事鬼神。子曰：“未能事人，焉能事鬼？”曰：“敢问死。”曰：“未知生，焉知死？”

樊迟问知。子曰：“务民之义，敬鬼神而远之，可谓知矣。”问仁。曰：“仁者先难而后获，可谓仁矣。”

子曰：“君子有三畏：畏天命，畏大人，畏圣人之言。小人不知天命而不畏也，狎大人，侮圣人之言。”

司马牛忧曰：“人皆有兄弟，我独亡[2]。”子夏曰：“商闻之矣：‘死生有命，富贵在天。’君子敬而无失，与人恭而有礼，四海之内，皆兄弟也。君子何患乎无兄弟也？”

【注释】

[1] 课文选自《论语》（中华书局，2006年第1版）。

[2] 亡：同“无”。

【课文简解】

课文第一部分选自《论语·先进》，第二部分选自《论语·雍也》，这两部分阐述了儒家的鬼神观念。从选文看，当时儒家承认鬼神的存在，但强调现实对人的重视。课文第三部分选自《论语·季氏》，第四部分选自《论语·颜渊》，这两部分阐述儒家的天命观，反映了儒家的敬天悯人的思想。

天论[1]（节选）

荀　子

荀子（约前313—前238），名况，字卿，战国末期赵国人，著名思想家、文学家、政治家，时人尊称"荀卿"，著有《荀子》一书。

天行有常，不为尧存，不为桀亡。应之以治则吉，应之以乱则凶。强本而节用，则天不能贫；养备而动时，则天不能病；修道而不贰，则天不能祸。故水旱不能使之饥，寒暑不能使之疾，祆[2]怪不能使之凶。本荒而用侈，则天不能使之富；养略而动罕，则天不能使之全；倍[3]道而妄行，则天不能使之吉。故水旱未至而饥，寒暑未薄而疾，祆怪未至而凶。受时与治世同，而殃祸与治世异，不可以怨天，其道然也。故明于天人之分，则可谓至人矣。

不为而成，不求而得，夫是之谓天职。如是者，虽深，其人不加虑焉；虽大，不加能焉；虽精，不加察焉：夫是之谓不与天争职。天有其时，地有其财，人有其治，夫是之谓能参。舍其所以参，而愿其所参，则惑矣。

……

天不为人之恶寒也，辍冬；地不为人之恶辽远也，辍广；君子不为小人之匈匈[4]也，辍行。天有常道矣，地有常数矣，君子有常体矣。君子道其常，而小人计其功。诗曰："礼义之不愆[5]，何恤[6]人之言兮！"此之谓也。

【注释】

[1] 课文节选自《荀子·天论》（上海人民出版社，1974年第1版）。

[2] 祆：同"妖"。

[3] 倍：同"背"。

[4] 匈：同"讻"，喧哗之声。

[5] 愆：差错。

[6] 恤：顾虑。

【课文简解】

《天论》一文主要阐述了荀子的天人观。荀子开篇提出天道是客观存在的，运行是有规律的，这种规律是不以人的意志为转移的，人要明白天有天道，要顺应天道，了解天道，天人之间，努力做好人道，做到"人有其治"，做到强本、节用、养备和修道。

大学[1]（节选）

《大学》是一篇论述儒家修身治国平天下思想的散文，原是《小戴礼记》第42篇。《小戴礼记》由汉宣帝时戴圣根据历史上遗留下来的一批佚名儒家的著作合编而成。《大学》是一部中国古代讨论教育理论的重要著作，与《中庸》《论语》《孟子》合称“四书”。

大学之道，在明明德，在亲民，在止于至善。知止而后能定，定而后能静，静而后能安，安而后能虑，虑而后能得。物有本末，事有终始，知所先后，则近道矣。

古之欲明明德于天下者，先治其国；欲治其国者，先齐其家；欲齐其家者，先修其身；欲修其身者，先正其心；欲正其心者，先诚其意；欲诚其意者，先致其知；致知在格物[2]。物格而后知至，知至而后意诚，意诚而后心正，心正而后身修，身修而后家齐，家齐而后国治，国治而后天下平。

自天子以至于庶人，壹是皆以修身为本。其本乱而末治者，否矣。其所厚者薄，而其所薄者厚，未之有也。此谓知本，此谓知之至也。

【注释】

[1] 课文选自陈戍国《四书校注》（岳麓书社，2004年第1版）。

[2] 格物：认识研究事物道理。

【课文简解】

课文节选自《大学》第一章。《大学》开篇提出的“三纲领”（明明德、亲民、止于至善）和“八条目”（格物、致知、诚意、正心、修身、齐家、治国、平天下），明示儒家立身进取的目标“明明德”“亲民”“至善”，强调修己是治人的前提，修己的目的是为了治国平天下，说明治国平天下和个人道德修养的一致性，进而具体阐述了达到这一目标的途径，先格物致知、诚意正心，然后才去修身齐家，进而实现国治、天下太平的政治理想，天下治顺，教化以道德，最终达到至善之境。

盘古开天地

徐　整

徐整,字文操,三国时期吴国人。他所著的《三五历纪》和《五运历年纪》为目前所知记载中国上古盘古开天地传说的最早著作。

《三五历纪》又作《三五历》,内容记述三皇以来之事,此书已佚,仅部分段落存于后来的类书,如《太平御览》《艺文类聚》之中。

天地浑沌如鸡子。盘古生在其中,万八千岁,天地开辟。阳清为天,阴浊为地。盘古在其中,一日九变。神于天,圣于地。天日高一丈,地日厚一丈,盘古日长一丈,如此万八千岁。天数极高,地数极深,盘古极长。后乃有三皇。数起于一,立于三,成于五,盛于七,极于九,故天去地九万里。(《三五历纪》)

天气蒙鸿,萌芽兹始,遂分天地,肇[1]立乾坤,启阴感阳,分布元气,乃孕中和,是为人也。首生盘古,垂死化身,气成风云,声为雷霆;左眼为日,右眼为月;四肢五体为四极五岳;血液为江河;筋脉为地里;肌肉为田土;发为星辰;皮肤为草木;齿骨为金石;精髓为珠玉;汗流为雨泽;身之诸虫,因风所感,化为黎甿[2]。(《五运历年纪》)

【注释】

[1] 肇:开始。

[2] 黎甿:黎民。

【课文简解】

课文所选文段阐述了中国古人对人类所生活的客观世界的认识。文段解释了宇宙间天地人的产生,这一描述与现代宇宙大爆炸观类似。从内容上,选段包含了一元宇宙论和阴阳调和的道家思想,也包含了儒家开拓进取的奉献精神。

春江花月夜[1]

张若虚

张若虚(约660—720),扬州(今江苏省扬州市)人,唐代诗人,与贺知章、张旭、包融合称为“吴中四士”。《全唐诗》存其诗两首,其中《春江花月夜》是一篇脍炙人口的名作。

春江潮水连海平,海上明月共潮生。
滟滟随波千万里,何处春江无月明!
江流宛转绕芳甸,月照花林皆似霰[2]。
空里流霜不觉飞,汀上白沙看不见。
江天一色无纤尘,皎皎空中孤月轮。
江畔何人初见月?江月何年初照人?
人生代代无穷已,江月年年望相似。
不知江月待何人,但见长江送流水。
白云一片去悠悠,青枫浦[3]上不胜愁。
谁家今夜扁舟子?何处相思明月楼?
可怜楼上月徘徊,应照离人妆镜台。
玉户帘中卷不去,捣衣砧上拂还来。
此时相望不相闻,愿逐月华流照君。
鸿雁长飞光不度,鱼龙潜跃水成文。
昨夜闲潭梦落花,可怜春半不还家。
江水流春去欲尽,江潭落月复西斜。
斜月沉沉藏海雾,碣石潇湘无限路。
不知乘月几人归,落月摇情满江树。

【注释】

[1] 诗歌选自《全唐诗》(中华书局,1999年第1版)。

[2] 霰(xiàn):天空中降落的白色不透明的小雪粒。

[3] 青枫浦:地名,今湖南省浏阳市境内有青枫浦。这里泛指游子所在的地方。

【课文简解】

《春江花月夜》描述了宇宙永恒,人在宇宙间的渺小与人生的短暂,美景短暂而难逢,人在宇宙间生存,应该珍惜生命中所拥有的美好。

《清华大学王观堂[1]先生纪念碑铭》并序[2]

陈寅恪

陈寅恪（1890—1969），字鹤寿，江西省修水县人，中国现代历史学家、古典文学研究家、语言学家、诗人，先后任职任教于清华大学、西南联大等高校，著有《元白诗笺证稿》《柳如是别传》《寒柳堂记梦》等。

海宁王先生自沉后二年，清华研究院同人咸怀思不能自已。其弟子受先生之陶冶煦育者有年，尤思有以永其念。佥曰：宜铭之贞珉，以昭示于无竟。因以刻石之词命寅恪，数辞不获已，谨举先生之志事，以普告天下后世。其词曰：

士之读书治学，盖将以脱心志于俗谛之桎梏，真理因得以发扬。思想而不自由，毋宁死耳。斯古今仁圣所同殉之精义，夫岂庸鄙之敢望。先生以一死见其独立自由之意志，非所论于一人之恩怨，一姓之兴亡。呜呼！树兹石于讲舍，系哀思而不忘。表哲人之奇节，诉真宰之茫茫。来世不可知者也，先生之著述，或有时而不章。先生之学说，或有时而可商。惟此独立之精神，自由之思想，历千万祀，与天壤而同久，共三光而永光。

【注释】

[1] 王观堂：即王国维（1877—1927），浙江省海宁州（今浙江省嘉兴市海宁）人，字静安，号观堂，现代学者，清华国学研究院“五导师”之一，1927年6月2日自沉于北京颐和园昆明湖。

[2] 课文选自《陈寅恪文集之三·金明馆丛稿二编》（上海古籍出版社，1980年第1版），课文内容是陈寅恪在王国维先生故去后两周年所写的纪念碑铭，文章原载于清华大学的《消夏周刊》（1929年第一期），后收入《陈寅恪文集之三·金明馆丛稿二编》。课文题目是编者加的，原文题目是《清华大学王观堂先生纪念碑铭》，碑铭所刻题为《海宁王先生碑铭》。

【课文简解】

碑铭是指碑文和铭文，有韵的碑文叫铭。陈寅恪先生在《〈清华大学王观堂先生纪念碑铭〉并序》中评述王国维先生的人生追求，突出其“独立之精神，自由之思想”的崇高学术品格，并评价王国维的这种学术品格像日月星一样光芒永恒。

横渠四句

冯友兰

冯友兰(1895—1990),字芝生,河南省南阳市人,中国当代著名哲学家、教育家,被誉为“现代新儒家”,著作有《中国哲学史》《中国哲学简史》《中国哲学史新编》《贞元六书》等。

张载[1]的四句话,我称之为“横渠四句”。

“为天地立心,为生民立命,为往圣继绝学,为万世开太平”这四句话,简明地说出了人的特点,人之所以为人,即“人之所以异于禽兽者”。这四句中的那四个“为”字的主词,可能是张载本人,也可能是哲学家,也可能是哲学。无论如何,从一般人的观点看,第一句“为天地立心”很费解。其实,并不费解。宋朝有一个无名诗人,在客店的墙上题了两句诗:“天不生仲尼,万古长如夜。”这是以孔子为人类的代表。他应当说:“天若不生人,万古长如夜。”在一个没有人的世界中,如月球,虽然也有山河大地,但没有人了解,没有人赏识,这就是“长如夜”。自从人类登上月球,它的山河大地方被了解,被赏识。万古的月球,好像开了一盏明灯,这就不是“长如夜”了。地球和其他星球的情况,也是如此。地球上的山河大地是自然的产物,历史文化则是人的创造。人在创造历史文化的时候,他就为天地“立心”了。人所立之“心”,是宇宙“底”(所有格)心,不是宇宙“的”(形容词)心。

第二句是“为生民立命”。“立命”二字,在儒家经典中,初见于《孟子》。孟子说:“夭寿不二,修身以俟之,所以立命也。”(《尽心上》)儒家所谓“命”,是指人在宇宙间所遭遇的幸或不幸,认为这是人所不能自主的。信宗教的人,于不能自主之中,要求一个“主”。信基督教的人遇见不能自决的事,就祷告“上帝”,求他的“主”帮助他决定。祈祷以后,他自己再作决定。即使这个决定还是以前的决定,他也认为这是他的“主”替他作的决定。儒家指出,不需要这个“主”。人在宇宙间所遇到的幸或不幸,是个人的力量所不能控制的。既然个人不能控制,那就顺其自然,而只做个人所应该做的事。这就是“夭寿不二,修身以俟之”。人的精神境界达到这样的高度,宗教对于他就失去作用了。蔡元培提倡以美育代宗教,其实,真能代替宗教的是哲学。

第三、四句都是“人之所以异于禽兽者”的事。对于禽兽,只有现在,没有过去,也没有将来,也无所谓“为往圣继绝学,为万世开太平”。

最合于“人之所以为人”的标准的人,儒家称为“圣人”。儒家认为,圣人最宜于做社会最高统治者,因为他是廓然大公。柏拉图认为,在他的理想社会中,最合适的统治者是哲学家,即把哲学与政治实践结合起来的所谓“哲学王”。儒家也认为,有圣人之德者,才宜于居最高统治者之位,这就是所谓“圣王”。《庄子·天下》认为,最高的学问是“内圣外王之道”,用我们现在的话说,就是哲学。

在中国封建社会里，封建统治者利用这个传统的说法欺骗人民。照他们的解释，不是圣人最宜于为王，而是为王者必定是圣人。所以在中国封建社会中，有关统治者的事都称为"圣"。皇帝的名字称为"圣讳"，皇帝的命令称为"圣旨"，甚至于皇帝的身体也称为"圣躬"。

欺骗终究是欺骗，没有人信以为真。在中国哲学史中，从孟子起，就把政治分为两种：一种名为"王"，一种名为"霸"。王者"以德服人"，霸者"以力服人"。中国的历代王朝都是用武力征服来建立和维持其统治的，这些都是霸。至于以德服人的，则还没有。宋明以来，道学和反道学的"王霸之辨"，其根本的分歧就在于此。

照我的了解，圣人之所以为圣，全在于他的最高精神境界。

中国哲学的传统认为最宜于为王的人是圣人，因为有圣人之德的人是大公无私的。程颢说："天地之常，以其心普万物而无心；圣人之常，以其情顺万事而无情。"（《答横渠张子厚先生书》《程氏文集》卷二）大公无私，只有最高精神境界的人才能如此。所以，只有圣人才最宜于为王。这就是"内圣外王"之道的真正意义。

【注释】

[1] 张载（1020—1077），字子厚，世称"横渠先生"，北宋思想家、教育家、理学创始人之一。

【课文简解】

冯友兰在《中国哲学史新编》的结语中表达了对张载的钦佩：高山仰止，景行行止，虽不能至，心向往之。冯友兰认为人生境界有四种：自然境界、功利境界、道德境界和天人境界。

冯友兰在文章中对张载的"横渠四句"进行了阐释。首先阐述客观宇宙和人的各自存在关系，强调人在宇宙世界中的作用；进而阐述人存在的价值，"为生民立命"，与宗教结合阐释儒家的积极进取与实践，以为民谋福祉为知识分子的重任，做到知行合一；"为往圣继绝学"，先剖析"圣"与"王"，强调弘扬圣哲之道，教化于民，不被权谋者所迷惑；最后阐述实现"为万世开太平"之道，即儒家"内圣外王"之道。

单元练习

一、背诵《大学》（节选）、《春江花月夜》。

二、结合《老子》，阐述先秦道家思想人物的宇宙人生观。

三、结合《论语》，试分析先秦儒家的社会思想观念。

四、如何评价秦汉至明清这一封建帝制时代知识分子的大学之道观？

五、如何评述近现代的知识分子的大学之道观？

六、结合时代发展和课程思政，阐述当代大学生该建立怎样的大学之道观。

第二单元　逝者如斯

儒家思想指的是儒家学派的思想，由春秋末期思想家孔子所创立。儒家学说以上古“三王”尧舜禹德行治国理念和夏商周三代亲亲尊尊传统文化为基础，孔子的思想是在其编书著说的过程中和对弟子教诲的言谈中逐步被确立的，形成了一个思想体系。

春秋时期，诸侯武力争霸，儒家学派思想并不被重视。秦始皇“焚书坑儒”后，儒家遭受重创。秦帝国以法治国而迅速崩溃后，汉王朝逐步确立了儒家思想的主导地位，但这一思想又被其上层所毁坏。在魏晋时期，玄学思想导致华夏族走向式微。隋唐实施科举制，再次确立儒家思想的主导地位，一直影响到今天。其间儒家思想也在不断地更新发展，并与政治更加紧密结合，尤其是在明清两代，走向僵化，造成部分知识者的异化。

儒家思想基本分为“内圣”与“外王”，即个人修养与政治主张两类。它以周朝礼乐为传统，以仁恕诚孝为核心价值，重视君子的品德修养，强调仁与礼相辅相成，重视五伦与家族伦理，提倡教化和仁政，轻徭薄赋，抨击暴政，力图重建礼乐秩序，移风易俗，保国安民，具有入世理想与人文主义精神。后经过孟子发展，荀子集其大成，延续至今，成为东亚地区部分国家的主流文化思想。

几千年来，中国人世代传授儒家的责任思想（以天下为己任）、忠孝思想（仁义礼智信）、恕的思想（己所不欲，勿施于人）和伦理思想（修身齐家治国平天下）。儒家思想有其积极的部分，也有其不足之处。了解学习儒家思想，应吸取其精华、剔除其糟粕。

儒家经典主要有儒学“十三经”，即《诗经》《尚书》《仪礼》《周易》《春秋左氏传》《论语》《孝经》《周礼》《礼记》《春秋公羊传》《春秋谷梁传》《尔雅》《孟子》。

本单元学习历代儒家学者的著作篇章，通过这些篇章了解影响中国两千多年的儒家思想的发展变化，进而了解中国文化的思想发展脉络，从而更好地解读一些文学作品的主旨。

论语[1]（节选）

《论语》全书共20篇，492章，以语录体为主、叙事体为辅，主要记录孔子及其弟子的言行，较为集中地体现了孔子的政治主张、伦理思想、道德观念及教育原则等，与《大学》《中庸》《孟子》合称“四书”。

子在川上曰：“逝者如斯夫，不舍昼夜。”（《论语·子罕》）

子路问君子，子曰：“修己以敬。”曰：“如斯而已乎？”曰：“修己以安人。”曰：“如斯而已乎？”曰：“修己以安百姓。修己以安百姓，尧舜其犹病诸！”（《论语·宪问》）

子曰：“贤哉！回也。一箪食，一瓢饮，在陋巷。人不堪其忧，回也不改其乐。贤哉！回也。”《论语·雍也》

仲弓问仁。子曰：“出门如见大宾，使民如承大祭；己所不欲，勿施于人；在邦无怨，在家无怨。”仲弓曰：“雍虽不敏，请事斯语矣。”（《论语·颜渊》）

樊迟问仁。子曰：“爱人。”问知。子曰：“知人。”樊迟未达。子曰：“举直错[2]诸枉[3]，能使枉者直。”樊迟退，见子夏，曰：“乡也吾见于夫子而问知，子曰：‘举直错诸枉，能使枉者直。’何谓也？”子夏曰：“富哉言乎！舜有天下，选于众，举皋陶，不仁者远矣。汤有天下，选于众，举伊尹，不仁者远矣。”（《论语·颜渊》）

子路问政，子曰：“先之，劳之。”请益，曰：“无倦。”（《论语·子路》）

仲弓为季氏宰，问政，子曰：“先有司，赦小过，举贤才。”曰：“焉知贤才而举之？”曰：“举尔所知。尔所不知，人其舍诸？”（《论语·子路》）

子路曰：“卫君待子而为政，子将奚先？”子曰：“必也正名乎！”子路曰：“有是哉，子之迂也！奚其正？”子曰：“野哉！由也。君子于其所不知，盖阙[4]如也。名不正，则言不顺；言不顺，则事不成；事不成，则礼乐不兴；礼乐不兴，则刑罚不中；刑罚不中，则民无所措手足。故君子名之必可言也，言之必可行也。君子于其言，无所苟[5]而已矣。”（《论语·子路》）

樊迟请学稼，子曰：“吾不如老农。”请学为圃。曰：“吾不如老圃。”樊迟出，子曰：“小人哉！樊须也。上好礼，则民莫敢不敬；上好义，则民莫敢不服；上好信，则民莫敢不用情。夫

如是，则四方之民襁[6]负其子而至矣，焉用稼？”（《论语·子路》）

【注释】

[1] 课文选自《论语》（中华书局，2006年第1版）。

[2] 错：通“措”，放置。

[3] 枉：邪曲。

[4] 阙：空缺、欠缺。

[5] 苟：不严肃。

[6] 襁（qiǎng）：背负婴儿用的宽带。

【课文简解】

课文选自《论语》，选文部分集中体现了儒家学说开创者孔子的思想。选文阐述了孔子对人生短暂的叹息，告诫弟子们内修、慎独，努力学习，尽心做事，推己及人；在政治上，阐述了知识分子要立志高远，荐贤用贤，安人，安百姓，使家国和谐。

齐桓晋文之事[1]

孟子（约前372—前289），名轲，字子舆，战国时期邹国人，伟大的思想家、教育家，儒家学派的代表人物，与孔子合称“孔孟”。元朝时，孟子被尊称为“亚圣”。

孟子早期从事私人讲学，中年怀揣政治抱负，带着弟子周游列国，游说君王，而不被采纳，与弟子万章等人退而著述，阐发孔丘的思想学说，写成《孟子》一书，共七篇。《孟子》一书属语录体散文集，是孟子的言论汇编，由孟子及其弟子共同编写完成，倡导“以仁为本”。

在人性方面，孟子主张性善论，认为人生来就具备仁、义、礼、智四种品德。在价值观方面，孟子强调“义”，提出舍生取义的观念。在社会政治方面，孟子发展了孔子仁的学说，提出仁政和王道的理论。仁政就是对人民“省刑罚、薄税敛”，提出“民贵君轻”的主张，认为君主必须重视人民。

齐宣王问曰：“齐桓、晋文之事，可得闻乎？”

孟子对曰：“仲尼之徒，无道桓文之事者，是以后世无传焉，臣未之闻也。无以，则王乎？”

曰：“德何如则可以王矣？”

曰：“保民而王，莫之能御也。”

曰：“若寡人者，可以保民乎哉？”

曰：“可。”

曰：“何由知吾可也？”

曰：“臣闻之胡龁[2]曰：王坐于堂上，有牵牛而过堂下者，王见之，曰：‘牛何之？’对曰：‘将以衅钟[3]。’王曰：‘舍之！吾不忍其觳觫[4]，若无罪而就死地。’对曰：‘然则废衅钟与？’曰：‘何可废也，以羊易之。’不识[5]有诸？”

曰：“有之。”

曰：“是心足以王矣。百姓皆以王为爱也，臣固知王之不忍也。”

王曰：“然，诚有百姓者。齐国虽褊小[6]，吾何爱一牛？即不忍其觳觫，若无罪而就死地，故以羊易之也。”

曰：“王无异于百姓之以王为爱也。以小易大，彼恶知之[7]？王若隐其无罪而就死地，则牛羊何择焉？”

王笑曰：“是诚何心哉！我非爱其财而易之以羊也，宜乎百姓之谓我爱也。”

曰：“无伤也，是乃仁术也！见牛未见羊也。君子之于禽兽也，见其生，不忍见其死；闻其声，不忍食其肉。是以君子远庖厨也。”

王说曰：“《诗》云：‘他人有心，予忖度之。’[8]夫子之谓也。夫我乃行之，反而求之，不得吾心；夫子言之，于我心有戚戚焉。此心之所以合于王者，何也？”

曰：“有复于王者曰：‘吾力足以举百钧，而不足以举一羽；明足以察秋毫之末，而不见舆薪。’则王许之乎？”

曰：“否！”

“今恩足以及禽兽，而功不至于百姓者，独何与？然则一羽之不举，为不用力焉；舆薪之不见，为不用明焉；百姓之不见保，为不用恩焉。故王之不王，不为也，非不能也。”

曰：“不为者与不能者之形，何以异？”

曰：“挟太山以超北海，语人曰：‘我不能。’是诚不能也。为长者折枝，语人曰：‘我不能。’是不为也，非不能也。故王之不王，非挟太山以超北海之类也；王之不王，是折枝之类也。老吾老，以及人之老；幼吾幼，以及人之幼。天下可运于掌。诗云：‘刑于寡妻，至于兄弟，以御于家邦。’[9]言举斯心加诸彼而已。故推恩足以保四海，不推恩无以保妻子。古之人所以大过人者，无他焉，善推其所为而已矣！今恩足以及禽兽，而功不至于百姓者，独何与？权，然后知轻重；度，然后知长短。物皆然，心为甚。王请度之。抑王兴甲兵，危士臣，构怨于诸侯，然后快于心与？”

王曰：“否，吾何快于是！将以求吾所大欲也。”

曰：“王之所大欲，可得闻与？”

王笑而不言。

曰：“为肥甘不足于口与？轻暖不足于体与？抑为采色不足视于目与？声音不足听于耳与？便嬖[10]不足使令于前与？王之诸臣皆足以供之，而王岂为是哉！”

曰：“否，吾不为是也。”

曰：“然则王之所大欲可知已，欲辟土地，朝秦、楚，莅中国而抚四夷也。以若所为求若所欲，犹缘木而求鱼也。”

王曰：“若是其甚与？”

曰：“殆有甚焉。缘木求鱼，虽不得鱼，无后灾；以若所为，求若所欲，尽心力而为之，后必有灾。”

曰：“可得闻与？”

曰：“邹人与楚人战，则王以为孰胜？”

曰：“楚人胜。”

曰：“然则，小固不可以敌大，寡固不可以敌众，弱固不可以敌强。海内之地，方千里者九，齐集有其一；以一服八，何以异于邹敌楚哉！盖[11]亦反[12]其本矣！今王发政施仁，使天下仕者皆欲立于王之朝，耕者皆欲耕于王之野，商贾皆欲藏于王之市，行旅皆欲出于王之涂[13]，天下之欲疾其君者，皆欲赴诉[14]于王：其若是，孰能御之？”

王曰：“吾惛[15]，不能进于是矣！愿夫子辅吾志，明以教我。我虽不敏，请尝试之！”

曰：“无恒产而有恒心者，惟士为能。若民，则无恒产，因无恒心。苟无恒心，放辟邪侈，无不为已。及陷于罪，然后从而刑之，是罔民[16]也。焉有仁人在位，罔民而可为也！是故明君制民之产，必使仰足以事父母，俯足以畜[17]妻子，乐岁终身饱，凶年免于死亡；然后驱而之善，故民之从之也轻。今也制民之产，仰不足以事父母，俯不足以畜妻子，乐岁终身苦，凶年不免于死亡；此惟救死而恐不赡，奚暇治礼义哉！王欲行之，则盍反其本矣！五亩之宅，树之以桑，五十者可以衣帛矣；鸡豚狗彘之畜，无失其时，七十者可以食肉矣；百亩之田，勿夺其时，八口之家，可以无饥矣；谨庠序之教，申之以孝悌之义，颁白者不负戴于道路矣。老者衣帛食肉，黎民不饥不寒，然而不王者，未之有也。”

【注释】

[1] 课文选自《孟子》（中华书局，2005 年第 2 版）。

[2] 胡龁（hé）：齐王的近臣。

[3] 衅（xìn）钟：古代时，新钟铸成，用牲畜的血涂在钟的缝隙中祭神求福，叫衅钟。

[4] 觳（hú）觫（sù）：恐惧颤抖的样子。

[5] 识：知道。

[6] 褊（biǎn）小：土地狭小。

[7] 彼恶（wū）知之：他们怎么知道呢？恶：怎，如何。

[8]“《诗》云”句：见于《诗经·小雅·巧言》，意思是他人有心思，我能推测它。

[9]“《诗》云”句：见于《诗经·大雅·思齐》，意思是给妻子做好榜样，推及兄弟，以此德行来治理国家。刑：同“型”，这里作动词用，指以身作则，为他人示范。

[10] 便（pián）嬖（bì）：国王宠爱的近侍。

[11] 盖：同“盍”，兼词，“何不”的合音。

[12] 反：通“返”。

[13] 涂：通“途”。

[14] 诉：申诉。

[15] 惛：同“昏”，思想混乱不清。

[16] 罔民：张开罗网陷害百姓。罔：同“网”，用作动词。

[17] 畜：同“蓄”，养活，抚育。

【课文简解】

课文选自《孟子·梁惠王上》。孟子游说齐宣王，提出实施王道之策，宣传自己的仁政思想。

孟子的王道思想就是“保民而王”，即推恩于百姓，让百姓有恒产，衣食所安，进而实施礼乐教化。

修身[1](节选)

荀　子

荀子继承发展了儒家思想,他总结和吸收诸子的理论主张,形成了富有特色的“明于天人之分”的自然观、“化性起伪”的道德观、“礼仪之治”的社会历史观。荀子提倡“性恶论”,主张人性有恶,否认天赋的道德观念,强调后天环境和教育对人的影响。

见善,修然[2]必以自存[3]也;见不善,愀然[4]必以自省也。善在身,介然[5]必以自好也;不善在身,菑然[6]必以自恶也。故非我而当者,吾师也;是我而当者,吾友也;谄谀我者,吾贼也。故君子隆师而亲友,以致恶其贼。好善无厌,受谏而能诫,虽欲无进,得乎哉!小人反是,致乱,而恶人之非己也;致不肖,而欲人之贤己也;心如虎狼,行如禽兽,而又恶人之贼己也。谄谀者亲,谏争者疏,修正为笑,至忠为贼,虽欲无灭亡,得乎哉!《诗》曰:“噏噏呰呰,亦孔之哀。[7]谋之其臧,则具是违;谋之不臧,则具是依。”此之谓也。

……

礼者,所以正身也;师者,所以正礼也。无礼,何以正身?无师,吾安知礼之为是也?礼然而然,则是情安礼也;师云而云,则是知若师也。情安礼,知若师,则是圣人也。故非礼,是无法也;非师,是无师也。不是师法,而好自用,譬之是犹以盲辨色,以聋辨声也,舍乱妄无为[8]也。故学也者,礼法也。夫师以身为正仪,而贵自安者也。《诗》云:“不识不知,顺帝之则。”[9]此之谓也。

【注释】

[1] 课文节选自《荀子·修身》(上海人民出版社,1974年第1版)。

[2] 修然:整饬的样子。

[3] 存:察。

[4] 愀(qiǎo)然:忧虑恐惧的样子。

[5] 介然:意志坚定的样子。

[6] 菑(zī)然:像被玷污一样。菑:同“缁”,黑色。

[7]“《诗》曰”句:见于《诗经·小雅·小旻》。噏噏(xī):相附和。呰呰(zǐ):相诋毁。孔:甚,很。

[8] 舍乱妄无为:指所作所为皆胡乱妄为。

[9]“《诗》云”句:见于《诗经·大雅·皇矣》。帝:天帝。则:法则。

【课文简解】

先秦儒家主张从天子至庶人都要修身,修身是起点,也是最重要的一点,通过修身达到“怀仁”“知礼”的人格高度。荀子在本篇中强调礼与师在修身中的重要作用。认为君子遵从礼法,从师好学,养成良好品德,才可以表率世人,处乱不惊,处困不窘。

报任安书

司马迁

司马迁（前145—不可考），字子长，夏阳（今山西省韩城市）人，西汉史学家、散文家。其父司马谈，任武帝时太史令。元封三年（前108年），司马迁继承父业，任太史令。司马迁因替李陵败降匈奴之事辩解而遭受宫刑，但他忍辱负重，完成了《史记》的写作，被后世尊称为史迁、太史公。

《史记》原名《太史公书》，是中国第一部纪传体通史，被公认为是中国史书的典范，列"二十五史"之首。该书体现了司马迁作为史官的实录精神和作为儒家知识分子"究天人之际，通古今之变，成一家之言"的人生追求。他被鲁迅誉为"史家之绝唱，无韵之离骚"。

太史公牛马走司马迁，再拜言。

少卿足下：曩[1]者辱赐书，教以慎于接物，推贤进士为务，意气勤勤恳恳。若望仆不相师，而用流俗人之言，仆非敢如此也。仆虽罢驽，亦尝侧闻长者之遗风矣。顾自以为身残处秽，动而见尤，欲益反损，是以独郁悒而谁与语。谚曰："谁为为之？孰令听之？"盖钟子期死，伯牙终身不复鼓琴。何则？士为知己者用，女为悦己者容。若仆大质已亏缺矣，虽才怀随和，行若由夷，终不可以为荣，适足以发笑而自点耳。

书辞宜答，会东从上来，又迫贱事，相见日浅，卒卒无须臾之间，得竭指意。今少卿抱不测之罪，涉旬月，迫季冬，仆又薄从上雍，恐卒然不可为讳，是仆终已不得舒愤懑以晓左右，则长逝者魂魄，私恨无穷。请略陈固陋。阙然久不报，幸勿为过。

仆闻之：修身者，智之符也；爱施者，仁之端也；取予者，义之表也；耻辱者，勇之决也；立名者，行之极也。士有此五者，然后可以托于世，列于君子之林矣。故祸莫憯于欲利，悲莫痛于伤心，行莫丑于辱先，诟莫大于宫刑。刑余之人，无所比数，非一世也，所从来远矣。昔卫灵公与雍渠同载，孔子适陈；商鞅因景监见，赵良寒心；同子参乘，袁丝变色[2]：自古而耻之！夫以中材之人，事有关于宦竖[3]，莫不伤气，而况于忼慨[4]之士乎！如今朝廷虽乏人，奈何令刀锯之余，荐天下之豪俊哉！

仆赖先人绪业，得待罪辇毂下，二十余年矣。所以自惟：上之，不能纳忠效信，有奇策材力之誉，自结明主；次之，又不能拾遗补阙，招贤进能，显岩穴之士；外之，不能备行伍，攻城野战，有斩将搴[5]旗之功；下之，不能积日累劳，取尊官厚禄，以为宗族交游光宠。四者无一遂，苟合取容，无所短长之效，可见于此矣。向者，仆亦尝厕下大夫之列，陪外廷末议。不以此时引维纲，尽思虑，今已亏形为扫除之隶，在阘茸[6]之中，乃欲仰首伸眉，论列是非，不亦轻朝廷、羞当世之士邪？嗟乎！嗟乎！如仆尚何言哉！尚何言哉！

且事本末未易明也。仆少负不羁之才，长无乡曲[7]之誉，主上幸以先人之故，使得奉薄伎，出入周卫[8]之中。仆以为戴盆何以望天[9]，故绝宾客之知，忘室家之业，日夜思竭其不肖之材力，务一心营职，以求亲媚于主上。而事乃有大谬不然者！

夫仆与李陵，俱居门下，素非能相善也。趣舍异路，未尝衔杯酒，接殷勤之余欢。然仆观其为人，自守奇士，事亲孝，与士信，临财廉，取予义，分别有让，恭俭下人，常思奋不顾身，以徇国家之急。其素所蓄积也，仆以为有国士之风。夫人臣出万死不顾一生之计，赴公家之难，斯已奇矣。今举事一不当，而全躯保妻子之臣，随而媒孽其短，仆诚私心痛之。

且李陵提步卒不满五千，深践戎马之地，足历王庭，垂饵虎口，横挑强胡[10]，卬[11]亿万之师，与单于连战十有余日，所杀过当。虏救死扶伤不给，旃裘之君长咸震怖，乃悉征其左右贤王，举引弓之民，一国共攻而围之。转斗千里，矢尽道穷，救兵不至，士卒死伤如积。然陵一呼劳军，士无不起，躬自流涕，沬血饮泣，更张空拳[12]，冒白刃，北向争死敌者。陵未没时，使有来报，汉公卿王侯皆奉觞上寿。后数日，陵败书闻，主上为之食不甘味，听朝不怡。大臣忧惧，不知所出。仆窃不自料其卑贱，见主上惨凄怛[13]悼，诚欲效其款款[14]之愚，以为李陵素与士大夫绝甘分少，能得人之死力，虽古之名将，不能过也。身虽陷败，彼观其意，且欲得其当而报于汉。事已无可奈何，其所摧败，功亦足以暴于天下矣。仆怀欲陈之，而未有路，适会召问，即以此指，推言陵之功，欲以广主上之意，塞睚眦之辞。未能尽明，明主不晓，以为仆沮贰师，而为李陵游说，遂下于理。拳拳之忠，终不能自列。因为诬上，卒从吏议。家贫，货赂不足以自赎，交游莫救视，左右亲近不为一言。身非木石，独与法吏为伍，深幽囹圄之中，谁可告诉者！此真少卿所亲见，仆行事岂不然乎？李陵既生降，颓其家声，而仆又佴[15]之蚕室，重为天下观笑。悲夫！悲夫！事未易一二为俗人言也。

仆之先非有剖符丹书之功，文史星历，近乎卜祝之间，固主上所戏弄，倡优所畜，流俗之所轻也。假令仆伏法受诛，若九牛亡一毛，与蝼蚁何以异？而世又不与能死节者比，特以为智穷罪极，不能自免，卒就死耳。何也？素所自树立使然也。人固有一死，或重于泰山，或轻于鸿毛，用之所趋异也。太上不辱先，其次不辱身，其次不辱理色，其次不辱辞令，其次诎体受辱，其次易服受辱，其次关木索、被箠楚受辱，其次剔[16]毛发、婴金铁受辱，其次毁肌肤、断肢体受辱，最下腐刑极矣！传曰“刑不上大夫。”此言士节不可不勉励也。猛虎在深山，百兽震恐，及在槛阱之中，摇尾而求食，积威约之渐也。故士有画地为牢，势不可入；削木为吏，议不可对，定计于鲜也。今交手足，受木索，暴肌肤，受榜箠，幽于圜墙之中。当此之时，见狱吏则头抢地，视徒隶则心惕息。何者？积威约之势也。及以至是，言不辱者，所谓强颜耳，曷足贵乎！且西伯，伯也，拘于牖里[17]；李斯，相也，具于五刑；淮阴，王也，受械于陈；彭越、张敖，南面称孤，系狱抵罪；绛侯诛诸吕，权倾五伯，囚于清室；魏其[18]，大将也，衣赭衣，关三木[19]；季布[20]为朱家钳奴；灌夫[21]受辱于居室。此人皆身至王侯将相，声闻邻国，及罪至罔加，不能引决自裁，在尘埃之中。古今一体，安在其不辱也？由此言之，勇怯，势也；强弱，形也。审矣，何足怪乎？夫人不能早自裁绳墨之外，以稍陵迟，至于鞭箠之间，乃欲引节，斯不亦远乎！古人所以重施刑于大夫者，殆为此也。

夫人情莫不贪生恶死，念父母，顾妻子，至激于义理者不然，乃有所不得已也。今仆不幸，早失父母，无兄弟之亲，独身孤立，少卿视仆于妻子何如哉？且勇者不必死节，怯夫慕义，何处不勉焉！仆虽怯懦，欲苟活，亦颇识去就之分矣，何至自沉溺缧绁[22]之辱哉！且夫臧获[23]婢妾，犹能引决，况仆之不得已乎？所以隐忍苟活，幽于粪土之中而不辞者，恨私心有所不尽，鄙陋没世，而文采不表于后也。

古者富贵而名摩灭，不可胜记，唯倜傥非常之人称焉。盖文王拘而演《周易》；仲尼厄而作《春秋》；屈原放逐，乃赋《离骚》；左丘失明，厥有《国语》；孙子膑脚，《兵法》修列；不韦迁蜀，世传《吕览》；韩非囚秦，《说难》《孤愤》；《诗》三百篇，大底圣贤发愤之所为作也。此人皆意有所郁结，不得通其道，故述往事，思来者。乃如左丘无目，孙子断足，终不可用，退而论书策，以舒其愤，思垂空文以自见。

仆窃不逊，近自托于无能之辞，网罗天下放失[24]旧闻，略考其行事，综其终始，稽其成败兴坏之纪，上计轩辕，下至于兹，为十表，本纪十二，书八章，世家三十，列传七十，凡百三十篇。亦欲以究天人之际，通古今之变，成一家之言。草创未就，会遭此祸，惜其不成，是以就极刑而无愠色。仆诚以著此书，藏之名山，传之其人，通邑大都，则仆偿前辱之责，虽万被戮，岂有悔哉！然此可为智者道，难为俗人言也！

且负下未易居，下流多谤议。仆以口语遇遭此祸，重为乡党所戮笑，以污辱先人，亦何面目复上父母之丘墓乎？虽累百世，垢弥甚耳！是以肠一日而九回[25]，居则忽忽若有所亡，出则不知其所往。每念斯耻，汗未尝不发背沾衣也！身直为闺阁之臣[26]，宁得自引深藏于岩穴邪？故且从俗浮沉，与时俯仰，以通其狂惑。今少卿乃教以推贤进士，无乃与仆私心剌谬乎？今虽欲自雕琢曼辞以自饰，无益，于俗不信，适足取辱耳。要之，死日然后是非乃定。书不能悉意，故略陈固陋。谨再拜。

【注释】

[1] 曩（nǎng）者：从前。

[2]“同子”句：同子指汉文帝的宦官赵谈，因为与司马迁的父亲司马谈同名，避讳而称“同子”。袁丝：即袁盎，汉文帝时任郎中。据载，汉文帝坐车去看他母亲时，宦官陪乘，袁盎伏在车前说：“臣闻天子所与共六尺舆者，皆天下豪英，今汉虽乏人，奈何与刀锯之余共载？”于是文帝只得依言令赵谈下车。事见《汉书·袁盎列传》。

[3] 竖：供役使的小臣。后泛指卑贱者。

[4] 忼慨：慷慨。

[5] 搴（qiān）：拔取。

[6] 阘（tǎ）茸（róng）：下贱，低劣。

[7] 乡曲：乡里。

[8] 周卫：周密的护卫，即宫禁。

[9] 戴盆何以望天：当时谚语，形容忙于职守，识见浅陋，无暇他顾。

[10] 胡：指匈奴。

[11] 卬：即“仰”，仰攻。当时李陵军被围困谷地。

[12] 拳（juàn）：强硬的弓弩。

[13] 怛：悲痛。

[14] 款款：忠诚的样子。

[15] 佴（èr）：推置其中。

[16] 剔：同“剃”，把头发剃光，即髡刑。

[17] 牖里：又作“羑里”，在今河南汤阴县。周文王曾被殷纣王囚禁于此。

[18] 魏其：大将军窦婴，汉景帝时被封为魏其侯。

[19] 三木：头枷、手铐、脚镣。

[20] 季布：楚霸王项羽的大将，曾多次打击刘邦。项羽败死，刘邦出重金缉捕季布。季布改名换姓，受髡刑和钳刑，卖身给鲁人朱家为奴。

[21] 灌夫：汉景帝时为中郎将，汉武帝时官太仆。因得罪了丞相田蚡，被囚于居室，后受诛。

[22] 缧绁：捆绑犯人的绳子。

[23] 臧获：奴曰臧，婢曰获。

[24] 失：读为“佚”。

[25] 九回：九转。形容痛苦至极。

[26] 闺阁之臣：指宦官。闺、阁都是宫中小门，代指禁宫。

【课文简解】

司马迁作为儒家知识分子，秉持士之气节，在蒙受奇耻大辱之下，为完成父亲遗志，著书立说，编著“通古今之变，成一家之言”的史家著作《史记》。他遭受痛苦和压抑，隐忍苟活，愤懑无法抒发，以周文王、孔子、屈原等圣哲先贤为榜样，看淡生死，抒发“人固有一死，或重于泰山，或轻于鸿毛”的生死观和人生志向。

左迁至蓝关示侄孙湘[1]

韩　愈

韩愈（768—824），字退之，河阳（今河南省孟州市）人，唐代文学家、哲学家、思想家，政治家。他自称“郡望昌黎”，世称“韩昌黎”“昌黎先生”；晚年任吏部侍郎，又称“韩吏部”；谥号“文”，又称“韩文公”；宋元丰元年（1078年），追封昌黎伯，并从祀孔庙。

韩愈是唐代古文运动的倡导者，被后人尊为“唐宋八大家”之首，与柳宗元并称“韩柳”，有“文章巨公”和“百代文宗”之名，苏轼赞扬他所倡导的古文运动“文起八代之衰”，后人将其与柳宗元、欧阳修和苏轼合称“千古文章四大家”。他提出“文道合一”“气盛言宜”“务去陈言”“文从字顺”等文章写作理论，著有《韩昌黎集》等。

一封朝奏九重天，夕贬潮州路八千。
欲为圣明除弊事，肯将衰朽惜残年！
云横秦岭家何在？雪拥蓝关马不前。
知汝远来应有意，好收吾骨瘴江边。

【注释】

[1] 元和十四年正月，唐宪宗派人迎凤翔法门寺佛骨入宫侍奉，韩愈上书《谏迎佛骨表》，劝谏帝王信佛对国家无益，触怒皇帝，被贬为潮州刺史。韩愈只身一人，仓促上路，走到蓝田关口时，他的妻儿还没有跟上来，只有他的侄孙韩湘跟了上来，所以他写下这首诗。

【课文简解】

韩愈在《左迁至蓝关示侄孙湘》这首诗里抒发了自己半百之际忠心于国家却被贬哀叹之情。韩愈大半生仕宦蹉跎，50岁才因参与平淮西而擢升刑部侍郎。两年后又遭此贬谪，对仕途人生迷茫，找不到归宿，忠而获罪贬迁蛮荒，九死一生，获罪后孤寂无助，十分凄凉。

朋党论[1]

欧阳修

欧阳修(1007—1072),字永叔,号醉翁,晚号六一居士,吉州永丰(今江西省吉安市永丰县)人,北宋政治家、文学家,世称欧阳文忠公。

欧阳修是宋代文坛领袖,领导了北宋诗文革新运动,继承并发展了韩愈的古文理论,有《欧阳文忠集》传世。

臣闻朋党之说,自古有之。惟幸人君辨其君子小人而已。大凡君子与君子以同道为朋,小人与小人以同利为朋,此自然之理也。

然臣谓小人无朋,惟君子则有之。其故何哉?小人所好者禄利也,所贪者财货也。当其同利之时,暂相党引以为朋者,伪也;及其见利而争先,或利尽而交疏,则反相贼害,虽其兄弟亲戚,不能自保。故臣谓小人无朋,其暂为朋者,伪也。君子则不然。所守者道义,所行者忠信,所惜者名节。以之修身,则同道而相益;以之事国,则同心而共济;终始如一,此君子之朋也。故为人君者,但当退小人之伪朋,用君子之真朋,则天下治矣。

尧之时,小人共工、驩兜等四人[2]为一朋,君子八元[3]、八恺[4]十六人为一朋。舜佐尧,退四凶小人之朋,而进元、恺君子之朋,尧之天下大治。及舜自为天子,而皋、夔、稷、契[5]等二十二人并列于朝,更相称美,更相推让,凡二十二人为一朋,而舜皆用之,天下亦大治。《书》曰:"纣有臣亿万,惟亿万心;周有臣三千,惟一心。"纣之时,亿万人各异心,可谓不为朋矣,然纣以亡国。周武王之臣,三千人为一大朋,而周用以兴。后汉献帝时,尽取天下名士囚禁之[6],目为党人。及黄巾贼起,汉室大乱,后方悔悟,尽解党人而释之,然已无救矣。唐之晚年,渐起朋党之论[7]。及昭宗[8]时,尽杀朝之名士,或投之黄河[9],曰:"此辈清流,可投浊流。"而唐遂亡矣。

夫前世之主,能使人人异心不为朋,莫如纣;能禁绝善人为朋,莫如汉献帝;能诛戮清流之朋,莫如唐昭宗之世;然皆乱亡其国。更相称美推让而不自疑,莫如舜之二十二臣,舜亦不疑而皆用之;然而后世不诮舜为二十二人朋党所欺,而称舜为聪明之圣者,以辨君子与小人也。周武之世,举其国之臣三千人共为一朋,自古为朋之多且大,莫如周;然周用此以兴者,善人虽多而不厌[10]也。

嗟呼!兴亡治乱之迹,为人君者,可以鉴矣。

【注释】

[1]《朋党论》是欧阳修在庆历四年(1044年)向宋仁宗上书的一篇奏章,目的是驳斥保守派的攻击,辨朋党之诬。

[2] 共工、驩（huān）兜（dōu）等四人：指共工、兜、鲧（gǔn）、三苗，即后文被舜放逐的“四凶”。

[3] 八元：传说中上古高辛氏的八个才子。

[4] 八恺：传说中上古高阳氏的八个才子。

[5] 皋（gāo）、夔（kuí）、稷（jì）、契（xiè）：传说他们都是舜时的贤臣，皋掌管刑法，夔掌管音乐，稷掌管农业，契掌管教育。

[6] 尽取天下名士囚禁之：东汉桓帝时，宦官专权，李膺等200余人反对宦官被加以“诽讪朝廷”的罪名，逮捕囚禁。汉灵帝时，李膺等100多人被杀，六七百人受到株连，历史上称为“党锢之祸”。

[7] 朋党之论：唐穆宗至宣宗年间（821—859年），统治集团内形成了以牛僧孺为首的牛党和以李德裕为首的李党，朋党之间互相争斗，历时40余年，史称“牛李党争”。

[8] 昭宗：唐代末期的一个皇帝。

[9]“尽杀朝之名士，或投之黄河”句：唐哀帝天祐二年（905年），朱温在白马驿（今河南洛阳附近）杀大臣裴枢等七人，并将他们的尸体投入黄河。

[10] 厌：通“餍”，满足。

【篇章解读】

庆历三年（1043年），韩琦、范仲淹、富弼等执政，欧阳修、余靖等任谏官，开始政治改革。吕夷简等反对改革，指使以夏竦为首的保守派官僚攻击范仲淹、欧阳修是“党人”。范仲淹以直言遭贬，欧阳修在朝廷上争论力救。而谏官高若讷认为范仲淹当贬，欧阳修写给高若讷一封信，指责高若讷不知羞耻，高若讷将此信转交朝廷，欧阳修遭连坐被贬。另有一些大臣因进谏挽救范仲淹而被贬，这些人被视为范仲淹与欧阳修的朋党。庆历四年（1044年），欧阳修上表《朋党论》，回击夏竦等人的诬蔑和攻击。

文章开篇提出朋党有君子之朋和小人之朋，再阐述君子之朋与小人之朋的差异，“君子与君子以同道为朋，小人与小人以同利为朋”，并引证历史阐述君子之朋有利于国，小人之朋有害于国，希望人君进君子之真朋，去小人之伪朋。

宋太祖龙虎风云会[1]（节选）

罗贯中

罗贯中（约1330—1400），名本，字贯中，号湖海散人，山西并州太原府（今山西省太原市）人，元末明初小说家。他的作品有小说《三国志通俗演义》《隋唐两朝志传》《残唐五代史演义》《三遂平妖传》和杂剧《宋太祖龙虎风云会》。

第三折

（赵普衣冠引张千捧香、桌、书、烛上，云）某赵普是也。自从做掌书记时，扶佐当今皇帝，定有天下之号曰宋，四方承平。以某有推戴之功，官拜中书大丞相，进封韩王。今夜雪下甚紧，料无人来。张千，你拿过香桌来，点上烛，我读一会《论语》咱。（张千云）我烧上些香，剔的灯亮亮的。老爹，你慢慢的看者。（正末纱帽常服上，云）某自从陈桥兵变，众兄弟立我为大宋皇帝，晓夜无眠，恐万民失望，诸国未平。今夜风雪满天，路无行客，寡人扮作白衣秀士，私行径投丞相府里，商量下江南、收川广之策。出的这禁城来，是好大雪也呵！（唱）

【正宫】【端正好】光射水晶宫，冷透鲛绡帐，夜深沉睡不稳龙床。离金门私出天街上，正瑞雪空中降。

【滚绣球】似纷纷蝶翅飞，如漫漫柳絮狂。剪冰花旋风儿飘荡，践琼瑶脚步儿匆忙。用白襕两袖遮，将乌纱小帽荡。猛回头把凤楼凝望，全不见碧琉璃瓦鸳鸯。一霎儿九重宫阙如银砌，半合儿万里乾坤似玉妆，粉填满封疆。

（云）行了这一会，面前是丞相府了。呀！关了门也。（唱）

【倘秀才】则见他铁桶般重门掩上，我将这铜兽面双环扣响。（做敲门科，张千问云）甚么人敲门？（正末唱）敲门的是万岁山前赵大郎。（张千云）这早晚夜又深，雪又大，来作甚么？（正末唱）堂中无客伴，（张千云）俺老爹看书哩。（正末唱）灯下看文章，（张千云）你来有甚事？（正末唱）特来听讲。

（张千云）你要听讲，当往法堂中寻和尚去，你错走了门了。（正末唱）

【呆骨朵】冲寒风冒瑞雪来相访，（张千云）有甚么紧急事，你说。（正末唱）有机密事紧待商量。（张千报云）老爹，门外有人叫门。（普云）你问他是谁？（张千云）他说是赵大官人，有机密事来商议。（普做慌科，云）快开门，快开门！（普见驾，跪云）不知主上幸临，有失远接。（张千慌走科）（正末唱）忙怎么了事公人？（普又拜云）恕微臣之罪。（正末唱）免礼波招贤宰相。（正末问张千云）这是那里？（张千云）这就是俺丞相厅房。（正末云）怎么使你这般样人？（唱）正是调鼎鼐三公府，那个是剃头发杨和尚？（普云）陛下尊坐。（正末唱）我向坐席间听讲书。（张千云）老爹，酒食已备。捧上来罢？（正末唱）你休来耳边厢叫点汤。（正末云）夜深人静，张千好生看着相府门者。（普云）主公，今夜天气甚寒，不求安

逸，冒雪而来，却是为何？（正末唱）

【倘秀才】朕不学汉高皇深居未央，朕不学唐天子停眠晋阳，常则是翠被寒生金凤凰。有心思传说，无梦到高唐，（普云）主公贵为天子，富有四海，尚不肯逸豫。（正末唱）这是俺为君的勾当。

（背云）寡人颇通文墨，试问丞相一问。（问云）寡人问卿，卿试听者。

【滚绣球】既然主四海为一人，必须正三纲谨五常。寡人呵，幼年间广习枪棒，恨未曾登孔子门墙。《尚书》是几篇？（普云）《尚书》者上古《三坟》《五典》，洪荒莫考。夫子断自唐虞，以典、谟、训、诰、誓、命六体，皆尧、舜、汤、禹、文、武授受之心法。孔安国断为五十八篇，帝王治世之书也。（正末唱）毛诗共几章？（普云）夫诗者，古人吟咏性情之大节。有风、雅、颂三经，赋、比、兴三纬。诗有三千，夫子删为三百十一篇，善以为劝，恶以为戒。（正末云）《礼记》主意如何？（普云）夫《礼记》乃汉儒所撰述，杂录古礼之义。盖六经之用，礼实为先；治人享神，无非以礼。日用之间，不可斯须少者。（正末唱）讲《礼记》始知谦让。《春秋》主意如何？（普云）《春秋》以褒贬为辞，敦典庸礼，命德讨罪，世道之兴亡可鉴。（正末唱）论《春秋》可鉴兴亡。（普云）陛下法宗尧、舜、禹、汤、文、武，方为圣主。（正末唱）朕待学禹汤文武，宗尧舜。（普云）臣有愧于古之贤相也。（正末唱）卿可继房、杜、萧、曹立汉唐，燮理阴阳。

（正末指桌上书，问云）卿看的是甚么书？（普云）是《论语》。（正末笑云）寡人闻童子入学，先读《论语》，卿何故也看他？（普云）《论语》乃孔门弟子记圣人的切要言语，皆治国平天下之要道。臣用半部，佐我主平治天下。（正末唱）

【倘秀才】卿道是用《论语》治朝廷有方，却原来只半部运山河在掌，圣道如天不可量！似恁的谈经临绛帐，不强似开宴出红妆？听说后神清气爽。（普云）天寒雪大，臣有一杯酒进献，未敢擅专。（正末云）将酒来何妨？（普叫云）老妻将酒来。（旦捧酒上）（呼噪科）（正末唱）

【滚绣球】银台上画烛明，金炉内宝篆香。（普执壶斟酒科）（正末唱）不当烦老兄自斟佳酿，（旦进酒科）（正末唱）何须教嫂嫂亲捧霞觞！（普云）陛下，臣妻与臣乃糟糠之妻也。（正末唱）卿道是糟糠妻不下堂。朕须想贫贱交不可忘。常言道表壮不如里壮，妻若贤夫免灾殃。（云）朕得卿，卿得嫂嫂，可比四个古人。（唱）朕得卿呵，正如太甲逢伊尹；卿得嫂嫂呵，却似梁鸿配孟光，则愿的福寿绵长。

（正末云）寡人要与卿商量军国重事，教嫂嫂自便。（旦下）（普云）陛下深居九重，当此寒夜，正宜安寝，又何劳神过虑？（正末云）寡人睡不着。（唱）

【倘秀才】但歇息想前王后王，才合眼虑兴邦丧邦，因此上晓夜无眠想万方。须不是欢娱嫌夜短，早难道寂寞恨更长，忧愁事几桩。

（普云）陛下，不知所忧者何事？说向臣听。（正末云）寒风似箭，冻雪如刀。寡人深居九重，不胜其寒，何况小民乎！（唱）

【滚绣球】忧则忧当军的身无挂体衣，忧则忧走站的家无隔宿粮，忧则忧行船的一江风浪，忧则忧驾车的万里经商。忧则忧号寒的妻怨夫，忧则忧啼饥的子唤娘，忧则忧甘贫的昼眠深巷，忧则忧读书的夜守寒窗。忧则忧布衣贤士无活计，忧则忧铁甲将军守战场，怎生不感叹悲伤！

（普云）陛下念及贫穷，诚四海苍生之福。（正末唱）

【倘秀才】忧的是百姓苦，向御榻心劳意攘。（普云）百姓困苦，只因四方多事。今天下太平，民力渐苏矣。（正末云）一榻之外，皆他人之家也。（唱）忧的是天下小，教寡人眠思梦想。（普云）天下虽未混一，南征北伐，今其时也。愿闻成算所向。（末背云）寡人欲先下江南，且反说，试丞相一试。（唱）想太原府刘崇居北方，朕待暂离丹凤阙，亲拥碧油幢，先取河东上党。

（普云）若先伐太原，非臣之所知也。（正末云）卿怎生说？（普云）太原当西、北二边，使一举而下，则二边之患，我独当之。何不姑留，以俟削平诸国，则弹丸黑子之地将无所逃。（正末云）吾意正如此，姑试卿耳。（普云）西川孟昶，金陵李煜，南汉刘鋹，吴越钱俶，彼各仁政不施，百姓怨望。今当选将练兵，分道南伐，无不成功者。（正末唱）

【滚绣球】卿道是钱王共李王，刘鋹与孟昶，他每都无仁政万民失望，行霸道百姓遭殃。差何人收四川？令谁人定两广？取吴越必须名将，下江南宜用忠良。要定夺展江山白玉擎天柱，索问你匡宇宙黄金架海梁，卿索仔细参详。

（正末云）兵者凶器，国家不得已而用之。如今收平四国，又须众将中选忠良有纪律者，方可安民。卿试定夺如何？（普云）石守信、曹彬、潘美、王全斌，此四人皆宿有名望，可差他四人去，万无一失。（正末云）既如此，张千，你传旨去元帅府，速宣石守信等四人来者。（张千下）（四将上，云）某石守信等是也，见居枢密统军之职。今晚主上幸赵中令宅，差人来宣呼，不免进见咱。来到这相府门，令人奏入。（报科，见科）（正末云）寡人与丞相商议，天下未一，欲差尔等统军前去，收伏四国，速奏凯旋者。（唱）

【脱布衫】（指曹）取金陵飞渡长江，（指石）到钱塘平定他邦。（指王）西川路休辞栈阁，（指潘）南蛮地莫愁烟瘴。

【醉太平】阵冲开虎狼，身冒着风霜。用《六韬》《三略》定边疆，把元戎印掌。人披铁甲偏雄壮，马摇玉勒难遮挡，鞭敲金镫响叮当，早班师汴梁。（四将云）臣等托圣主洪福，马到处成功。仰听神策庙算，指示一二。（正末唱）

【二煞】有那等顺天时、达天理，去邪归正皆疏放，有那等霸王业、抗王师，耀武扬威尽灭亡。休掳掠民财，休伤残民命，休淫污民妻，休烧毁民房。恤军马施仁发政，广钱粮定赏行罚，保城池讨逆招降。沿路上安民挂榜，从赈济任开仓。

（郑恩提棒私行上，云）我闻知主公私幸赵丞相府，一径寻来。陛下召见众将军，做甚么则个？（正末云前事了）（唱）

【收尾】朕专待正衣冠，尊相貌，就凌烟图画功臣像，卿莫负勒金石，铭钟鼎，向青史标题姓字香。能用兵，善为将，有心机，有胆量。仰看天文算星象，俯察山川辨形状。作战先将九地量，决战须将五间防。昼战多将旗帜张，夜战频将火鼓扬。步战屯云护军帐，水战随风使帆桨。奇正相生兵最强，仁智兼行勇怎当！专听将军定四方，坐拟元戎取乱亡。飞奏边功进表章，齐和升平回帝乡。比及列土分茅拜卿相，光将这各部下军卒重重的赏！（众并下）

【注释】

[1] 课文选自罗贯中杂剧《宋太祖龙虎风云会》，贾仲明《录鬼簿续编》中“宋太祖”作“赵太祖”。

【课文简解】

《宋太祖龙虎风云会》是罗贯中仅存的一部杂剧，写宋代开国皇帝赵匡胤与石守信、赵普等大臣风云际会，齐心协力，削平群雄，统一天下的过程，刻画了赵匡胤雄韬伟略，一代天骄的英雄形象。

作为一代王朝的开国之君，赵匡胤很清楚时局和自己的人生理想。他有着开国君王的雄伟志向，结束战乱，统一中原。为此，赵匡胤在冬天大雪之夜，装扮成白衣秀士模样，专门来相府拜见丞相赵普，商量下江南，收广川之策。这种礼贤下士的做法，也的确是明主的表现、英雄所为。作为开国丞相，赵普与君王一样，在思考着战乱结束后，如何治理天下。他秉烛夜读，深研儒家治国之策。君臣都有宏图伟业之志，王朝的兴起既需要明主，也需要忠心的臣属。

王阳明先生与大学生的典范[1]

竺可桢

竺可桢(1890—1974),字藕舫,浙江省绍兴市东关镇人,曾任浙江大学校长,中国近代气象学家、地理学家、教育家,中国近代地理学和气象学的奠基者,中国物候学的创始人。

本校以时局之影响,奉令西迁,自赣来桂,今日得在宜山正式开课,旧学生皆已到齐,新生人数骤增。当此抗战形势日紧、前方牺牲惨重的今日,国家犹费巨款而维持若干大学,一般社会已有责备非难之声。此虽由一般人不明高等教育作育培本之重,然我们反躬自省,正应借此种批评,以增进其责任的自觉,共作加倍的自策。必如何而后能培植真正之学问技术,将来贡献国家,无负国家作育之至意,与社会期望之深厚,正是每一个大学生所应深省力行者。而在今日艰苦流离之中,将欲增进自觉自奋,尤觉应回溯古来先哲志士之嘉言懿行、丰功伟绩,以资吾人之矜式。因地思人,我觉得王阳明先生正是今日国难中大学生最好的典范。

阳明先生生于余姚(生明宪宗成化八年,卒世宗嘉靖七年),在浙江本省讲学之外,其一生事业在江西、广西两省为最大,又谪居贵州两年,也去广西不远。今日广西省的境域,多是先生遗惠所在之邦。今浙大以时局影响三迁而入广西,正是蹑着先生的遗踪而来;这并不是偶然的事,我们正不应随便放过,而宜景慕前贤,接受他那艰危中立身报国的伟大精神。

以理学知名的学者,往往有他的应世的学识和彪炳的事功;他所讲的学问,又很多为无论科学专家或事业家所都应体验实行的。真正的理学不但不迂阔,并且有许多话是切合人生实用的。专家专其所学,果能再来诵习体会古人立身处世之微言大义,最是有益于为学与做人之道。而阳明先生才高学博,无论在学问、道德、事业,与其负责报国的精神,都有崇高的造就;在此国家蒙难学府播迁之中,他那一段艰苦卓绝穷而益奋的精神,更是我们最好的典范。我们在迁校以后,起居生活当然不能如平时的舒适,又因家人离散与经济的困难,心理上不免生一种不安的现象。然这次民族战争是一个艰苦的长征,来日也许更要艰苦,我们不能不作更耐苦的准备。孟子所谓"天将降大任于斯人也,必先苦其心志,劳其筋骨,饿其体肤,空乏其身,行拂乱其所为,所以动心忍性,增益其所不能"。阳明先生平桂乱与谪贵州,正是赖非常的艰苦来成全他,结果果然动心忍性,增长他的学问,造成他的伟大。诸君都受高等教育,是国家优秀的分子,也是国民中幸运的人;当然都要抱定以艰苦的环境"增益其所不能"为目标,而准备来担当国家许多"大任"。这就不能苟且因循,而应以阳明先生的精神为精神了。

先从做学问方面来说,我们要注意他那致知力学的精神。阳明先生学说的精粹是"心即理""知行合一""致良知"。在哲学上他是宋儒传统的说法之修正者,所以有人称他集心学之大成,这层姑置不说。所谓知行合一,他的意思是"行之明觉精察处,便是知。知之真切笃实处，便是行。若行而不能明觉精察，便是冥行；便是学而不思则罔。所以必须说个知。知而不能真切笃实，便是妄想；便是思而不学则殆。所以必须说个行。原来只是一个功夫”。故“未有知而不行者；知而不行，只是未知”。所以说：“知是行的主意，行是知的功夫，知是行之始，行是知之成。”把知行打成一片，不容学者稍存苟且偷惰之心。其鞭辟近里，极有功于后学。先生五十岁在江西以后，始明白揭出“致良知”之教，正是前说之扩大。其所谓“致”，要义是“致吾心良知于事事物物，则事事物物皆得其理”。我们做学问，理论上重在求真功夫，实用上则求在能行；正合先生之教。目前一般知识分子往往只顾利害，不顾是非，这完全与阳明先生的“致知”的精神相背谬。

次说内省力行的功夫。阳明“心即理”之说，本于陆象山之教而光大之。他尝说：“心外无理，心外无事”；又以为不能“外吾心而求物理”，亦不能“遗物理而求吾心”。这可看作他的知识论，也就可见他的重视返己内省的功夫。他以为知行所以有不能合一之时，就因为有私欲隔了；所以“克制私欲”是“致良知”的前提，也是“知行合一”的第一步。其吃重处尤在一“致”字。良知即天理，致即行，知此理即行此理，故曰知行合一。若使私欲梗住，使不能致良知，更何能知行合一。至若行之不力，便是知之不澈，此尤先生吃紧为人处。先生又常说到“立诚”“诚意”，视为格物致知之本，其极则即以内心之“诚”，为一切学行事业之基始。现在大学教育，注重各种专门知识之传授，而忽略品性德行之陶冶，积重难返，流弊甚深。社会道德与政治风气之败坏，此为要因。大学生理性已很发达，不久出而应世，尤必须及时注意内心的修养。而先生所示的教训，和其受害不愠、遇险不畏的精神（此种精神之根本全在修养功夫），都是我们最好的规范。

复次，我们再来看先生的艰苦卓绝的精神。阳明先生一生的学说，是渐渐递嬗而光大的，故至晚年学问始底于大成。我们知道他在远谪与征蛮之中，所以能履险如夷，固赖其修养功夫之湛深；而其良知学说之醇化与大成，又莫非从艰苦生活中体验出来。我们设想当时情形，宸濠交通内外，称兵犯上，先生竟能迅速加以平定；而朝臣忌功妒能，诬他谋反，武宗又是昏昧之主，几乎听信而加以不测，他又能处之夷然，卒以至诚感格而免祸。后来在广西平乱，又由于当时廷臣桂萼阻公起用，致以五十六岁之高年，深入当时蛮荒之域，而督战抚辑，具著功绩。初不畏难而退。他在那时，真是与叛乱匪盗斗，与瘴疠疾病斗，又对着权臣小人与种种不良环境之阻挠来奋斗。以一介文人而敢于蹈险至此，非具有修养过人之大无畏精神者，何克臻此！

而今日中国所临大难之严重，则远过当时之内叛与匪乱。我们溯往处今，如何可不加倍刻苦奋励？假使偶有横逆拂意之事，便当设想先生当年之胸襟，焕发他那强矫无畏的精神，自然能处变若定。更进一层说：诸君将来出以应世，不知要遇到社会上多少教育不一、性情不一的人，当然免不了种种困难与磨折。若能体验先生的精神，在学生时代时先有一番切实的精神准备，那么将来必然能克服困阻，成就我们的学问和事业。

处现在外侮深入、国步艰危的时候，阳明先生的伟大处，更应为学者所取法者，尤在他那公忠报国的精神。先生当衰明，朝政废弛，武宗之时，内则阉宦窃柄，直士遇祸，外则官贪吏污，民怨思乱。他在三十五岁时，以御史戴铣斥权宦刘瑾遇祸，抗疏营救，武宗竟用阉言，罚他下诏狱,廷杖四十,绝而复苏,就因此被谪贵州。晚年受命赴桂,疏辞而中枢不许,竟以高年投荒而不惧,尤可见其鞠躬尽瘁死而后已之精神。现在我们的国家,所遇不是内变,而是外侮,且是空前严酷危急万状的外祸。要救此巨大的劫难,必须无数赤诚忠义之士之共奋共力。我们要自省:敌寇如此深入无已,将士与战区同胞如此捐躯牺牲,为什么我们还受国家待遇,有安定读书的余地? 这绝不是我们有较高的知识,就没有卫国的义务;只说明我们要本其所学,准备更大更多的卫国的义务。王阳明先生受出征广西之命,上疏有言:“君命之召,当不俟驾而行,矧兹军旅,何敢言辞?”学高望重卓然成家的大儒,当国家需要他的时候,亦得冒险远征而不辞,甚至隔了一年而积劳丧身!我们今日虽认大学生自有其更大的任务,但亦不阻止知识分子之从戎杀敌,至于力学尽瘁甚至舍身为国的精神,更是国家所迫切期望于大学生的。对日抗战,实在是极艰巨的工作;不但最后胜利有待于更大的努力,并且日本始终还是一个大敌,我们殊不能武断以为这次抗战结束,就可一劳永逸。诸君此时正在努力培植自己的学问和技术,尤其要打定主意将这种学问技术,出而对国家做最大的贡献。大学教育的目标,决不仅是造就多少专家如工程师医生之类,而尤在乎养成公忠坚毅,能担当大任,主持风会,转移国运的领导人才。阳明先生公忠体国献身平乱的精神,正是我们今日所应继承发扬,而且扩之于对外抗战,与进一步的建国事业。必须在现在埋头刻苦于报国的准备,在将来奋发贡献于雪耻兴国的大业,方才对得起今日前方抗战牺牲的将士,方才对得起父兄家长与师长作育的期待,方才对得起国家社会对于大学生的优待和重视。

综观阳明先生治学,躬行,艰贞负责,和公忠报国的精神,莫不足以见其伟大过人的造诣,而尤足为我们今日国难中大学生的典范。学者要自觉觉人,要成己成物,必须取法乎上,而后方能有所成就。当然我们所可取法所应取法的先哲很多,不过这里只举王阳明先生一人之居常处变立身报国的精神,已足够使我们感奋,而且受用不尽了。如果各大学师生皆能本先生之志,不以艰难而自懈,且更奋发于自淑淑人之道,协助地方,改良社会,开创风气,那么每个大学将在曾到过的地方,同样地留遗了永久不磨的影响,对于内地之文化发展,定可造成伟大的贡献。

【注释】

[1]1937 年 7 月 7 日,抗日战争全面爆发;1938 年 10 月底,在校长竺可桢的带领下,浙江大学从杭州西迁,最后到达广西宜山。西迁历程遭遇疫病和战火双重灾难,为鼓舞广大师生,11 月 1 日,竺可桢在开学典礼上作了《王阳明先生与大学生的典范》的专题演讲。

【课文简解】

作者在文章中首先阐述抗日时局的大背景下,学校搬迁,来到广西,这里虽偏远艰苦,王阳明却是在这一地域取得斐然成就。在做学问上,学生要学习王阳明的“致知力学”“内省力行”“艰苦卓绝”精神,进而结合时局阐述学习王阳明的“公忠体国”精神。

单元练习

一、结合单元文章，试分析儒家的个人修养观念。

二、结合课内外文学作品，试分析儒家思想中的“为政”观念。

三、试分析儒家思想对中国传统社会发展的作用和意义。

四、结合当前课程思政，如何评价儒家思想在当代中国的意义。

第三单元　道法自然

道家因以“道”为核心的思想而得名，最早见于西汉历史学家司马谈的《论六家要旨》，称之为道德家。《汉书·艺文志》记述：“道家者流，盖出于史官。”道家的主要著作有《老子》《庄子》《黄帝内经》《列子》《管子》和《淮南子》等。

道家以黄帝、老子、列子、庄子、管子等为主要代表人物，主张“无为、璞朴、与时迁移、应物变化”等。与儒家文化起源于周文化不同，道家思想与夏朝、殷商文化密切相关，道家学者多出自宋、楚、秦、齐等国。

春秋时期，老子集古圣先贤之大智慧，总结上古道家思想的精华，著述《道德经》，形成了道家的理论根基，标志着道家思想已经正式成型。

战国时期，道家内部对道和无为的理解不同，分化为不同派别，主要有老庄派、黄老派、杨朱派等六派。不同的学派之间思想重心也不同，或偏于治国，或偏于治身等。

魏晋时期出现的玄学，则是以道家经典《老子》《庄子》和儒家经典《易》为核心内容的“三玄”，成为主流思想。

道家的清静无为、顺应自然等思想对后世知识分子影响极大，出现了以陶渊明为宗的“隐逸”文人，以陶渊明、谢灵运、孟浩然、李白等为代表的诗人创作出游仙诗、哲理诗、山水诗、田园诗等新题材诗歌，也出现了志怪小说一类叙事文学。

道家以“道”为核心，认为大道无为、主张道法自然，提出道生法、以雌守雄、刚柔并济等政治、经济、军事策略，具有朴素的辩证法思想，是诸子百家中一个极为重要的哲学流派，存在于中华各文化领域，对中华哲学、文学、科技、艺术、音乐、养生、宗教等影响深远。对中国乃至世界的文化都产生了巨大的影响。

李约瑟说：“中国人性格中有许多最吸引人的因素都来源于道家思想。中国如果没有道家思想，就像是一棵深根已经烂掉的大树。”

道德经[1]（节选）

老　子

《道德经》是春秋时期老子的作品，又称《道德真经》《老子》《五千言》《老子五千文》，是道家哲学思想的重要来源。《道德经》原文《德经》内容在前，《道经》内容在后，不分章；后世改为《道经》在前，《德经》在后，分上下两篇，共81章。

道可道，非常道；名可名，非常名。无名，天地之始；有名，万物之母。故常无，欲以观其妙；常有，欲以观其徼[2]。此两者，同出而异名，同谓之玄。玄之又玄，众妙之门。

天下皆知美之为美，斯恶已；皆知善之为善，斯不善已。故有无相生，难易相成，长短相形，高下相倾，音声相和，前后相随。是以圣人处无为之事，行不言之教；万物作焉而不辞，生而不有，为而不恃，功成而弗居。夫唯不居，是以不去。

不尚贤，使民不争；不贵难得之货，使民不为盗；不见可欲，使民心不乱。是以圣人之治，虚其心，实其腹，弱其志，强其骨。常使民无知无欲，使夫智者不敢为也。为无为，则无不治。

上善若水，水善利万物而不争。处众人之所恶，故几于道。居善地，心善渊，与善仁，言善信，政善治，事善能，动善时。夫唯不争，故无尤。

大道废，有仁义；智慧出，有大伪；六亲不和，有孝慈；国家昏乱，有忠臣。

【注释】

[1] 课文选自《老子》的第25章和第42章。

[2] 徼（jiào）：通“窍”，踪迹的意思。

【课文简解】

选文第一部分老子首先阐述了“道”，“道”的呈现状态；第二部分阐述事物的矛盾辩证统一，人应当无为处之；第三、第四、第五部分阐述“德”。选文总体阐述老子道家自然无为的思想。

逍遥游

庄　子

庄子（约前369—前286），名周，字子休，战国时期宋国人，著名的思想家、哲学家和文学家，是继老子之后道家学派的代表人物，与老子合称“老庄”，著有《庄子》一书。

《庄子》又称为《南华真经》，该书内容想象丰富，善借助寓言故事阐述哲理。

北冥[1]有鱼，其名为鲲[2]。鲲之大，不知其几千里也；化而为鸟，其名为鹏。鹏之背，不知其几千里也；怒[3]而飞，其翼若垂[4]天之云。是鸟也，海运[5]则将徙于南冥，南冥者，天池也。

《齐谐》[6]者，志怪[7]者也。《谐》之言曰："鹏之徙于南冥也，水击三千里，抟[8]扶摇[9]而上者九万里，去以六月息者也。"野马[10]也，尘埃也，生物之以息相吹也。天之苍苍，其正色邪[11]？其远而无所至极邪？其视下也，亦若是则已矣。

且夫水之积也不厚，则其负大舟也无力。覆杯水于坳堂之上，则芥为之舟。置杯焉则胶，水浅而舟大也。风之积也不厚，则其负大翼也无力。故九万里，则风斯在下矣，而后乃今培[12]风；背负青天，而莫之夭阏[13]者，而后乃今将图南。

蜩[14]与学鸠[15]笑之曰："我决[16]起而飞，抢[17]榆枋[18]而止，时则不至，而控于地而已矣，奚以之九万里而南为？"适莽苍[19]者，三餐而反[20]，腹犹果然；适百里者，宿舂粮[21]；适千里者，三月聚粮。之二虫又何知！

小知[22]不及大知，小年不及大年。奚以知其然也？朝菌不知晦朔，蟪蛄[23]不知春秋，此小年也。楚之南有冥灵[24]者，以五百岁为春，五百岁为秋；上古有大椿[25]者，以八千岁为春，八千岁为秋，此大年也。而彭祖[26]乃今以久特闻，众人匹之，不亦悲乎！

汤之问棘[27]也是已：穷发[28]之北，有冥海者，天池也。有鱼焉，其广数千里，未有知其修者，其名为鲲。有鸟焉，其名为鹏，背若泰山，翼若垂天之云，抟扶摇羊角而上者九万里，绝云气，负青天，然后图南，且适南冥也。

斥鴳[29]笑之曰："彼且奚适也？我腾跃而上，不过数仞而下，翱翔蓬蒿之间，此亦飞之至也。而彼且奚适也？"此小大之辩也。

故夫知效一官，行比一乡，德合一君，而征一国者，其自视也，亦若此矣。而宋荣子[30]犹然[31]笑之。且举世誉之而不加劝，举世非之而不加沮，定乎内外[32]之分，辩乎荣辱之境，斯已矣。彼其于世，未数数[33]然也。虽然，犹有未树也。

夫列子[34]御风而行，泠[35]然善也，旬有[36]五日而后反。彼于致福者，未数数然也。此虽免乎行，犹有所待者也。

若夫乘天地之正，而御六气之辩[37]，以游无穷者，彼且恶[38]乎待哉！故曰：至人[39]无己[40]，神人[41]无功[42]，圣人无名[43]。

尧让天下于许由，曰："日月出矣，而爝火[44]不息，其于光也，不亦难乎！时雨降矣，而犹浸灌，其于泽也，不亦劳乎！夫子立而天下治，而我犹尸之，吾自视缺然。请致天下。"许由曰："子治天下，天下既已治也，而我犹代子，吾将为名乎？名者，实之宾也，吾将为宾乎？鹪鹩[45]巢于深林，不过一枝；偃鼠饮河，不过满腹。归休乎君，予无所用天下为！庖人虽不治庖，尸祝不越樽俎而代之矣。"

肩吾问于连叔曰："吾闻言于接舆，大而无当，往而不反。吾惊怖其言，犹河汉而无极也，大有径庭，不近人情焉。"连叔曰："其言谓何哉？""曰：'藐[46]姑射[47]之山，有神人居焉。肌肤若冰雪，淖约[48]若处子；不食五谷，吸风饮露；乘云气，御飞龙，而游乎四海之外；其神凝，使物不疵疠[49]而年谷熟。'吾以是狂而不信也。"连叔曰："然，瞽[50]者无以与乎文章之观，聋者无以与乎钟鼓之声。岂唯形骸有聋盲哉？夫知亦有之。是其言也，犹时女也。之人也，之德也，将旁礴万物以为一世蕲[51]乎乱，孰弊弊焉以天下为事！之人也，物莫之伤，大浸稽天而不溺，大旱金石流、土山焦而不热。是其尘垢秕糠，将犹陶铸尧舜者也，孰肯以物为事！"

宋人资章甫而适诸越，越人断发文身，无所用之。尧治天下之民，平海内之政。往见四子藐姑射之山，汾水之阳，窅然[52]丧其天下焉。

惠子谓庄子曰："魏王贻我大瓠[53]之种，我树之成而实五石。以盛水浆，其坚不能自举也。剖之以为瓢，则瓠落无所容。非不呺然[54]大也，吾为其无用而掊[55]之。"庄子曰："夫子固拙于用大矣。宋人有善为不龟[56]手之药者，世世以洴澼[57]絖[58]为事。客闻之，请买其方百金。聚族而谋之曰：'我世世为洴澼絖，不过数金。今一朝而鬻[59]技百金，请与之。'客得之，以说吴王。越有难，吴王使之将。冬，与越人水战，大败越人，裂地而封之。能不龟手一也，或以封，或不免于洴澼絖，则所用之异也。今子有五石之瓠，何不虑以为大樽，而浮于江湖，而忧其瓠落无所容，则夫子犹有蓬之心也夫！"

惠子谓庄子曰："吾有大树，人谓之樗[60]。其大本臃肿而不中绳墨，其小枝卷曲而不中规矩。立之涂，匠者不顾。今子之言，大而无用，众所同去也。"庄子曰："子独不见狸[61]狌[62]乎？卑身而伏，以候敖者；东西跳梁，不避高下；中于机辟，死于罔[63]罟[64]。今夫斄[65]牛，其大若垂天之云。此能为大矣，而不能执鼠。今子有大树，患其无用，何不树之于无何有之乡，广莫之野，彷徨乎无为其侧，逍遥乎寝卧其下。不夭斤斧，物无害者，无所可用，安所困苦哉！"

【注释】

[1] 冥：通"溟"，指海色深黑。

[2] 鲲（kūn）：传说中的大鱼。

[3] 怒：奋起的样子，这里指鼓起翅膀。

[4] 垂：同"陲"，边际。

[5] 海运：海动。古有"六月海动"之说。海运之时必有大风，鹏可以乘风南行。

[6]《齐谐》：书名，出于齐国，多载诙谐怪异之事，故名“齐谐”。一说人名。

[7] 志怪：记载怪异的事物。志：记载。

[8] 抟（tuán）：回旋而上。一作“搏”（bó），拍。

[9] 扶摇：一种旋风，又名飙，由地面急剧盘旋而上的暴风。

[10] 野马：流动的雾气。古人认为：春天万物生机萌发，大地之上游气奔涌如野马。

[11] 邪：同“耶”，疑问语气词。

[12] 培：凭。

[13] 莫之夭（yāo）阏（è）：无所滞碍。夭：挫折。阏：遏制，阻止。

[14] 蜩（tiáo）：蝉。

[15] 学鸠：斑鸠之类的小鸟名。

[16] 决（xuè）：疾速的样子。

[17] 抢（qiāng）：触，碰，着落。“抢”也作“枪”。

[18] 榆枋：两种树名。榆：榆树。枋：檀木。

[19] 莽苍：本指郊野的颜色，这里引申为近郊。

[20] 反：通“返”，返回。

[21] 宿舂粮：即舂宿粮，舂捣一宿的粮食。宿：这里指一夜。

[22] 知（zhì）：通“智”，智慧。

[23] 蟪（huì）蛄（gū）：寒蝉，春生夏死或夏生秋死。

[24] 冥灵：大树名。一说为大龟名。

[25] 大椿：传说中的大树名。一说为巨大的香椿。

[26] 彭祖：传说中尧的臣子，名铿，封于彭，活了约八百岁。

[27] 棘：汤时的贤大夫，《列子汤问》篇作“夏革（jí）”。

[28] 穷发：传说中极荒远的不生草木之地。发：指草木植被。

[29] 斥鴳（yàn）：池沼中的小雀。斥：池，小泽。

[30] 宋荣子：一名宋钘（jiān），宋国人，战国时期的思想家。

[31] 犹然：喜笑的样子。犹：通“繇”，喜。

[32] 内外：这里分别指自身和身外之物。

[33] 数数（shuò）然：急切追求的样子。

[34] 列子：郑国人，名叫列御寇，战国时代思想家。

[35] 泠（líng）然：轻妙飘然的样子。

[36] 有：通“又”，用于连接整数与零数。

[37] 御六气之辩：驾驭六气的变化。御：驾驭、把握。六气：指阴、阳、风、雨、晦、明。辩：通“变”，变化的意思。

[38] 恶（wū）：何，什么。

[39] 至人：庄子认为修养最高的人。下文“神人”“圣人”义相近。

[40] 无己：清除外物与自我的界限，达到忘掉自己的境界。即物我不分。

[41] 神人：这里指精神世界完全能超脱于物外的人。
[42] 无功：无作为，故无功利。
[43] 无名：不追求名誉地位，不立名。
[44] 爝（jué）火：炬火，木材蘸上油脂燃起的火把。
[45] 鹪（jiāo）鹩（liáo）：一种善于筑巢的小鸟。
[46] 藐（miǎo）：遥远的样子。
[47] 姑射（yè）：传说中的山名。
[48] 淖（chuò）约：同“绰”，柔弱、美好的样子。
[49] 疵（cī）疠（lì）：疾病，灾害。
[50] 瞽（gǔ）：盲。
[51] 蕲（qí）：祈求。
[52] 窅（yǎo）然：怅然若失的样子。
[53] 瓠（hù）：葫芦。
[54] 呺（xiāo）然：庞大而又中空的样子。
[55] 掊（pǒu）：打破。
[56] 龟（jūn）：通“皲”，皮肤受冻开裂。
[57] 洴（píng）澼（pí）：在水中漂洗。
[58] 絖（kuàng）：通“纩”，丝絮，棉絮。
[59] 鬻（yù）：卖，出售。
[60] 樗（chū）：臭椿树，木质粗劣不可用。
[61] 狸（lí）：野猫。
[62] 狌（shēng）：黄鼠狼。
[63] 罔：通“网”。
[64] 罟（gǔ）：网的总称。
[65] 斄（lí）牛：牦牛。

【课文简解】

《逍遥游》是《庄子》的代表篇目之一，阐述了庄子追求精神世界的绝对自由思想。“逍遥”是优游自得的样子；“逍遥游”就是无拘无束、自由自在。庄子先通过诸多寓言故事阐述有所为则有所待，都是无法逍遥的，要真正达到自由自在的境界，必须“无己”“无功”“无名”。然后阐述何为“无名”“无功”“无己”，最后阐述如何做到“无名”“无功”“无己”，阐述世间万物各有其用，各有其主，人不能把握事物全部，人也要“无为”于世，“无用”于世。

兰亭集序[1]

王羲之

王羲之(303—361),字逸少,山东琅琊临沂(今山东省临沂市)人,东晋时期著名书法家,有“书圣”之称,代表作为《兰亭集序》。

永和九年,岁在癸丑,暮春之初,会于会稽山阴之兰亭,修禊事也。群贤毕至,少长咸集。此地有崇山峻岭,茂林修竹;又有清流激湍,映带左右,引以为流觞曲水,列坐其次。虽无丝竹管弦之盛,一觞一咏,亦足以畅叙幽情。

是日也,天朗气清,惠风和畅。仰观宇宙之大,俯察品类之盛,所以游目骋怀,足以极视听之娱,信可乐也。

夫人之相与,俯仰一世。或取诸怀抱,悟言一室之内;或因寄所托,放浪形骸之外。虽趣舍万殊,静躁不同,当其欣于所遇,暂得于己,快然自足,不知老之将至;及其所之既倦,情随事迁,感慨系之矣。向之所欣,俯仰之间,已为陈迹,犹不能不以之兴怀,况修短随化,终期于尽!古人云:“死生亦大矣。”岂不痛哉!

每览昔人兴感之由,若合一契,未尝不临文嗟悼,不能喻之于怀。固知一死生为虚诞,齐彭殇为妄作。后之视今,亦犹今之视昔,悲夫!故列叙时人,录其所述,虽世殊事异,所以兴怀,其致一也。后之览者,亦将有感于斯文。

【注释】

[1] 魏晋时期,异族入侵,西晋士族南迁,晋穆帝永和九年(353年)农历三月初三,王羲之在会稽山阴的兰亭,与名流高士谢安、孙绰等四十一人举行风雅集会。与会者临流赋诗,各抒怀抱,抄录成集,王羲之为诗集做序文,即《兰亭集序》。

【课文简解】

王羲之深受魏晋玄学影响。现实中,东晋王朝南迁,失去北方的家园,想北上图王,却有心而无力。江南灵秀,山水宜人。渡江的士族们寄身于山水,饮酒赋诗,切实感受到“信可乐也”,但王羲之只是“暂得于己”,人生转瞬即逝,眼前的美好也是短暂的,短暂与永恒构成王羲之的人生观,达观中略带伤感。

归去来兮辞·并序

陶渊明

陶渊明（约 365—427），字元亮，又名潜，私谥“靖节”，世称靖节先生，浔阳柴桑（今江西省九江市）人，东晋末期诗人，被后人尊称为“古今隐逸诗人之宗”，著有《陶渊明集》。

归去来兮，田园将芜胡不归？既自以心为形役，奚惆怅而独悲？悟已往之不谏，知来者之可追。实迷途其未远，觉今是而昨非。舟遥遥以轻飏[1]，风飘飘而吹衣。问征夫以前路，恨晨光之熹微。

乃瞻衡宇，载欣载奔。僮仆欢迎，稚子候门。三径就荒，松菊犹存。携幼入室，有酒盈樽。引壶觞以自酌，眄[2]庭柯以怡颜。倚南窗以寄傲，审容膝之易安。园日涉以成趣，门虽设而常关。策扶老以流憩[3]，时矫首而遐观。云无心以出岫[4]，鸟倦飞而知还。景翳翳[5]以将入，抚孤松而盘桓。

归去来兮，请息交以绝游。世与我而相违，复驾言兮焉求？悦亲戚之情话，乐琴书以消忧。农人告余以春及，将有事于西畴。或命巾车，或棹孤舟。既窈窕以寻壑，亦崎岖而经丘。木欣欣以向荣，泉涓涓而始流。善万物之得时，感吾生之行休。

已矣乎！寓形宇内复几时？曷不委心任去留？胡为乎遑遑欲何之？富贵非吾愿，帝乡不可期。怀良辰以孤往，或植杖而耘耔。登东皋[6]以舒啸，临清流而赋诗。聊乘化以归尽，乐夫天命复奚疑！

【注释】

[1] 轻飏（yáng）：飏，飞扬，形容船行驶轻快。

[2] 眄（miǎn）：斜看。

[3] 憩（qì）：休息。

[4] 岫（xiù）：有洞穴的山，这里泛指山峰。

[5] 翳（yì）翳：阴暗的样子。

[6] 皋（gāo）：高地。

【课文简解】

《归去来兮辞》是楚辞体抒情诗。作者陶渊明阐述自己隐退避世的怡然自得生活。中国传统士人受到儒家思想教育，“达则兼善天下”。最初都是以积极出世的思想去实现美好的人生理想。但在政治黑暗、社会混乱的时期，士人理想无从实现，甚至生命亦无保障，弃官归隐就成为他们另一种人生选择，其意义是“穷则独善其身”，保持自我的人格独立，不同流合污。陶渊明在这篇文章里描述自己回家之愿、之途、之感，以及回家后的生活描述，表达对自由的向往，但也恰反衬其有内心的失落与不足。

庐山谣[1]寄卢侍御虚舟

李　白

李白（701—762），字太白，号青莲居士，又号谪仙人，是唐代伟大的浪漫主义诗人。他被后人誉为“诗仙”，与杜甫并称为“李杜”。李白深受黄老列庄思想影响，有《李太白集》传世，代表作有《望庐山瀑布》《行路难》《蜀道难》《将进酒》《梁甫吟》《早发白帝城》等。

我本楚狂人[2]，凤歌笑孔丘[3]。
手持绿玉杖[4]，朝别黄鹤楼。
五岳寻仙不辞远，一生好入名山游。
庐山秀出南斗傍，屏风九叠[5]云锦张。
影落明湖青黛光[6]，金阙[7]前开二峰长，银河[8]倒挂三石梁。
香炉瀑布遥相望，回崖沓嶂[9]凌苍苍。
翠影红霞映朝日，鸟飞不到吴天长。
登高壮观天地间，大江茫茫去不还。
黄云万里动风色，白波九道[10]流雪山。
好为庐山谣，兴因庐山发。
闲窥石镜清我心，谢公[11]行处苍苔没。
早服还丹无世情，琴心三叠[12]道初成。
遥见仙人彩云里，手把芙蓉朝玉京[13]。
先期汗漫九垓[14]上，愿接卢敖[15]游太清。

【注释】

[1] 谣：不合乐的歌，一种诗体。卢侍御虚舟：卢虚舟，字幼真，范阳人，唐肃宗时曾任殿中侍御史，相传“操持有清廉之誉”，曾与李白同游庐山。

[2] 楚狂人：春秋时楚人陆通，字接舆，因不满楚昭王的政治，佯狂不仕，时人谓之“楚狂”。

[3] 凤歌笑孔丘：孔子适楚，陆通游其门而歌：“凤兮凤兮，何德之衰……”劝孔不要做官，以免惹祸。这里，李白以陆通自比，表现对政治的不满，表示要像楚狂那样游览名山过隐居的生活。

[4] 绿玉杖：镶有绿玉的杖，传为仙人所用。

[5] 屏风九叠：指庐山五老峰东的九叠屏，因山九叠如屏而得名。

[6] 影落明湖青黛光：指庐山倒映在明澈的鄱阳湖中。

[7] 金阙：阙，为皇宫门外的左右望楼，金阙指黄金的门楼。这里借指庐山的石门——庐山西南有铁船峰和天池山，二山对峙，形如石门。

[8] 银河：指瀑布。

[9] 回崖沓(tà)嶂：曲折的山崖，重叠的山峰。

[10] 白波九道：九道河流。古谓长江流至浔阳分为九条支流。

[11] 谢公：南朝宋谢灵运。谢灵运曾登庐山，有“攀崖照石镜”诗句(《谢康乐集·入彭蠡湖口》)。

[12] 琴心三叠：道家修炼术语，一种心神宁静的境界。

[13] 玉京：传说元始天尊居处。道教称元始天尊在天中心之上，名玉京山。

[14] 九垓(gāi)：九天之外。

[15] 卢敖：战国时燕国人。《淮南子·道应训》载，卢敖游北海，遇仙怪迎风而舞，想同他做朋友而同游。

【课文简解】

这首诗作于肃宗上元元年(760 年)，即诗人流放夜郎途中遇赦回来的第二年。李白遇赦后从江夏(今湖北武昌)往浔阳(今江西九江)游庐山时作了这首诗，那时李白已经历尽磨难，始终不愿向折磨他的现实低头，求仙学道的心情更加迫切了。

诗人起笔抒怀，以楚狂自比，表示了对政治前途的失望，暗示出要像楚狂接舆那样隐居避世，嘲弄入世者，流露了诗人因政治失意而避世求仙的愤世之情。“五岳寻仙不辞远，一生好入名山游”书写自己对仙家和名山的向往，为下面描写庐山过渡。接着诗人展开庐山雄奇壮丽的风光的描绘，抒发诗人寄情山水、纵情遨游、狂放不羁的情怀，表达诗人在自然名山胜景中得到人生乐趣。

前赤壁赋

苏　轼

苏轼(1037—1101),字子瞻,又字和仲,号铁冠道人、东坡居士,世称苏东坡、苏仙,眉州眉山(今四川省眉山市)人,北宋文学家、书法家、画家。

嘉祐二年(1057年),苏轼进士及第。宋神宗时曾在凤翔、杭州、密州、徐州、湖州等地任职。元丰三年(1080年),因"乌台诗案"被贬为黄州团练副使。宋哲宗即位后,曾任翰林学士、侍读学士、礼部尚书等职,并出知杭州、颍州、扬州、定州等地,晚年因新党执政被贬惠州、儋州。宋徽宗时获大赦北还,途中于常州病逝。宋高宗时追赠太师,谥号"文忠"。

苏轼是北宋中期的文坛领袖,在诗、词、散文、书、画等方面取得了很高的成就。其文纵横恣肆;其散文著述宏富,豪放自如,与欧阳修并称"欧苏",为"唐宋八大家"之一。著有《东坡七集》《东坡易传》等传世。

壬戌[1]之秋,七月既望,苏子与客泛舟游于赤壁之下。清风徐来,水波不兴。举酒属[2]客,诵明月之诗,歌窈窕之章。少焉,月出于东山之上,徘徊于斗牛之间。白露横江,水光接天。纵一苇之所如,凌万顷之茫然。浩浩乎如冯虚御风[3],而不知其所止;飘飘乎如遗世独立,羽化而登仙。

于是饮酒乐甚,扣舷而歌之。歌曰:"桂棹[4]兮兰桨,击空明兮溯流光。渺渺[5]兮予怀,望美人兮天一方。"客有吹洞箫者,倚歌而和之。其声呜呜然,如怨如慕,如泣如诉。余音袅袅,不绝如缕。舞幽壑之潜蛟,泣孤舟之嫠[6]妇。

苏子愀然[7],正襟危坐,而问客曰:"何为其然也?"客曰:"'月明星稀,乌鹊南飞。'此非曹孟德之诗乎?西望夏口,东望武昌,山川相缪[8],郁乎苍苍,此非孟德之困于周郎者乎?方其破荆州,下江陵,顺流而东也,舳舻[9]千里,旌旗蔽空,酾酒[10]临江,横槊赋诗,固一世之雄也,而今安在哉?况吾与子渔樵于江渚之上,侣鱼虾而友麋[11]鹿,驾一叶之扁舟,举匏樽[12]以相属。寄蜉蝣[13]于天地,渺沧海之一粟。哀吾生之须臾,羡长江之无穷。挟飞仙以遨游,抱明月而长终。知不可乎骤得,托遗响于悲风。"

苏子曰:"客亦知夫水与月乎?逝者如斯,而未尝往也;盈虚者如彼,而卒莫消长也。盖将自其变者而观之,则天地曾不能以一瞬;自其不变者而观之,则物与我皆无尽也,而又何羡乎!且夫天地之间,物各有主,苟非吾之所有,虽一毫而莫取。惟江上之清风,与山间之明月,耳得之而为声,目遇之而成色,取之无禁,用之不竭,是造物者之无尽藏也,而吾与子之所共适。"

客喜而笑,洗盏更酌。肴核既尽,杯盘狼籍。相与枕藉乎舟中,不知东方之既白。

【注释】

[1] 壬戌：宋神宗元丰五年（1082 年），岁在壬戌。

[2] 属：通“嘱”，致意，此处引申为“劝酒”的意思。

[3] 冯虚御风：驾风凌空飞行。冯：通“凭”。

[4] 棹（zhào）：船桨。

[5] 渺（miǎo）渺：悠远的样子。

[6] 嫠（lí）：孤居的妇女，在这里指寡妇。

[7] 愀（qiǎo）然：容色改变的样子。

[8] 缪（liáo）：通“缭”，盘绕。

[9] 舳（zhú）舻（lú）：战船前后相接。

[10] 酾（shī）酒：滤酒，斟酒。

[11] 麋（mí）：鹿的一种。

[12] 匏（páo）樽（zūn）：亦作“匏尊”。匏：葫芦。尊：同“樽”，匏制的酒樽。

[13] 蜉（fú）蝣（yóu）：一种昆虫，夏秋之交生于水边，生命短暂，仅数小时。

【课文简解】

《前赤壁赋》是苏轼作于宋神宗元丰五年（1082 年）的一篇赋。元丰二年（1079 年），苏轼被诬作诗“谤讪朝廷”，苏轼所写《湖州谢上表》又遭御史弹劾并扣上诽谤朝廷的罪名，被捕入狱，史称“乌台诗案”。经多方营救，于当年十二月释放，贬为黄州团练副使。元丰五年（1082 年），苏轼两次泛舟游赤壁，写了两篇以赤壁为题的赋，后人称第一篇为《前赤壁赋》，第二篇为《后赤壁赋》。

苏轼在这篇赋里写自己与朋友月圆之夜泛舟游赤壁，慨叹历史事件和人物，以曹操兵败自比，人生都有失意不如意之时，人生短暂，暂得于山水，抒发了苏轼寄情于山水之间陶然自醉，身心俱释放时聊以自慰的心怀。

桃花庵歌[1]

唐　寅

唐寅(1470—1523),字伯虎,号六如居士、桃花庵主、逃禅仙吏等,苏州府吴县(今江苏省苏州市)人,明代著名画家、书法家、诗人。

唐寅28岁时参加中南直隶乡试,考取第一名,世称“唐解元”。唐寅因弘治十二年(1499年)科举案受牵连入狱,使其不再以科举为官为念,他退隐江湖,沉醉于诗画之间。唐寅在绘画上与沈周、文征明、仇英并称“吴门四家”,被称为“明四家”;在诗文方面,唐寅与祝允明、文征明、徐祯卿并称“吴中四才子”。

桃花坞里桃花庵[2],桃花庵里桃花仙。
桃花仙人种桃树,又摘桃花换酒钱。
酒醒只在花前坐,酒醉还来花下眠。
半醒半醉日复日,花落花开年复年。
但愿老死花酒间,不愿鞠躬车马前。
车尘马足富者趣,酒盏花枝贫者缘。
若将富贵比贫贱,一在平地一在天。
若将花酒比车马,他得驱驰我得闲。
世人笑我忒疯癫,我笑他人看不穿。
不见五陵豪杰墓,无花无酒锄作田。

【注释】

[1] 此诗写于弘治十八年(1505年)。周道振、张月尊编撰《唐伯虎年表》:“弘治十八年(1505年)乙丑,三月,桃花坞小圃桃花盛开,作《桃花庵歌》。”

[2] 桃花庵:唐寅在桃花坞建屋,名为桃花庵。桃花坞(wù):位于苏州金阊门外。北宋时章粢父子在此建成别墅,后渐废为蔬圃。唐寅于此筑室,故名桃花庵。

【课文简解】

此诗主要表达了诗人乐于归隐、淡泊功名、不愿与世俗结交、追求闲适的生活态度。唐寅28岁时中南直隶乡试第一,次年入京应战会试,弘治十二年(1499年),受到科场舞弊案牵连,功名被革,在长期的生活磨炼中,从此淡看功名利禄,退而归隐,卖画度日,以花为朋、以酒为友,过着闲适清苦生活。

诗人先描述自己隐逸生活的美好。自比桃花坞里桃花庵中的桃花仙人,种桃树、卖桃花沽酒的恬淡生活,以桃花坞比桃花源,以桃花仙比陶渊明,描绘出一位优游林下、洒脱风流、热爱人生、快活似神仙的隐者形象。诗人对隐逸生活和市井显贵生活的评述,表达了对人生贵贱的深刻洞察及对名利的轻视。

一片树叶[1]

东山魁夷

东山魁夷(1908—1999),日本风景画家、散文家,原名新吉,画号魁夷。散文集有《听泉》《和风景的对话》等。

当我把京都作为主要题材来创作我的组画的时候,想起了圆山闻名的夜樱。我多想观赏一下那缀满枝头的繁盛的花朵,同那春宵的满月交相辉映的情景啊!

那是四月十日前后吧,我弄清楚当夜确实是阴历十五之后,就向京都进发。白天,到圆山公园一看,却也幸运,樱花开得正旺,春天的太阳似乎同月夜良宵相约似的,朗朗地照着。时至向晚,我已经参观了寂光院和三千院,看看时间已到,就折向京都城里。

来到下鸭这地方,蓦然从车窗向外一望,东面天上不正飘浮着一轮又圆又大的月亮吗?我吃了一惊。本来我是想站在圆山的樱树林前,观赏那刚刚从东山露出笑脸的圆月。它一旦升上高空,就会失掉特有的风韵。我后悔不该在大原消磨那么多时光。

我急匆匆赶到圆山公园,稍稍松了口气。所幸,这儿靠近山峦,一时还望不见月亮的姿影。东山浸在碧青色的暮霭里,山前面一株枝条垂挂的樱树,披着绯红色华美的春装,仿佛将京都的春色完全凝聚于一身似的。地面上,不见一朵落花。

山头一片净明,月亮微微探出头来,静静地升上绛紫色的天空。这时,樱花仰望着月亮,月亮俯视着樱花。刹那之间,消尽了游春的灯火和杂沓的人影。四周阒无人声[2],只给月和花留下了清丽的好天地。

这也许是常说的奇缘巧遇吧,花期短暂,难得碰上朗照的满月;再说,月华的胜景,只限于今宵,要是碰上阴雨天气就什么也看不到。此外,还必须有我这个欣赏者在场才成。

如果花儿常开不败,我们能永远活在地球上,那么花月相逢便不会引人如此动情。花开花落,方显出生命的灿烂光华;爱花赏花,更说明人对花木的无限珍惜。地球上瞬息即逝的事物,一旦有缘相遇,定会在人们的心里激起无限的喜悦。这不只限于樱花,即使路旁一棵无名小草,不是同样如此吗?

自然景物令人赏心悦目,这个体验是我在战争中获得的。那时想到自己的生命之火就要熄灭了,处在这样的境况里,才发觉自然景物却充满了旺盛的活力。于是,我受到了强烈的震动。过去在我的眼里,这些景物都是平淡无奇,不堪一顾的呢。

战争结束以后,在贫困的年代里,我也陷入苦难的深渊。冬天,我伫立在凄清寂寞的山峦上,大自然和我紧紧相连,这才使我的心境感到充实而满足,我心中产生了对生活的切实而纯真的向往。打那时候起,我便开始了一个风景画家的生涯。

我所喜欢描绘的不是人迹罕至的景致,而是富有生活情趣的自然风物。然而,在我所描绘的风景里，可以说，几乎没有人物出现。其中一个理由是，我所描绘的风景是人们心灵的象征。我是通过自然景色本身，抒写人们的内心世界的。

我常常揣摩画面的内容，创作散文，这是我接触了清新的自然和素朴的形象之后引起的感动所致。在战后时代的急流勇进中，我有很多时候，是走着同时代相游离的道路的。现在看来，这条路算是对了。而且，我决心继续走下去。

人应当谦虚地看待自然和风景。为此，固然有必要出门旅行，同大自然直接接触，或深入异乡，领略一下当地人们的生活情趣。然而，就是我们住地周围，哪怕是庭院的一木一叶，只要用心观察，有时也能深刻地领略到生命的含义。

我注视着院子里的树木，更准确地说，是在凝望枝头上的一片树叶。而今，它泛着美丽的绿色，在夏日的阳光里闪耀着光辉。我想起当它还是幼芽的时候，我所看到的情景。那是去年初冬，就在这片新叶尚未吐露的地方。吊着一片干枯的黄叶，不久就脱离了枝条飘落到地上。就在原来的枝丫上，你这幼小的坚强的嫩芽，生机勃勃地诞生了。

任凭寒风猛吹，任凭大雪纷纷，你默默等待着春天，慢慢地在体内积攒着力量。一日清晨，微雨乍晴，我看到树枝上缀满粒粒珍珠，这是一枚枚新生的幼芽凝聚着雨水闪闪发光。于是我感到百草都在催芽，春天已经临近了。

春天终于来了，万木高高兴兴地吐翠了。然而，散落在地面上的陈叶，早已腐烂化作泥土了。

你迅速长成一片嫩叶，在初夏的太阳下浮绿泛金。对于柔弱的绿叶来说，初夏，既是生机旺盛的季节，也是最易遭受害虫侵蚀的季节。幸好，你平安地迎来了暑天，而今正同伙伴们织成浓密的青荫，遮蔽着枝头。

我预测着你的未来。到了仲夏，鸣蝉将在你的浓荫下长啸，等一场台风袭过，那吱吱蝉鸣变成了凄切的哀吟，天气也随之凉爽起来。蝉声一断，代之而来的是树根深处秋虫的合唱，这唧唧虫声，确也能为静寂的秋夜增添不少雅趣。

你的绿意，不知不觉黯然失色了，终于变成了一片黄叶，在冷雨里垂挂着。夜来秋风敲窗，第二天早晨起来，树枝上已经消失了你的踪影。只看到你所在的那个枝丫上又冒出了一个嫩芽。等到这个幼芽绽放绿意的时候，你早已零落地下，埋在泥土之中了。

这就是自然，不光是一片树叶，生活在世界上的万物，都有一个相同的归宿。一叶坠地，绝不是毫无意义的。正是这片片黄叶，换来了整个大树的盎然生机。这一片树叶的诞生和消亡，正标志着生命在四季里的不停转化。

同样，一个人的死关系着整个人类的生。死，固然是人所不欢迎的。但是，只要你珍爱自己的生命，同时也珍爱他人的生命，那么，当你生命渐尽，行将回归大地的时候，你应当感到庆幸。这就是我观察庭院里的一片树叶所得的启示。不，这是那片树叶向我娓娓讲述的生死轮回的要谛。

【注释】

[1] 课文选自《世界最美的散文大全集：外国卷》（外文出版社，2012年第1版）。

[2] 阒(qù)无人声:指静寂得没有一点人声。

【课文简解】

《一片树叶》这篇散文通过作者欣赏月下樱花的美,引发对自然事物美的热爱,正如诗歌《春江花月夜》一样,美是存在于自然中的,对于人来说,关键在于我们是否发现美的存在,感受美的存在。作者向往生活的切实和纯真,厌恶过去的战争,向往平和的生活。作者由花、美引发联想,由一片树叶的生死轮回引申对生命的热爱,"风景是人们心灵的象征",自然景色的美是人们的内心世界的写照。生命的美也是如此,人要珍爱生命,感受生命的美好。

单元练习

一、背诵《庐山谣寄卢侍御虚舟》《桃花庵歌》。

二、结合文学作品试分析道家思想对中国文学的影响。

三、以某一文化现象为例,试分析中国文化中的道家思想。

四、如何看待古代知识分子的道家思想?

五、当今大学生该如何对待道家思想?

第四单元　因果禅空

公元前后，佛教就已正式传入中国。从南北朝开始中国佛教进入兴盛发展阶段，诞生了《洛阳伽蓝记》等著作。隋唐以来，历朝统治者多对佛教极为推崇。

佛教对中国文化产生过很大影响，在中国历史上留下了灿烂辉煌的佛教文化遗产。我国古代建筑保存最多的是佛教寺塔，许多佛教建筑已成为各地域突出的标志。敦煌、云冈、龙门等石窟则作为古代雕刻美术的宝库举世闻名，是我国伟大的文化遗产。

在文学上，佛教文化为中国文化带来了新的意境、新的文体、新的命意遣词方法。数千卷由梵文翻译过来的经典本身就是伟大富丽的文学作品。《法华》《维摩》等佛教经文引发了晋唐小说的创作；般若和禅宗思想影响了王维、白居易、苏轼的诗歌；变文、俗讲和禅师的语录体都和中国俗文学有着很深的关系；也出现了皎然、贾岛等著名诗僧；佛教文化中的地狱和西方极乐世界为文学创造了无限的想象空间，前生、今世和来生的轮回创造了时间的循环。

范文澜曾评价佛教在中国的影响：不懂佛学就不懂中国文化。汉语中的许多词汇，如世界、如实、实际、平等、现行、刹那、清规戒律、相对、绝对、觉悟、意识、忽然等都来自佛教语汇，极大充实并拓展了中国文化。可以说，没有博大精深、灿烂缤纷的佛教词汇充实，就没有中国汉语文化的成熟。

本单元通过学习一些作品，了解佛教文化对中国的文学等方面的影响。

《庐山诸道人游石门诗》序[1]

慧　远

慧远(334—416),东晋时期高僧,山西雁门郡楼烦县(今山西省原平市沿沟乡)人,出生于世代书香之家,21岁受戒于名僧道安,后修佛法于庐山东林寺,他依据《阿弥陀经》《无量寿经》《观无量寿经》和《往生论》创建了口念"阿弥陀佛"四字真经,被认为是佛教净土宗始祖。

慧远学识渊博,工诗善文,主张以佛为主,儒玄为辅。他与名士谢灵运、陶潜、桓温等都有交往。他的著作有《法性论》《庐山略记》等。

石门在精舍南十余里,一名障山。基连大岭,体绝众阜。辟三泉之会,并立而开流。倾岩玄映其上,蒙形表于自然。故因以为名。此虽庐山之一隅,实斯地之奇观,皆传之于旧俗,而未睹者众。将由悬濑险峻,人兽迹绝,迳回曲阜,路阻行难,故罕经焉。

释法师以隆安四年仲春之月,因咏山水,遂杖锡而游。于时交徒同趣三十余人,咸拂衣晨征,怅然增兴。虽林壑幽邃,而开途竞进;虽乘危履石,并以所悦为安。既至,则援木寻葛,历险穷崖,猿臂相引,仅乃造极。

于是拥胜倚岩,详观其下,始知七岭之美,蕴奇于此。双阙对峙其前,重岩映带其后。峦阜周回以为障,崇岩四营而开宇。其中则有石台、石池、宫馆之象,触类之形,致可乐也。清泉分流而合注,渌渊镜净于天池。文石发彩,焕若披面;柽松芳草,蔚然光目。其为神丽,亦已备矣。

斯日也,众情奔悦,瞩览无厌。游观未久,而天气屡变。霄雾尘集,则万象隐形;流光回照,则众山倒影。开阖之际,状有灵焉,而不可测也。乃其将登,则翔禽拂翮,鸣猿厉响。归云回驾,想羽人之来仪;哀声相和,若玄音之有寄。虽仿佛犹闻,而神以之畅;虽乐不期欢,而欣以永日。当其冲豫自得,信有味焉,而未易言也。

退而寻之。夫崖谷之间,会物无主,应不以情而开兴,引人致深若此。岂不以虚明朗其照,闲邃笃其情耶?并三复斯谈,犹昧然未尽。俄而太阳告夕,所存已往。乃悟幽人之玄览,达恒物之大情,其为神趣,岂山水而已哉!

于是徘徊崇岭,流目四瞩,九江如带,丘阜成垤。因此而推,形有巨细,智亦宜然。乃喟然叹:宇宙虽遐,古今一契;灵鹫邈矣,荒途日隔;不有哲人,风迹谁存?应深悟远,慨焉长怀。各欣一遇之同欢,感良辰之难再,情发于中,遂共咏之云尔。

【注释】

[1] 课文选自《庐山慧远大师文集》(九州出版社,2014年第1版)。

【课文简解】

这篇课文是慧远大师与众人记游石门诗集的序言。诗序开篇交代所游之地石门,出游的时间、目的和出游的人,接着描述众人游山所见,最后抒发作者游山所感。

世说新语（节选）

刘义庆

刘义庆（403—444），字季伯，南朝宋文学家，著有《世说新语》《幽明录》。

支道林初从东出，住东安寺中。王长史宿构精理，并撰[1]其才藻，往与支语，不大当对。王叙致[2]作数百语，自谓是名理奇藻。支徐徐谓曰："身与君别多年，君义言了不长进。"王大惭而退。（《世说新语·文学》）

王逸少作会稽，初至，支道林在焉。孙兴公谓王曰："支道林拔新领异，胸怀所及乃自佳，卿欲见不？"王本自有一往[3]隽气[4]，殊自轻之。后孙与支共载往王许[5]，王都领域[6]，不与交言。须臾支退。后正值王当行，车已在门，支语王曰："君未可去，贫道与君小语。"因论《庄子·逍遥游》。支作数千言，才藻新奇，花烂映发。王遂披襟解带，留连不能已。（《世说新语·文学》）

【注释】

[1] 撰：依恃。

[2] 叙致：陈述道理。

[3] 一往：一贯。

[4] 隽（jùn）气：同"俊气"，即傲气。

[5] 许：处所。

[6] 领域：指心存界限。

【课文简解】

课文选段出自《世说新语》。从《世说新语》来看，佛教在魏晋时期还是文化上的末流，玄学为主要思想，佛教在中国初期的传播主要是与道家融合传播，后逐步影响到上层，进而与中华文化融合。选文第一部分采用对比的手法记述了僧人支道林文才非常；选文第二部分记述了支道林与王羲之结识，对《庄子》思想的阐述，让王羲之赞叹不已。

过香积寺[1]

王　维

王维(701—761),河东蒲州(今山西省永济市)人,唐朝著名诗人、画家,字摩诘,号摩诘居士。王维于开元十九年(731年)状元及第。天宝年间,王维拜吏部郎中、给事中。安禄山攻陷长安时,王维被迫受伪职。唐肃宗乾元年间任尚书右丞,故世称“王右丞”。

王维参禅悟理,学庄信道,精通诗、书、画、音乐等,以诗名盛于开元、天宝间,尤长五言,多咏山水田园,与孟浩然合称“王孟”,有“诗佛”之称。书画特臻其妙,后人推其为南宗山水画之祖。苏轼评价其:“味摩诘之诗,诗中有画;观摩诘之画,画中有诗。”存诗400余首,代表诗作有《相思》《山居秋暝》等。著作有《王右丞集》。

不知香积寺,数里入云峰。
古木无人径,深山何处钟。
泉声咽危石,日色冷青松。
薄暮空潭曲,安禅制毒龙[2]。

【注释】

[1] 香积寺:中国“佛教八宗”之一“净土宗”祖庭,唐代著名的樊川八大寺之一,位于陕西省西安市长安区郭杜镇香积寺村。唐高宗永隆二年(681年),净土宗创始人之一善导大师圆寂,弟子怀恽为纪念善导功德,修建了香积寺,成为中国佛教净土宗正式创立后的第一个道场。

[2] 安禅制毒龙:安禅是佛家术语,指身心安然进入清寂宁静的境界;毒龙,佛家以此比喻俗人的邪念妄想。

【课文简解】

《过香积寺》是唐代诗人王维的代表作之一,是一首记游诗。诗人描述香积寺的幽深偏远,静寂空冷,抒发诗人内心的宁静。

和子由渑池怀旧[1]

苏　轼

苏轼作为北宋士大夫深受佛学思想影响。他一生与大量的僧人交往，参悟佛教义理，仕宦途中，经常游览各地佛教圣地，创作许多与佛教相关的诗作。

人生到处知何似，应似飞鸿踏雪泥。
泥上偶然留指爪，鸿飞那复计东西。
老僧[2]已死成新塔，坏壁无由见旧题。
往日崎岖还记否，路长人困蹇[3]驴嘶。

【注释】

[1] 嘉祐元年（1056 年），苏轼与苏辙赴京应试路经渑池，同住县中的僧舍，并题诗僧壁。宋仁宗嘉祐六年（1061 年）冬，苏轼赴陕西凤翔做官，再次经过渑池。苏辙送苏轼至郑州，分手回京，作《怀渑池寄子瞻兄》，苏轼因作此诗相和。

[2] 老僧：即指僧人奉闲。

[3] 蹇（jiǎn）：跛脚。

【课文简解】

苏轼在这首诗里表达对人生来去无定的怅惘和对往事旧迹的深情眷念。诗歌前四句以雪泥鸿爪比喻人生，人生四处漂泊不定，每一处留下的痕迹很快就消失；后四句中前两句承接前面，书写人世间生死新旧更替，流露出佛家的轮回无常思想，最后两句书写过去和现在的自己仍旧在坎坷的人生路上。

西游记[1]（节选）

吴承恩

吴承恩（1500—约1583），字汝忠，号射阳山人，淮安府山阳县（今江苏省淮安市）人。

师徒们逍逍遥遥，走上灵山之巅。又见青松林下列优婆，翠柏丛中排善士。长老就便施礼，慌得那优婆塞、优婆夷、比丘僧、比丘尼合掌道："圣僧且休行礼，待见了牟尼，却来相叙。"行者笑道："早哩，早哩，且去拜上位者。"

那长老手舞足蹈，随着行者，直至雷音寺山门之外。那厢有四大金刚迎住道："圣僧来耶？"三藏躬身道："是，弟子玄奘到了。"答毕，就欲进门。金刚道："圣僧少待，容禀过再进。"那金刚着一个转山门报与二门上四大金刚，说唐僧到了；二门上又传入三门上，说唐僧到了。三山门内原是打供的神僧，闻得唐僧到时，急至大雄殿下，报与如来至尊释迦牟尼文佛说："唐朝圣僧，到于宝山，取经来了。"佛爷爷大喜，即召聚八菩萨、四金刚、五百阿罗、三千揭谛、十一大曜、十八伽蓝，两行排列，却传金旨，召唐僧进。那里边一层一节，钦依佛旨，叫："圣僧进来。"这唐僧循规蹈矩，同悟空、悟能、悟净，牵马挑担，径入山门。正是：

当年奋志奉钦差，领牒辞王出玉阶。
清晓登山迎雾露，黄昏枕石卧云霾。
挑禅远步三千水，飞锡长行万里崖。
念念在心求正果，今朝始得见如来。

四众到大雄宝殿殿前，对如来倒身下拜。拜罢，又向左右再拜。各各三匝已遍，复向佛祖长跪，将通关文牒奉上。如来一一看了，还递与三藏。三藏俯囟作礼，启上道："弟子玄奘，奉东土大唐皇帝旨意，遥诣宝山，拜求真经，以济众生。望我佛祖垂恩，早赐回国。"如来方开怜悯之口，大发慈悲之心，对三藏言曰："你那东土乃南赡部洲，只因天高地厚，物广人稠，多贪多杀，多淫多诳，多欺多诈；不遵佛教，不向善缘，不敬三光，不重五谷；不忠不孝，不义不仁，瞒心昧己，大斗小秤，害命杀牲，造下无边之孽，罪盈恶满，致有地狱之灾。所以永堕幽冥，受那许多碓捣磨舂之苦，变化畜类。有那许多披毛顶角之形，将身还债，将肉饲人。其永堕阿鼻，不得超升者，皆此之故也。虽有孔氏在彼立下仁义礼智之教，帝王相继，治有徒流绞斩之刑，其如愚昧不明，放纵无忌之辈何耶！我今有经三藏，可以超脱苦恼，解释灾愆。三藏：有法一藏，谈天；有论一藏，说地；有经一藏，度鬼。共计三十五部，该一万五千一百四十四卷。真是修真之径，正善之门。凡天下四大部洲之天文、地理、人物、鸟兽、花木、器用、人事，无般不载。汝等远来，待要全付与汝取去，但那方之人，愚蠢村强，毁谤真言，不识我沙门之奥旨。"叫："阿傩、伽叶，你两个引他四众到珍楼之下，先将斋食待他。斋罢，开了宝阁，将我那三藏经中，三十五部之内，各检几卷与他，教他传流东土，永注洪恩。"

二尊者即奉佛旨，将他四众领至楼下。看不尽那奇珍异宝，摆列无穷。只见那设供的诸神铺排斋宴，并皆是仙品、仙肴、仙茶、仙果，珍馐百味，与凡世不同。师徒们顶礼了佛恩，随心享用。其实是：

宝焰金光映目明，异香奇品更微精。
千层金阁无穷丽，一派仙音入耳清。
素味仙花人罕见，香茶异食得长生。
向来受尽千般苦，今日荣华喜道成。

这番造化了八戒，便宜了沙僧。佛祖处正寿长生，脱胎换骨之馔，尽着他受用。二尊者陪奉四众餐毕，却入宝阁，开门登看。那厢有霞光瑞气，笼罩千重；彩雾祥云，遮漫万道。经柜上，宝箧外，都贴了红签，楷书着经卷名目。乃是：《涅槃经》一部，七百四十八卷；《菩萨经》一部，一千二十一卷；《虚空藏经》一部，四百卷；《首楞严经》一部，一百一十卷；《恩意经大集》一部，五十卷；《决定经》一部，一百四十卷；《宝藏经》一部，四十五卷；《华严经》一部，五百卷；《礼真如经》一部，九十卷；《大般若经》一部，九百一十六卷；《大光明经》一部，三百卷；《未曾有经》一部，一千一百一十卷；《维摩经》一部，一百七十卷；《三论别经》一部，二百七十卷；《金刚经》一部，一百卷；《正法论经》一部，一百二十卷；《佛本行经》一部，八百卷；《五龙经》一部，三十二卷；《菩萨戒经》一部，一百一十六卷；《大集经》一部，一百三十卷；《摩竭经》一部，三百五十卷；《法华经》一部，一百卷；《瑜伽经》一部，一百卷；《宝常经》一部，二百二十卷；《西天论经》一部，一百三十卷；《僧祇经》一部，一百五十七卷；《佛国杂经》一部，一千九百五十卷；《起信论经》一部，一千卷；《大智度经》一部，一千八十卷；《宝威经》一部，一千二百八十卷；《本阁经》一部，八百五十卷；《正律文经》一部，二百卷；《大孔雀经》一部，二百二十卷；《维识论经》一部，一百卷；《具舍论经》一部，二百卷。

阿傩、伽叶引唐僧看遍经名，对唐僧道："圣僧东土到此，有些甚么人事送我们？快拿出来，好传经与你去。"三藏闻言道："弟子玄奘，来路迢遥，不曾备得。"二尊者笑道："好好好，白手传经继世，后人当饿死矣。"行者见他讲口扭捏，不肯传经，他忍不住叫噪道："师父，我们去告如来，教他自家来把经与老孙也。"阿傩道："莫嚷，此是甚么去处，你还撒野放刁？到这边来接着经。"八戒、沙僧耐住了性子，劝住了行者，转身来接，一卷卷收在包里，驮在马上，又捆了两担，八戒与沙僧挑着，却来宝座前叩头，谢了如来，一直出门。逢一位佛祖，拜两拜；见一尊菩萨，拜两拜。又到大门，拜了比丘僧、尼，优婆夷、塞，一一相辞，下山奔路不题。

却说那宝阁上有一尊燃灯古佛，他在阁上暗暗的听着那传经之事，心中甚明：原是阿傩、伽叶将无字之经传去。却自笑云："东土众僧愚迷，不识无字之经，却不枉费了圣僧这场跋涉？"问："座边有谁在此？"只见白雄尊者闪出。古佛分付道："你可作起神威，飞星赶上唐僧，把那无字之经夺了，教他再来求取有字真经。"白雄尊者即驾狂风，滚离了雷音寺山门之外，大作神威。那阵好风，真个是：佛前勇士，不比巽二风神；仙窍怒号，远赛吹嘘少女。这一阵，鱼龙皆失穴，江海逆波涛。玄猿捧果难来献，黄鹤回云找旧巢。丹凤清音鸣不美，锦鸡喔运叫声嘈。青松枝折，优钵花飘。翠竹竿竿倒，金莲朵朵摇。钟声远送三千里，经韵轻飞万壑高。崖下奇花残美色，路傍瑶草偃鲜苗。彩鸾难舞翅，白鹿躲山崖。荡荡异香漫宇宙，清清风气彻云霄。

那唐长老正行间，忽闻香风滚滚，只道是佛祖之祯祥，未曾提防。又闻得响一声，半空中伸下一只手来，将马驮的经轻轻抢去。唬得个三藏捶胸叫唤，八戒滚地来追，沙和尚护守着经担，孙行者急赶去如飞。那白雄尊者，见行者赶得将近，恐他棒头上没眼，一时间不分好歹，打伤身体，即将经包捽碎，抛落尘埃。行者见经包破落，又被香风吹得飘零，却就按下云头顾经，不去追赶。那白雄尊者收风敛雾，回报古佛不题。

八戒去追赶，见经本落下，遂与行者收拾，背着来见唐僧。唐僧满眼垂泪道："徒弟呀，这个极乐世界，也还有凶魔欺害。"沙僧接了抱着的散经，打开看时，原来雪白，并无半点字迹。慌忙递与三藏道："师父，这一卷没字。"行者又打开一卷看时，也无字。八戒打开一卷，也无字。三藏叫："通打开来看看。"卷卷俱是白纸。长老短叹长吁的道："我东土人果是没福，似这般无字的空本，取去何用？怎么敢见唐王？诳君之罪，诚不容诛也。"行者早已知之，对唐僧道："师父，不消说了，这就是阿傩、伽叶那厮问我要人事，没有，故将此白纸本子与我们来了。快回去告在如来之前，问他掯财作弊之罪。"八戒嚷道："正是，正是，告他去来。"四众急急回山无好步，忙忙又转上雷音。

不多时到于山门之外，众皆拱手相迎，笑道："圣僧是换经来的？"三藏点头称谢。众金刚也不阻挡，让他进去，直至大雄殿前。行者嚷道："如来，我师徒们受了万蜇千魔，千辛万苦，自东土拜到此处，蒙如来分付传经，被阿傩、伽叶掯财不遂，通同作弊，故意将无字的白纸本儿教我们拿去。我们拿他去何用？望如来敕治。"佛祖笑道："你且休嚷。他两个问你要人事之情，我已知矣。但只是经不可轻传，亦不可以空取。向时众比丘圣僧下山，曾将此经在舍卫国赵长者家与他诵了一遍，保他家生者安全，亡者超脱，只讨得他三斗三升米粒黄金回来。我还说他们忒卖贱了，教后代儿孙没钱使用。你如今空手来取，是以传了白本。白本者，乃无字真经，倒也是好的。因你那东土众生愚迷不悟，只可以此传之耳。"即叫："阿傩、伽叶，快将有字的真经，每部中各检几卷与他，来此报数。

二尊者复领四众，到珍楼宝阁之下，仍问唐僧要些人事。三藏无物奉承，即命沙僧取出紫金钵盂，双手奉上道："弟子委是穷寒路遥，不曾备得人事。这钵盂乃唐王亲手所赐，教弟子持此沿路化斋。今特奉上，聊表寸心。万望尊者不鄙轻亵，将此收下，待回朝奏上唐王，定有厚谢。只是以有字真经赐下，庶不孤钦差之意，远涉之劳也。"那阿傩接了，但微微而笑。被那些管珍楼的力士、管香积的庖丁、看阁的尊者，你抹他脸，我扑他背，弹指的，扭唇的，一个个笑道："不羞，不羞，需索取经的人事。"须臾，把脸皮都羞皱了，只是拿着钵盂不放。伽叶却才进阁检经，一一查与三藏。三藏却叫："徒弟们，你们都好生看看，莫似前番。"他三人接一卷，看一卷，却都是有字的。传了五千零四十八卷，乃一藏之数。收拾齐整，驮在马上；剩下的，还装了一担，八戒挑着。自己行囊，沙僧挑着。行者牵了马，唐僧拿了锡杖，按一按毗卢帽，抖一抖锦袈裟，才喜喜欢欢，到我佛如来之前。正是那：

大藏真经滋味甜，如来造就甚精严。
须知玄奘登山苦，可笑阿傩却爱钱。
先次未详亏古佛，后来真实始安然。
至今得意传东土，大众均将雨露沾。

【注释】

[1] 课文选自《西游记》第九十八回，篇章题目为《猿熟马驯方脱壳 功成行满见真如》。

【课文简解】

选篇讲述唐僧师徒四人历尽险阻最终到西天，拜见佛祖，并求取到真经。在求取真经前被索取人事，因为师徒四人的赤诚，没有给予“人事”而被骗，求取了无字真经，又因燃灯佛祖的干预，最终师徒四人求取了有字真经，表明佛教的世俗一面。

牡丹亭[1]（节选）

汤显祖

汤显祖（1550—1616），字义仍，号海若、若士、清远道人，江西临川人，明代戏曲家、文学家。汤显祖的成就以戏曲为主，其戏剧作品《还魂记》《紫钗记》《南柯记》和《邯郸记》合称“临川四梦”，其中《还魂记》（即《牡丹亭》）是他的代表作。

【北点绛唇】〔净扮判官，丑扮鬼持笔簿上〕十地[2]宣差，一天封拜。阎浮界，阳世栽埋，又把俺这里门桯迈。自家十地阎罗王殿下一个胡判官是也。原有十位殿下，因阳世赵大郎[3]家，和金达子[4]争占江山，损折众生，十停去了一停，因此玉皇上帝，照见人民稀少，钦奉裁减事例。九州九个殿下，单减了俺十殿下之位，印无归着。玉帝可怜见下官正直聪明，着权管十地狱印信。今日走马到任，鬼卒夜叉，两傍刀剑，非同容易也。〔丑捧笔介〕新官到任，都要这笔判刑名，押花字。请新官喝采他一番。〔净看笔介〕鬼使，捧了这笔，好不干系也。

【混江龙】这笔架在那落迦山外，肉莲花[5]高耸案前排。捧的是功曹令史，识字当该。〔丑〕笔管儿？〔净〕笔管儿是手想骨、脚想骨[6]，竹筒般锉的圆滴溜。〔丑〕笔毫？〔净〕笔毫呵，是牛头须、夜叉发，铁丝儿揉定赤支毸[7]。〔丑〕判爷上的选哩？〔净〕这笔头公，是遮须国[8]选的人才。〔丑〕有甚名号？〔净〕这管城子[9]，在夜郎城受了封拜。〔丑〕判爷兴哩？〔净作笑舞介〕啸一声，支兀另[10]汉钟馗其冠不正。舞一回，疏喇沙[11]斗河魁近墨者黑。〔丑〕喜哩？〔净〕喜时节，奈河桥题笔儿要去。〔丑〕闷呵？〔净〕闷时节，鬼门关投笔归来。〔丑〕判爷可上榜来？〔净〕俺也曾考神祇，朔望旦名题天榜。〔丑〕可会书来？〔净〕摄星辰，井鬼宿[12]，俺可也文会书斋。〔丑〕判爷高才。〔净〕做弗迭鬼仙才[13]，白玉楼摩空作赋；陪得过风月主，芙蓉城[14]遇晚书怀。便写不尽四大洲转轮日月，也差的着五瘟使号令风雷。〔丑〕判爷见有地分？〔净〕有地分，则合北斗司、阎浮殿，立俺边傍；没衙门，却怎生东岳观、城隍庙，也塑人左侧。〔丑〕让谁？〔净〕便百里城[15]高捧手，让大菩萨，好相庄严乘坐位。〔丑〕恼谁？〔净〕怎三尺土，低分气，对小鬼卒清奇古怪立基阶。〔丑〕纱帽古气些。〔净〕但站脚，一管笔、一本簿，尘泥轩冕。〔丑〕笔干了。〔净〕要润笔，十锭金、十贯钞，纸陌钱财。〔丑〕点鬼簿在此。〔净〕则见没掂三展花分鱼尾册，无赏一挂日子虎头牌。真乃是鬼董狐[16]落了款，《春秋传》某年某月某日下，崩薨葬卒大注脚。假如他支祈兽上了样，把禹王鼎各山各水各路上，魍魉魑魅细分腮。〔丑〕待俺磨墨。〔净〕看他子时砚，忔忔察察，乌龙蘸眼[17]显精神。〔丑〕鸡唱了。〔净〕听丁字牌[18]，冬冬登登，金鸡翦梦追魂魄。〔丑〕禀爷点卷。〔净〕但点上格子眼，串出四万八千三界，有漏[19]人名，乌星炮粲[20]。怎按下笔尖头，插入一百四十二重无间地狱，铁树花开。〔丑〕大押花。〔净〕哎也，押花字，止不过发落簿锉、烧、舂、磨一灵儿。〔丑〕少一个请字。〔净〕登请书，左则是那虚无堂，瘫、痨、蛊、膈四正客。

〔丑〕吊起称竿来。〔众卒应介〕〔净〕发称竿,看业重身轻,衡石程书秦狱吏[21]。〔内作"哎哟",叫"饶也,若也"介〕〔丑〕隔壁九殿下拷鬼。〔净〕肉鼓吹[22],听神啼鬼哭,毛钳刀笔汉乔才。这时节呵,你便是没关节包待制、"人厌其笑"。〔内哭介〕恁风景,谁听的无棺椁颜修文[23]、"子哭之哀"!〔丑〕判爷害怕哩。〔净恼介〕哎,《楼炭经》,是俺六科五判。刀花树,是俺九棘三槐。脸娄搜[24],风髯赳赳。眉剔竖,电目崖崖。少不得中书鬼考,录事神差。比着阳世那金州判、银府判、铜司判、铁院判,白虎临官[25],一样价打贴刑名催伍作;实则俺阴府里注湿生,牒化生,准胎生,照卵生,青蝇报赦[26],十分的磊齐功德转三阶。威凛凛人间掌命,颤巍巍天上消灾。叫掌案的,这簿上开除都也明白。还有几宗人犯,应该发落了?〔贴扮吏上〕"人间勾令史,地下列功曹。"禀爷,因缺了殿下,地狱空虚三年。则有枉死城中轻罪男子四名,赵大、钱十五、孙心、李猴儿;女囚一名,杜丽娘:未经发落。〔净〕先取男犯四名。〔生、末、外、老旦扮四犯,丑押上〕〔丑〕男犯带到。〔净点名介〕赵大有何罪业,脱在枉死城?〔生〕鬼犯没甚罪。生前喜歌唱些。〔净〕一边去。叫钱十五。〔末〕鬼犯无罪。则是做了一个小小房儿,沈香泥壁。〔净〕一边去。叫孙心。〔老旦〕鬼犯些小年纪,好使些花粉钱。〔净〕叫李猴儿。〔外〕鬼犯是有些罪,好男风。〔丑〕是真。便在地狱里,还勾上这小孙儿。〔净恼介〕谁叫你插嘴!起去伺候。〔做写簿介〕叫鬼犯听发落。〔四犯同跪介〕〔净〕俺初权印,且不用刑。赦你们卵生去罢。〔外〕鬼犯们禀问恩爷,这个卵是什么卵?若是回回卵,又生在边方去了。〔净〕哇,还想人身?向蛋壳里走去。〔四犯泣介〕哎。被人宰了!〔净〕也罢,不教阳间宰吃你。赵大喜歌唱,贬做黄莺儿。〔生〕好了。做莺莺小姐去。〔净〕钱十五住香泥房子。也罢,准你去燕窠里受用,做个小小燕儿。〔末〕恰好做飞燕娘娘哩。〔净〕孙心使花粉钱,做个蝴蝶儿。〔外〕鬼犯便和孙心同做蝴蝶去。〔净〕你是那好男风的李猴,着你做蜜蜂儿去,屁窟里长拖一个针。〔外〕哎哟,叫俺钉谁去?〔净〕四位虫儿听分付:

【油葫芦】蝴蝶呵,你粉版花衣胜翦裁;蜂儿呵,你忒利害,甜口儿咋着细腰捱;燕儿呵,斩香泥弄影钩帘内;莺儿呵,溜笙歌警梦纱窗外:恰好个花间四友[27]无拘碍。则阳世里孩子们轻薄,怕弹珠儿打的呆,扇梢儿扑的坏,不枉了你宜题入画高人爱,则教你翅膀儿展将春色闹场来。〔外〕俺做蜂儿的不来,再来钉肿你个判官脑。〔净〕讨打。〔外〕可怜见小性命。〔净〕罢了。顺风儿放去,快走快走。〔净噀气介〕〔四人做各色飞下〕〔净做向鬼门嘘气吹声介〕〔丑带旦上〕"天台有路难逢俺,地狱无情欲恨谁?"女鬼见。〔净抬头背介〕这女鬼到有几分颜色!

【天下乐】猛见了荡地惊天女俊才,咍也么咍,来俺里来。〔旦叫苦介〕〔净〕血盆中叫苦观自在。〔丑耳语介〕判爷权收做个后房夫人。〔净〕哇,有天条,擅用囚妇者斩。则你那小鬼头胡乱筛,俺判官头何处买?〔旦叫哎介〕〔净回身〕是不曾见他粉油头忒弄色。叫那女鬼上来。

【那吒令】瞧了你润风风粉腮,到花台、酒台?溜些些短钗,过歌台、舞台?笑微微美怀,住秦台、楚台?因甚的病患来?是谁家嫡支派?这颜色不像似在泉台。〔旦〕女囚不曾过人家,也不曾饮酒,是这般颜色。则为在南安府后花园梅树之下,梦见一秀才,折柳一枝,要奴题咏。留连婉转,甚是多情。梦醒来沉吟,题诗一首:"他年若傍蟾宫客,不是梅边是柳边。"

为此感伤，坏了一命。〔净〕谎也。世有一梦而亡之理？

【鹊踏枝】一溜溜女婴孩，梦儿里能宁耐！谁曾挂圆梦招牌，谁和你拆字道白？哈也么哈，那秀才何在？梦魂中曾见谁来？〔旦〕不曾见谁。则见朵花儿闪下来，好一惊。〔净〕唤取南安府后花园花神勘问。〔丑叫介〕〔末扮花神上〕“红雨数番春落魄，山香一曲女消魂。”老判大人请了。〔举手介〕〔净〕花神，这女鬼说是后花园一梦，为花飞惊闪而亡。可是？〔末〕是也。他与秀才梦的绵缠，偶尔落花惊醒。这女子慕色而亡。〔净〕敢便是你花神假充秀才，迷误人家女子？〔末〕你说俺着甚迷他来？〔净〕你说俺阴司里不知道呵！

【后庭花滚】但寻常春自在，恁司花忒弄乖。眨眼儿偷元气艳楼台。克性子费春工、淹酒债。恰好九分态，你要做十分颜色。数着你那胡弄的花色儿来。

〔末〕便数来。碧桃花。〔净〕他惹天台。〔末〕红梨花。〔净〕扇妖怪。〔末〕金钱花。〔净〕下的财。〔末〕绣球花。〔净〕结得彩。〔末〕芍药花。〔净〕心事谐。〔末〕木笔花。〔净〕写明白。〔末〕水菱花。〔净〕宜镜台。〔末〕玉簪花。〔净〕堪插戴。〔末〕蔷薇花。〔净〕露渲腮。〔末〕腊梅花。〔净〕春点额[28]。〔末〕翦春花。〔净〕罗袂裁。〔末〕水仙花。〔净〕把绫袜踹。〔末〕灯笼花。〔净〕红影筛。〔末〕酴醾花。〔净〕春醉态。〔末〕金盏花。〔净〕做合卺杯。〔末〕锦带花。〔净〕做裙褶带。〔末〕合欢花。〔净〕头懒抬。〔末〕杨柳花。〔净〕腰恁摆。〔末〕凌霄花。〔净〕阳壮的咍。〔末〕辣椒花。〔净〕把阴热窄。〔末〕含笑花。〔净〕情要来。〔末〕红葵花。〔净〕日得他爱。〔末〕女萝花。〔净〕缠的歪。〔末〕紫薇花。〔净〕痒的怪。〔末〕宜男花。〔净〕人美怀。〔末〕丁香花。〔净〕结半躧。〔末〕豆蔻花。〔净〕含着胎。〔末〕奶子花。〔净〕摸着奶。〔末〕栀子花。〔净〕知趣乖。〔末〕柰子花。〔净〕恣情奈。〔末〕枳壳花。〔净〕好处揩。〔末〕海棠花。〔净〕春困怠。〔末〕孩儿花。〔净〕呆笑孩。〔末〕姊妹花。〔净〕偏妒色。〔末〕水红花。〔净〕了不开。〔末〕瑞香花。〔净〕谁要采。〔末〕旱莲花。〔净〕怜再来。〔末〕石榴花。〔净〕可留得在？几桩儿你自猜。哎，把天公无计策。你道为什么流动了女裙钗，划地里牡丹亭又把他杜鹃花魂魄洒？〔末〕这花色花样，都是天公定下来的。小神不过遵奉钦依，岂有故意勾人之理？且看多少女色，那有玩花而亡。〔净〕你说自来女色，没有玩花而亡。数你听着。

【寄生草】花把青春卖，花生锦绣灾。有一个夜舒莲[29]，扯不住留仙带[30]，一个海棠丝翦不断香囊怪，一个瑞香风赶不上非烟在。你道花容那个玩花亡？可不道你这花神罪业随花败。〔末〕花神知罪，今后再不开花了。〔净〕花神，俺这里已发落过花间四友，付你收管。这女囚慕色而亡，也贬在燕莺队里去罢。〔末〕禀老判，此女犯乃梦中之罪，如晓风残月。且他父亲为官清正，单生一女，可以耽饶。〔净〕父亲是何人？〔旦〕父亲杜宝知府，今升淮扬总制之职。〔净〕千金小姐哩。也罢，杜老先生分上，当奏过天庭，再行议处。〔旦〕就烦恩官替女犯查查，怎生有此伤感之事？〔净〕这事情注在断肠薄上。〔旦〕劳再查女犯的丈夫，还是姓柳姓梅？〔净〕取婚姻簿查来。〔作背查介〕是。有个柳梦梅，乃新科状元也。妻杜丽娘，前系幽欢，后成明配。相会在红梅观中。不可泄漏。〔回介〕有此人，和你姻缘之分。我今放你，出了枉死城，随风游戏，跟寻此人。〔末〕杜小姐，拜了老判。〔旦叩头介〕拜谢恩官，重生父母。则俺那爹娘在扬州，可能勾一见？〔净〕使得。

【幺篇】他阳禄还长在，阴司数未该。禁烟花一种春无赖，近柳梅一处情无外。望椿萱一带天无碍。则这水玻璃堆起望乡台，可哨见纸铜钱夜市扬州界？花神，可引他望乡台随意观玩。〔旦随末登台，望扬州哭介〕那是扬州，俺爹爹奶奶呵，待飞将去。〔末扯住介〕还不是你去的时节。〔净〕下来听分付。功曹给一纸游魂路引去，花神休坏了他的肉身也。〔旦〕谢恩官。

【赚尾】〔净〕欲火近干柴，且留的青山在，不可被雨打风吹日晒。则许你傍月依星将天地拜，一任你魂魄来回。脱了狱省的勾牌，接着活免的投胎。那花间四友你差排，叫莺窥燕猜，倩蜂媒蝶采，敢守的那破棺星圆梦那人来。〔净下〕〔末〕小姐回后花园去来。

〔末〕醉斜乌帽发如丝，许浑〔旦〕尽日灵风不满旗。李商隐

〔净〕年年检点人间事，罗邺〔合〕为待萧何作判司。元稹

【注释】

[1] 课文选自《牡丹亭·冥判》。

[2] 十地：这里指所谓阴司十殿的第十殿转轮王，主管鬼魂转世事。

[3] 赵大郎：指宋代的开国皇帝赵匡胤。

[4] 金达子：指女真族。

[5] 肉莲花：莲花通常用来形容山形，这里指笔架。肉：说阴司笔架是人肉做成。

[6] 手想骨、脚想骨：这里是手管骨、脚管骨，说阴间笔管是用手骨、脚骨做成。

[7] 赤支毸：红色的胡须。

[8] 遮须国：据笔记小说，三国魏曹植死后做遮须国王。

[9] 管城子：韩愈《毛颖传》中给笔取的外号。

[10] 支兀另：形容啸声。

[11] 疏喇沙：形容舞蹈的声、态。

[12] 井鬼宿：井、鬼各为星宿名。由这里鬼星联想到主文的魁星，意思说自己也能文。

[13] 鬼仙才：唐代诗人李白称为仙才，李贺称为鬼才。

[14] 芙蓉城：传说宋代文人石曼卿死后为芙蓉城主。

[15] 百里城：原指县官，这里指权管十地狱印信的判官。

[16] 董狐：春秋时代晋国的史官，以公正不阿而著名。

[17] 乌龙蘸眼：乌龙，指墨。

[18] 丁字牌：丁字形的摄魂牌。

[19] 有漏：佛家语，有烦恼。

[20] 乌星抱榘：形容人多。

[21] 衡石程书秦狱吏：秦始皇每日秤取一石公文，日夜进程一定，不办完不息。

[22] 肉鼓吹：五代后蜀李匡远做县官很残酷，天天用刑。他把鞭打犯人的声音叫作肉鼓吹。

[23] 无棺椁颜修文：颜，指颜回，孔丘的弟子，短命而死，传说他死后做地下修文郎的官。

[24] 娄搜：形容脸上满是胡子。

[25] 白虎临官：白虎当值。白虎：凶神名，碰到他当值时就有灾祸。

[26] 青蝇报赦：前秦国主苻坚正在起草赦书，有一大苍蝇飞绕他的笔尖。赦书还没有颁，长安人都已经知道了。原来是这个苍蝇化为黑衣人，把消息传出去。

[27] 花间四友：元杂剧《扬州梦》以莺、燕、蜂、蝶为花间四友。

[28] 春点额：南朝宋武帝的女儿寿阳公主，有一次她躺在含章殿檐下，梅花落在她的额上。后来人就照这样子作梅化妆。

[29] 夜舒莲：东汉灵帝荒淫无度，建立裸游馆。里面有流香渠，渠中荷花晚上开放，白天卷合，叫夜舒荷。灵帝常常和宫女在这里寻欢作乐。

[30] 留仙带：汉成帝宠幸赵飞燕。赵飞燕起舞，值风起，她说："仙乎，仙乎，去故而就新。"左右扯住了她的裙子，才把她留下。后来就把有皱褶的裙子叫作留仙裙。

【课文简解】

《牡丹亭还魂记》(简称《牡丹亭》，也称《还魂梦》)戏曲讲述南宋时南安太守杜宝的女儿杜丽娘长得天生丽质而又多情善感，情窦初开，因老儒生陈最良讲解《诗经·关雎》，触动情丝。睡梦中在自家花园的牡丹亭与书生柳梦梅相遇，醒后思恋成疾，最终离世。杜丽娘死后，游魂来到地府，判官问明她致死情由，查明婚姻簿她和新科状元柳梦梅结亲之事，便准许放她回返人间。书生柳梦梅赴京应试，途中感风寒，病愈后在梅花庵里与杜丽娘的游魂相遇，杜丽娘复生如初，二人成为夫妻。

节选部分讲述杜丽娘死后的鬼魂来到地狱，受到十殿阎王胡判官宣判的故事。这部分描述了地府的场景及地府人物冥判、阎君等，杜丽娘地府受审，还魂人世，蕴含了佛教因果轮回的报应文化。

无　题[1]

仓央嘉措

仓央嘉措(1683—1706),门巴族,六世达赖喇嘛,法名罗桑仁钦仓央嘉措,著名诗人、政治人物,著有《仓央嘉措情歌》。

美人不是母胎生,应是桃花树长成,
已恨桃花容易落,落花比汝尚多情。
静时修止动修观,历历情人挂目前,
若将此心以学道,即生成佛有何难?
结尽同心缔尽缘,此生虽短意缠绵,
与卿再世相逢日,玉树临风一少年。
不观生灭与无常,但逐轮回向死亡,
绝顶聪明矜世智,叹他于此总茫茫。
山头野马性难驯,机陷犹堪制彼身,
自叹神通空具足,不能调伏枕边人。
欲倚绿窗伴卿卿,颇悔今生误道行。
有心持钵丛林去,又负美人一片情。
静坐修观法眼开,祈求三宝降灵台,
观中诸圣何曾见?不请情人却自来。
入山投谒得道僧,求教上师说因明。
争奈相思无拘检,意马心猿到卿卿。
曾虑多情损梵行,入山又恐别倾城,
世间安得两全法,不负如来不负卿。

【注释】

[1] 这首诗传说由六世达赖喇嘛仓央嘉措所写。

【课文简解】

这首诗描述了内心矛盾的作者所面临的选择。诗人既想修行佛法,又不能看破红尘。佛门戒色,他担心跟自己的情人在一起会有损自己的修行,想要一心向佛又舍不得抛弃情人,希望世间有一种两全其美的办法,能够继续修行又能跟情人长相厮守。这也是一种比喻,作为男性必然在少年时砥砺前行,而又有美好的爱情追求。在爱情与事业之间该怎样选择?这是一个很大的人生困惑。

佛　心[1]

张丽钧

张丽钧，女，当代作家，中国作家协会会员，河北省优秀教师，中学高级教师，河北省特级教师。她从1990年开始发表文章，共计发表文章400多篇。系《中国青年报》优秀撰稿人，《深圳青年》《散文》等报刊的长期撰稿人。有60余篇文章被《读者》《青年文摘》《知音》《青年博览》等文摘类杂志转载。代表作有《帝王蛾》《牡丹花水》《给我风景的人》《花有幸》《一生的功课》《抬头看云》等。

初秋时节，我与几个新结识的朋友一道从成都乘车去游览峨眉山。

我们乘坐的是一辆小面包车，一路上大家尽情欢笑。有一个叫叶子的小女孩，很快就成了车上的中心人物。5岁的叶子居然可以声情并茂地背诵李清照的《声声慢》。背诵完毕，掌声雷动，妈妈便又让她背诵苏轼的《赤壁怀古》，但叶子说："我没情绪背这首词。"大家哄笑起来。妈妈再强求，叶子便斜睨着妈妈说："唉，你真不懂得孩子的心！"妈妈和整车的人都笑翻了，但叶子不笑，很忧郁地看着车窗外面。

过了一会儿，叶子蹭到司机跟前，小声问他："叔叔，后面那个小猴是你的吗？"大家见她这样问，便都回头去看——在后窗的一边，悬着一只小布猴，两条长长的手臂淘气地勾在窗框边上，身体随着车身的晃动来回摆个不停。司机说："喜欢吗？喜欢就送给你啦！"叶子听了，连忙摆手说："叔叔，我没有想要你的小猴子，我只是想动动它。"司机笑笑说："动吧，我批准了。"叶子走到后窗边，爬上座位，摘下小猴，让它"坐"在了后排的椅背上，然后，舒了口气跟旁边的人说："好了，换个姿势，它就不累了。"

安顿好了小布猴，叶子又蹭到了司机跟前，疑惑地指着汽车挡风玻璃上的一片片斑迹问司机："叔叔，你的汽车玻璃是不是该擦了？"司机说："你等着，叔叔这就擦给你看。"说着，司机打开了喷水装置和雨刮，很快就把玻璃上的污物清理干净了。但是，刚开了一小段路，玻璃上面就又污迹斑斑了。叶子问司机怎么这么快就脏了，司机说那不是脏，是车开得太快，一些飞行的小昆虫撞死在了玻璃上面。叶子"啊"了一声，伸长了脖子去看那昆虫究竟是怎样"殉难"的。这时候，一个小蚂蚱样的东西，"咚"地一下撞在了玻璃上面，飞行的生命，登时变成了一摊红红黄黄的污迹。叶子看呆了。她带着哭腔央求司机说："叔叔，你慢点开好吗？别撞死这么多的虫子！我们晚一点到峨眉山没有关系的。"

临近中午的时候，我们到了峨眉山报国寺下面的停车场。大家徒步往寺院的方向走。初秋的天气，依然酷热难当，知了在树上声嘶力竭地叫个不停。这时候，我们当中有一位老先生不解地问导游："这地上怎么这么多一截截的电线呀？"导游笑着说："您真富有想象力呀！您再仔细看看那是电线吗？那是晒死的蚯蚓！峨眉山的蚯蚓特别多，也特别粗。蚯蚓爬到水泥路面上来，这么毒的太阳，还不很快就给晒成‘电线’啦！”大家听罢笑起来。过了一会儿，突然听到落在队伍后面的叶子尖声哭叫，大家纷纷跑过去，惊问原委。叶子妈妈说：“叶子在路上看到一条蚯蚓，怕它晒死，就勇敢地捏起了它，把它扔进了草地里。但不知怎么的，扔完了就吓哭了——哭成这样！”

到了报国寺，我没去礼佛，而一颗虔敬的心，不由朝向了小小的叶子。一路上，她让我通过她明亮的眼睛，看到了尘世间最真的温情和最美的怜爱：让一只布猴坐得更舒服一些，让布制的心脏也感觉到人寰的温暖；给小虫子一个放心飞行的空间，让它们无忧无虑地做完一个纯真的梦；把迷路的蚯蚓送回家，就算害怕了，也要在害怕来临之前完成自己必然的壮举……佛，把一颗大慈大悲的心安放在了一个小小的胸腔里面，让它带动起原本冷漠麻木的心生动地飞翔。

愚钝的人终于明白了，在这个物质的世界上，并非只有“到达”才算得上真正的到达，途程遥迢，但到达的意义无处不在。终极的眼神，将神韵赋予了沿途的每一汪清泉每一方湖泊。

【注释】

[1] 文章选自《视野》(2005 年第 12 期)。

【课文简解】

这篇散文讲述作者旅行峨眉山途中的见闻，通过对小女孩对玩具猴、飞虫撞车和山路上的蚯蚓的描述，赞美小女孩叶子纯真善良的童心。这种善心与佛家“扫地不伤蝼蚁命，爱惜飞蛾纱照灯”是一样的，佛教进入中国后，逐步扩大了教义内涵，劝世行善与民族文化融合。

单元练习

一、背诵《过香积寺》《和子由渑池怀旧》。

二、查阅资料，简要阐述佛教思想和主张。

三、阐述佛教对中国文化的影响。

四、阐述文学中的佛教思想。

五、当代大学生如何对待佛教及其思想？

第五单元　以史为鉴

历史指人类社会过去的事件和行动以及对这些事件行为进行系统的记录、诠释和研究。历史可作为未来行事的参考依据，与伦理、哲学和艺术同属人类精神文明的重要成果。以史为鉴，自强不息。记述历史是对先祖的追溯和纪念。唐太宗："以铜为镜，可以正衣冠；以古为镜，可以知兴替；以人为镜，可以明得失。"

"学史使人明智。"中华民族具有五千年的历史，是一个重视历史的民族，对本民族的历史自上古就专门安排专职的史官记述。《说文解字》记载仓颉是黄帝时期造字的左史官，他见鸟兽的足迹受启发，分类别异，加以搜集、整理和使用，在汉字创造的过程中起了重要作用，被尊为"造字圣人"。

中华历史记述虽然详尽，但自汉以后，历史的记述有了变化，史官不再独立著述，著述者不再著述本朝历史，而是书写前朝的历史。虽然史学丰厚，但古代帝王专制下，王朝轮回往复的盛衰交替，仍旧不断上演。前事不忘后事之师。

司马迁说过："有国者，不可以不知《春秋》。"美国哥伦比亚大学的戴安娜·诺维茨教授说："没有历史头脑的民族是健忘的民族，一觉醒来，他们就不知道自己是谁了。"

文学、史学和哲学三者不可分。中华民族文学中有很多史学著作，《左传》《史记》《战国策》《资治通鉴》等史书具有较强的文学性，堪称文学典范。研究文学作品、作家离不开文学创作产生的时代。

本单元选取历史上文学名篇，阐述历史中的文学和文学中的历史。

谏逐客书[1]

李　斯

李斯(约前284—前208),字通古,战国末期楚国上蔡人。李斯曾和韩非师从荀子学习帝王之术,成为法家学说的代表人物,在秦王嬴政灭六国的事业中起了较大作用。秦统一天下后,李斯被任为丞相,参与制定法律,统一车轨、文字、度量衡。

臣闻吏议逐客,窃以为过矣。昔穆公求士,西取由余于戎,东得百里奚于宛,迎蹇叔[2]于宋,来丕豹、公孙支于晋。此五子者,不产于秦,而穆公用之,并国二十,遂霸西戎。孝公用商鞅之法,移风易俗,民以殷盛,国以富强,百姓乐用,诸侯亲服,获楚、魏之师,举地千里,至今治强。惠王用张仪之计,拔三川之地,西并巴、蜀,北收上郡,南取汉中,包九夷,制鄢[3]、郢,东据成皋之险,割膏腴之壤,遂散六国之纵,使之西面事秦,功施[4]到今。昭王得范雎[5],废穰侯[6],逐华阳,强公室,杜私门,蚕食诸侯,使秦成帝业。此四君者,皆以客之功。由此观之,客何负于秦哉!向使四君却客而不内,疏士而不用,是使国无富利之实,而秦无强大之名也。

今陛下致昆山之玉,有随、和之宝,垂明月之珠,服太阿之剑,乘纤离之马,建翠凤之旗,树灵鼍[7]之鼓。此数宝者,秦不生一焉,而陛下说之,何也?必秦国之所生然后可,则是夜光之璧,不饰朝廷;犀象之器,不为玩好;郑、卫之女,不充后宫,而骏良駃騠[8]不实外厩,江南金锡不为用,西蜀丹青不为采。所以饰后宫、充下陈、娱心意、说耳目者,必出于秦然后可,则是宛珠之簪、傅玑之珥、阿缟[9]之衣、锦绣之饰不进于前,而随俗雅化,佳冶窈窕,赵女不立于侧也。夫击瓮叩缶,弹筝搏髀,而歌呼呜呜快耳者,真秦之声也;《郑》《卫》《桑间》《韶》《虞》《武》《象》者,异国之乐也。今弃击瓮叩缶而就《郑》《卫》,退弹筝而取《韶》《虞》,若是者何也?快意当前,适观而已矣。今取人则不然。不问可否,不论曲直,非秦者去,为客者逐。然则是所重者在乎色乐珠玉,而所轻者在乎人民也。此非所以跨海内、制诸侯之术也。

臣闻地广者粟多,国大者人众,兵强则士勇。是以泰山不让土壤,故能成其大;河海不择细流,故能就其深;王者不却众庶,故能明其德。是以地无四方,民无异国,四时充美,鬼神降福,此五帝三王之所以无敌也。今乃弃黔首以资敌国,却宾客以业诸侯,使天下之士退而不敢西向,裹足不入秦,此所谓藉寇兵而赍[10]盗粮者也。

夫物不产于秦,可宝者多;士不产于秦,而愿忠者众。今逐客以资敌国,损民以益雠,内自虚而外树怨于诸侯,求国无危,不可得也。

【注释】

[1] 据《史记·李斯列传》记载,韩国派水工郑国游说秦王嬴政(即后来的秦始皇),倡言

凿渠溉田,企图耗费秦国人力而不能攻韩,以实施“疲秦计划”。事被发觉,秦王嬴政听信宗室大臣的进言,认为来秦的客卿大抵都想游间于秦,就下令驱逐客卿。李斯也在被驱逐之列,他上书劝说秦王不要逐客,写下流传千古的《谏逐客书》。

[2] 蹇(jiǎn)叔:百里奚的好友,经百里奚推荐,秦穆公把他从宋国请来,委任为上大夫。

[3] 鄢(yān):楚国别都,在今湖北宜城东南。

[4] 施(yì):蔓延,延续。

[5] 范雎(jū),一作“范且”,亦称范叔,魏人,入秦后改名张禄,受到秦昭王信任,为秦相。

[6] 穰(ráng)侯:即魏冉,楚人后裔,秦昭王母宣太后之异父弟。

[7] 鼍(tuó):亦称扬子鳄,俗称猪婆龙,皮可蒙鼓。

[8] 駃(jué)騠(tí):骏马名。

[9] 缟(gǎo):未经染色的绢。

[10] 赍(jī):送,送给。

【课文简解】

《谏逐客书》是李斯上奏秦王的一份谏书。作者以历史史实为依据,以穆公、孝公、惠王、昭王四位国君召士纳贤为例,阐述秦国的强大都是依靠客卿。作者又以秦王身边的生活事物为例,阐述秦王身边很多事物都是来自东方诸侯各国,秦国驱逐客卿,却享用东方各国财物,这是重物轻人,不是国家治国之策,秦国以统一六国为目标,需要人才,因此驱逐客卿是不对的。最后李斯退一步论述,驱逐客卿的后果是“逐客以资敌国,损民以益雠,内自虚而外树怨于诸侯”。

过秦论[1]（节选）

贾　谊

贾谊（前200—前168），洛阳（今河南省洛阳市）人，西汉初年著名政论家、文学家，世称贾生。汉文帝时，贾谊任博士，迁太中大夫，受大臣周勃、灌婴排挤，谪为长沙王太傅，故后世亦称贾长沙、贾太傅。贾谊与屈原并称为“屈贾”，他的代表作有《过秦论》《论积贮疏》《吊屈原赋》《鵩鸟赋》等。

秦灭周祀，并海内，兼诸侯，南面[2]称帝，以四海养。天下之士，斐然[3]向风。若是者何也？曰：近古之无王者久矣。周室卑微，五霸既没，令不行于天下。诸侯力政[4]，强凌弱，众暴寡，兵革不休，士民罢弊。今秦南面而王天下，是上有天子也。既[5]元元之民冀得安其性命，莫不虚心而仰上。当此之时，守威定功，安危之本，在于此矣。

秦王怀贪鄙之心，行自奋之智，不信功臣，不亲士民，废王道而立私爱，焚文书而酷刑法，先诈力而后仁义，以暴虐为天下始。夫并兼者高诈力，安危者贵顺权，推此言之，取与守不同术也。秦离[6]战国而王天下，其道不易，其政不改，是其所以取之守之者无异也。孤独而有之，故其亡可立而待也。借使[7]秦王论上世之事，并殷、周之迹，以制御其政，后虽有淫骄之主，犹未有倾危之患也。故三王之建天下，名号显美，功业长久。

今秦二世立，天下莫不引领而观其政。夫寒者利裋褐，而饥者甘糟糠。天下嚣嚣[8]，新主之资也。此言劳民之易为仁也。乡使二世有庸主之行而任忠贤，臣主一心而忧海内之患，缟素而正先帝之过；裂地分民以封功臣之后；建国立君以礼天下；虚囹圄而免刑戮；去收孥[9]污秽之罪，使各反其乡里；发仓廪，散财币，以振孤独穷困之士；轻赋少事，以佐百姓之急；约法省刑[10]，以持其后，使天下之人皆得自新，更节修行，各慎其身，塞万民之望，而以盛德于天下，天下息矣。即四海之内，皆欢然各自安乐其处，惟恐有变。虽有狡猾之民，无离上之心，则不轨之臣无以饰其智，而暴乱之奸弭矣。二世不行此术，而重以无道：坏宗庙与民，更始作阿房之宫；繁刑严诛，吏治刻深；赏罚不当，赋敛无度；天下多事，吏不能纪；百姓穷困，而主不收恤。然后，奸伪并起，而上下相遁。蒙罪者众，刑戮相望于道，而天下苦之。自群卿以下至于众庶，人怀自危之心，亲处穷苦之实，咸不安其位，故易动也。是以陈涉不用汤、武之贤，不借公侯之尊，奋臂于大泽，而天下响应者，其民危也。

故先王见始终之变，知存亡之机。是以牧民[11]之道，务在安之而已。天下虽有逆行之臣，必无响应之助。故曰：“安民可与为义，而危民易与为非。”此之谓也。贵为天子，富有天下，身不免于戮杀者，正倾非也，是二世之过也。

【注释】

[1] 西汉文帝时代,是汉代所谓的"太平盛世",即"文景之治"的前期。贾谊以他敏锐的洞察力,透过表象,看到了西汉王朝潜伏的危机。当时,权贵豪门大量侵吞农民土地,逼使农民破产流亡,苛重的压迫剥削和酷虐的刑罚,也使阶级矛盾日渐激化。国内封建割据与中央集权的矛盾、统治阶级与劳动人民的矛盾以及民族之间的矛盾都日益加剧,统治者的地位有动摇的危险。

为了调和各种矛盾,使西汉王朝长治久安,贾谊在《陈政事疏》《论积贮疏》以及《过秦论》等著名的政论文中向汉室提出了不少改革时弊的政治主张。本文就是以劝诫的口吻,从总结历史经验教训的角度出发,分析了秦王朝政治的成败得失,为汉文帝改革政治提供借鉴。在谈到写作目的时,贾谊说过他之所以要"观之上古,验之当世,参以人事,察盛衰之理,审权势之宜",主张"去就有序,变化因时",其目的是求得"旷日长久,而社稷安矣"。《过秦论》一文总结秦朝兴亡的教训,实为昭汉之过。

[2] 南面:古代以坐北面南为尊位,帝王的座位面向南,所以称居帝位为"南面"。

[3] 斐然:顺服的样子。斐:通"靡"。

[4] 力政:以武力征伐。政:通"征"。

[5] 既:当是"则"的意思。

[6] 离:经历。

[7] 借使:假使。

[8] 天下嚣嚣:天下百姓苦苦哀叫。

[9] 收孥(nú):古时,一人犯法,妻子连坐,没为官奴婢,谓之收孥。

[10] 约法省刑:汉初的立法原则之一,是为了缓和社会矛盾而实施的立法原则。

[11] 牧民:治民。

【课文简解】

《过秦论》中篇指出秦统一天下,结束春秋战国以来的几百年的战乱,人民渴望和平。但秦始皇没有根据形势的改变制定国家长治久安之策,反而以暴虐治天下,焚书坑儒;作者又分析秦二世也没有实施仁政治国策略,仍以"重以无道""繁刑严诛""赏罚不当""赋敛无度",终致国家倾覆。最后提出治国之道:"牧民之道,务在安之而已。"

蜀　相[1]

杜　甫

杜甫(712—770),字子美,河南巩县(今河南省巩义市)人,自号少陵野老,世称其杜拾遗、杜工部,也称他杜少陵、杜草堂。他是唐代伟大的现实主义诗人,与李白合称“李杜”;后人称之为“诗圣”和“诗史”,著有《杜工部集》。

丞相祠堂何处寻,锦官城[2]外柏森森。
映阶碧草自春色,隔叶黄鹂空好音。
三顾频烦天下计,两朝开济老臣心。
出师未捷身先死,长使英雄泪满襟。

【注释】

[1]《蜀相》一诗,依照仇兆鳌注,断为唐肃宗上元元年(760年)春天,杜甫“初至成都时作”。唐肃宗乾元二年(759年)十二月,杜甫结束了为时四年的寓居秦州、同谷的颠沛流离的生活,到了成都,在朋友的资助下,定居在浣花溪畔。成都是当年蜀汉建都的地方,城西北有诸葛亮庙,称武侯祠。唐肃宗上元元年(760年)春天,他探访了诸葛武侯祠,写下了这首感人肺腑的千古绝唱。

[2]锦官城:成都的别名。

【课文简解】

诗题“蜀相”是蜀汉国的丞相诸葛亮。蜀汉章武元年(221年),刘备在成都称帝,国号汉,任命诸葛亮为丞相,诸葛亮帮助刘备建立蜀汉帝国,后辅佐刘备的儿子刘禅。这首诗前四句描写丞相祠堂,后四句咏叹丞相诸葛亮的才德。杜甫写《蜀相》这首诗时,安史之乱还没有平息,他目睹国势艰危,而又报国无门,希望唐王朝有诸葛亮这样的忠心于君主的臣属,抒发对历史英雄人物诸葛亮的敬仰之情。

谏太宗十思疏[1]

魏　征

魏征（580—643），字玄成，祖籍巨鹿郡下曲阳县（今河北省晋州市），隋唐政治家、思想家、文学家和史学家，因直言进谏，辅佐唐太宗创建“贞观之治”的大业，被后人称为“一代名相”。

臣闻：求木之长[2]者，必固其根本；欲流之远者，必浚[3]其泉源；思国之安者，必积其德义。源不深而望流之远，根不固而求木之长，德不厚而思国之安，臣虽下愚，知其不可，而况于明哲乎？人君当神器之重[4]，居域中之大，不念居安思危，戒奢以俭，斯亦伐根以求木茂，塞源而欲流长也。

凡百元首[5]，承天景命[6]，善始者实繁，克终者盖寡。岂其取之易守之难乎？盖在殷忧，必竭诚以待下；既得志，则纵情以傲物。竭诚，则吴越为一体[7]；傲物，则骨肉为行路。虽董[8]之以严刑，振[9]之以威怒，终苟免而不怀仁[10]，貌恭而不心服。怨不在大[11]，可畏惟人[12]；载舟覆舟，所宜深慎。

诚能见可欲，则思知足以自戒；将有作，则思知止以安人；念高危，则思谦冲而自牧[13]；惧满溢，则思江海下百川；乐盘游[14]，则思三驱[15]以为度；忧懈怠，则思慎始而敬终；虑壅蔽[16]，则思虚心以纳下；惧谗邪，则思正身以黜恶[17]；恩所加，则思无因喜以谬赏；罚所及，则思无以怒而滥刑。总此十思，宏兹九德，简[18]能而任之，择善而从之，则智者尽其谋，勇者竭其力，仁者播其惠，信者效[19]其忠；文武并用，垂拱[20]而治。何必劳神苦思，代百司之职役哉！

【注释】

[1] 贞观初年，唐太宗李世民实行了不少有利于国计民生的策略，社会经济发展了，百姓生活也富裕起来，内外太平无事，唐太宗开始骄奢起来，大修庙宇宫殿，广求珍宝，四处巡游，劳民伤财。魏征极为忧虑，贞观十一年（637年），他“频上四疏，以陈得失”，以警醒唐太宗。《谏太宗十思疏》是第二疏，文章被太宗置于案头，奉为座右铭。

[2] 长（zhǎng）：生长。

[3] 浚（jùn）：疏通，挖深。

[4] 当神器之重：处于皇帝的重要位置。神器：指帝位。古时认为“君权神授”，所以称帝位为“神器”。

[5] 凡百元首：所有的元首，泛指古代的帝王。

[6] 承天景命：承受了上天赋予的重大使命。景：大。

[7] 吴越为一体：吴越，指春秋时的吴国与越国，当时两国之间长期为仇，战伐不断。
[8] 董：督责。
[9] 振：通“震”，震慑。
[10] 苟免而不怀仁：（臣民）只求苟且免于刑罚而不怀念感激国君的仁德。
[11] 怨不在大：（臣民）对国君的怨恨不在大小。
[12] 可畏惟人：可怕的只是百姓。人：“民”，为避讳皇上李世民之名。
[13] 则思谦冲而自牧：就想到要谦虚并加强自我修养。冲：虚。牧：约束。
[14] 盘游：打猎取乐。
[15] 三驱：田猎活动以一年三次为度。
[16] 虑壅（yōng）蔽：担心（言路）不通受蒙蔽。壅：堵塞。
[17] 黜（chù）恶：罢黜奸邪。黜：排斥，罢免。
[18] 简：选拔。
[19] 效：献出。
[20] 垂拱：垂衣拱手，比喻很轻易就实现天下大治了。

【课文简解】

全篇以“思国之安者，必积其德义”为中心展开论述。先从正反两方面进行论述，以固木之根、浚流之源，来比喻治国需要从积德这个根本做起。提出为君必须“居安思危，戒奢以俭”的结论。然后提醒太宗，守成之君易失人心，提出“积德义”必须“十思”。着重规劝太宗对于物质享受要适度，在自身修养上要“谦冲”，在用人上要“虚心纳下”，在行施法制上要不计个人恩怨。结尾总结出治国方法的关键在于知人善任，选拔人才，达到“垂拱而治”的理想境界。

杂　感[1]

吴伟业

吴伟业(1609—1672),字骏公,号梅村,江苏太仓人,明崇祯年间进士,长于七言歌行,人称之为“梅村体”,与钱谦益、龚鼎孳并称“江左三大家”,著有《吴梅村全集》。

武安[2]席上见双鬟,血泪青娥陷贼还。
不为君亲[3]来故国,却因女子下雄关。
取兵辽海哥舒翰[4],得妇江南谢阿蛮[5]。
快马健儿无限恨,天教红粉定燕山。

【注释】

[1] 课文选自《清诗别裁集(上、下)》(岳麓书社,1998年第1版)。

[2] 武安:指武安侯田蚡,这里是用来指代明思宗朱由检的外戚嘉定伯周奎。

[3] 君亲:指崇祯帝。

[4] 哥舒翰:突厥人,唐玄宗时武将,安史之乱爆发后,赴潼关守城,在宰相杨国忠催促下,仓促出战,兵败被俘,后为安庆绪所害。

[5] 谢阿蛮:唐代歌女,善舞《凌波曲》,经常出入宫廷,很受杨贵妃的宠爱与优待,这里比喻陈圆圆。

【课文简解】

这首《杂感》讽刺了明末引清军入关的将领吴三桂。这首诗以律诗的形式描述吴三桂手握重兵,却为了红粉歌姬而投敌卖国,引狼入关,最终导致大明王朝倾覆,指出其所作所为愧对众多守护山海关的爱国士卒。

废墟的召唤 [1]

宗　璞

宗璞，原名冯钟璞，1928年生于北京，当代作家，常用笔名宗璞，著名哲学家冯友兰之女，代表作有短篇小说《红豆》《弦上的梦》，中篇小说《三生石》，系列长篇小说《野葫芦引》和散文《紫藤萝瀑布》《丁香结》等。

冬日的斜阳无力地照在这一片田野上。刚是下午，清华气象台上边的天空，已显出月牙儿的轮廓。顺着近年修的柏油路，左侧是干皱的田地，看上去十分坚硬，这里那里，点缀着断石残碑。右侧在夏天是一带荷塘，现在也只剩下冬日的凄冷。转过布满枯树的小山，那一大片废墟呈现在眼底时，我总有一种奇怪的感觉，好像历史忽然倒退到了古希腊罗马时代。而在乱石衰草中间，仿佛应该有着妲己、褒姒的窈窕身影，若隐若现、迷离扑朔。因为中国社会出奇的"稳定性"，几千年来的传统一直传到那拉氏，还不中止。

这一带废墟是圆明园中长春园的一部分。从东到西，有圆形的台，长方形的观，已看不出形状的堂和小巧的方形的亭基。原来都是西式建筑，故俗称西洋楼。在莽苍苍的原野上，这一组建筑遗迹宛如一列正在覆没的船只，而那丛生的荒草，便是海藻，杂陈的乱石，便是这荒野的海洋中的一簇簇泡沫了。三十多年前，初来这里，曾想，下次来时，它该下沉了罢？它该让出地方，好建设新的一切。但是每次再来，它还是停泊在原野上。远瀛观的断石柱，在灰蓝色的天空下，依然寂寞地站着，显得四周那样空荡荡，那样无依无靠。大水法的拱形石门，依然卷着波涛。观水法的石屏上依然陈列着兵器甲胄，那雕镂还是那样清晰，那样有力。但石波不兴，雕兵永驻，这蒙受了奇耻大辱的废墟，只管悠闲地、若无其事地停泊着。

时间在这里，如石刻一般，停滞了，凝固了。建筑家说，建筑是凝固的音乐。建筑的遗迹，又是什么呢？凝固了的历史么？看那海晏堂前（也许是堂侧）的石饰，像一个近似半圆形的容器，年轻时，曾和几个朋友坐在里面照相。现在石"碗"依旧，我当然懒得爬上去了，但是我却欣然。因为我的变化，无非是自然规律之功罢了。我毕竟没有凝固——

对着这一段凝固的历史，我只有怅然凝望。大水法与观水法之间的大片空地，原来是两座大喷泉，想那水姿之美，已到了标准境界，所以以"法"为名。西行可见一座高大的废墟，上大下小，像是只剩了一截的、倒置的金字塔。悄立"塔"下，觉得人是这样渺小，天地是这样广阔，历史是这样悠久——

路旁的大石龟仍然无表情地蹲伏着。本该竖立在它背上的石碑躺倒在上坡旁。它也许很想驮着这碑，尽自己的责任罢。风在路另侧的小树林中呼啸，忽高忽低，如泣如诉，仿佛从废墟上飘来了"留——留——"的声音。

我诧异地回转身去看了。暮色四合，方外观的石块白得分明，几座大石叠在一起，露出一个空隙,像要对我开口讲话。告诉我这里经历的烛天的巨火么?告诉我时间在这里该怎样衡量么?还是告诉我你的向往,你的期待?

风又从废墟上吹过,依然发出"留——留——"的声音。我忽然醒悟了。它是在召唤!召唤人们留下来,改造这凝固的历史。废墟,不愿永久停泊。

然而我没有为这努力过么?便在这大龟旁,我们几个人曾怎样热烈地争辩啊。那时的我们,是何等慷慨激昂,是何等地满怀热忱!和人类比较起来,个人的一生是小得多的概念了,每个人自有理由做出不同的解释。我只想,楚国早已是湖北省,但楚辞的光辉,不是永远充塞于天地之间么?

空中一阵鸦噪;抬头只见寒鸦万点,驮着夕阳,掠过枯树林,转眼便消失在已呈粉红色的西天。在它们的翅膀底下,晚霞已到最艳丽的时刻。西山在朦胧中涂抹了一层娇红,轮廓渐渐清楚起来。那娇红中又透出一点蓝,显得十分凝重,正配得上空气中摸得着的寒意。

这景象也是我熟悉的,我不由得闭上眼睛。

"断碣残碑,都付与苍烟落照。"身旁的年轻人在自言自语。事隔三十余年,我又在和年轻人辩论了。我不怪他们,怎能怪他们呢!我嗫嚅着,很不理直气壮。"留下来吧!就因为是废墟,需要每一个你呵。"

"匹夫有责。"年轻人是敏锐的,他清楚地说出我嗫嚅着的话。"但是怎样尽每一个我的责任?怎样使环境更好地让每一个我尽责任?"他微笑,笑容介于冷和苦之间。

我忽然理直气壮起来:"那怎样,不就是内容么?"

他不答,我也停了说话,且看那瞬息万变的落照。迤逦行来,已到水边。水已成冰,冰中透出枝枝荷梗,枯梗上漾着绮辉。远山凹处,红日正沉,只照得天边山顶一片通红。岸边几株枯树,恰为夕阳做了画框。框外娇红的西山,这时却全呈黛青色,鲜嫩润泽,一派雨后初晴的模样,似与这黄昏全不相干,但也有浅淡的光,照在框外的冰上,使人想起月色的清冷。

树旁乱草中窸窣有声,原来有人作画。他正在调色板上蘸着颜色,蘸了又擦,擦了又蘸,好像不知怎样才能把那奇异的色彩捕捉在纸上。

"他不是画家。"年轻人评论道,"他只是爱这景色——"

前面高耸的断桥便是整个圆明园唯一的遗桥了。远望如一个乱石堆,近看则桥的格局宛在。桥背很高,桥面只剩了一小半,不过桥下水流如线,过水早不必登桥了。

"我也许可以想一想,想一想这废墟的召唤。"年轻人忽然微笑说,那笑容仍然介于冷和苦之间。

我们仍望着落照。通红的火球消失了,剩下的远山显出一层层深浅不同的紫色。浓处如酒,淡处如梦。那不浓不淡处使我想起春日的紫藤萝,这铺天的霞锦,需要多少个藤萝花瓣啊。

仿佛听得说要修复圆明园了,我想,能不能留下一部分废墟呢?最好是远瀛观一带,或只是这座断桥,也可以的。

为了什么呢?为了凭吊这一段凝固的历史,为了记住废墟的召唤。

1979年12月

【注释】

[1] 课文选自《三千里地九霄云》(人民日报出版社，2018年第1版)，这篇散文写于1979年12月，原载于《人民文学》(1980年第1期)。

【课文简解】

作者写这篇文章时，正是新中国建设的一个阶段的结束，我们应怎样对待百孔千疮的废墟，废墟是历史的见证，是现实的存在，因为是废墟，所以要重新建设。我们不能只停留在昨日的感叹上，更应该参与到未来的建设和改造中，这种建设和改造需要每个有责任感的人。作者以圆明园这个“废墟”比喻国家的现状，对比过去和现在游园所见所感，抒发了自己的历史观。

小狗包弟[1]

巴　金

巴金(1904—2005),原名李尧棠,字芾甘,四川成都人,1927年旅法在巴黎读书,并开始了文学创作。主要作品有长篇小说《爱情三部曲》(《雾》《雨》《电》)、《激流三部曲》(《家》《春》《秋》),中篇小说《寒夜》,散文集《随想录》。

一个多月前,我还在北京,听人讲起一位艺术家的事情,我记得其中一个故事是讲艺术家和狗的。据说艺术家住在一个不太大的城市里,隔壁人家养了小狗,它和艺术家相处很好,艺术家常常用吃的东西款待它。"文革"期间,城里发生了从未见过的武斗,艺术家害怕起来,就逃到别处躲了一段时期。后来他回来了,大概是给人揪回来的,说他"里通外国",是个反革命,批他,斗他,他不承认,就痛打,拳打脚踢,棍棒齐下,不但头破血流,一条腿也给打断了。批斗结束,他走不动,让专政队拖着他游街示众,衣服撕破了,满身是血和泥土,口里发出呻唤。认识的人看见半死不活的他,都掉开头去。忽然一只小狗从人丛中跑出来,非常高兴地朝着他奔去。它亲热地叫着,扑到他跟前,到处闻闻,用舌头舔舔,用脚爪在他的身上抚摸。别人赶它走,用脚踢,拿棒打,都没有用,它一定要留在它的朋友的身边。最后专政队用大棒打断了小狗的后腿,它发出几声哀叫,痛苦地拖着伤残的身子走开了。地上添了血迹,艺术家的破衣上留下几处狗爪印。艺术家给关了几年才放出来,他的第一件事就是买几斤肉去看望那只小狗。邻居告诉他,那天狗给打坏以后,回到家里什么也不吃,哀叫了三天就死了。

听了这个故事,我又想起我曾经养过的那条小狗。是的,我也养过狗,那是1959年的事情,当时一位熟人给调到北京工作,要将全家迁去,想把他养的小狗送给我,因为我家里有一块草地,适合养狗的条件。我答应了,我的儿子也很高兴。狗来了,是一条日本种的黄毛小狗,干干净净,而且有一种本领:它有什么要求时就立起身子,把两只前脚并在一起不停地作揖。这本领不是我那位朋友训练出来的。它还有一位瑞典旧主人,关于他我毫无所知。他离开上海回国,把小狗送给接受房屋租赁权的人,小狗就归了我的朋友。小狗来的时候有一个外国名字,它的译音是"斯包弟"。我们简化了这个名字,就叫它做"包弟"。

包弟在我们家待了七年,同我们一家人处得很好。它不咬人,见到陌生人,在大门口吠一阵,我们一声叫唤,它就跑开了。夜晚,篱笆外面人行道上常常有人走过,它听见某种声音就会朝着篱笆又跑又叫,叫声的确有点刺耳,但它也只是叫几声就安静了。它在院子里和草地上的时候多些,有时我们在客厅里接待客人或者同老朋友聊天,它会进来作几个揖,讨糖果吃,引起客人发笑。日本朋友对它更感兴趣,有一次大概在1963年或以后的夏天,一家日本通讯社到我家来拍电视片,就拍摄了包弟的镜头。又有一次,日本作家由起女士访问上海，来我家做客，对日本产的包弟非常喜欢，她说她在东京家中也养了狗。两年以后，她再到北京参加亚非作家紧急会议，看见我她就问："您的小狗怎样？"听我说包弟很好，她笑了。

我的爱人萧珊[2]也喜欢包弟。在三年困难时期，我们每次到文化俱乐部吃饭，她总要向服务员讨一点骨头回去喂包弟。

1962年，我们夫妇带着孩子在广州过了春节，回到上海，听妹妹们说，我们在广州的时候，睡房门紧闭，包弟每天清早守在房门口等候我们出来。它天天这样，从不厌倦。它看见我们回来，特别是看到萧珊，不住地摇头摆尾，那种高兴、亲热的样子，现在想起来我还很感动，我仿佛又听见由起女士的问话："您的小狗怎样？"

"您的小狗怎样？"倘使我能够再见到那位日本女作家，她一定会拿同样的一句话问我。她的关心是不会减少的。然而我已经没有小狗了。

1966年8月下旬红卫兵开始上街抄"四旧"[3]的时候，包弟变成了我们家的一个大"包袱"，晚上附近的小孩时常打门大喊大嚷，说是要杀小狗。听见包弟尖声吠叫，我就胆战心惊，害怕这种叫声会把抄"四旧"的红卫兵引到我家里来。

当时我已经处于半靠边的状态，傍晚，我们在院子里乘凉，孩子们都劝我把包弟送走，我请我的大妹妹设法。可是在这时节谁愿意接受这样的礼物呢？据说只好送给医院由科研人员拿来做实验用，我们不愿意。以前看见包弟作揖，我就想笑，这些天我在机关学习后回家，包弟向我作揖讨东西吃，我却暗暗地流泪。

形势越来越紧。我们隔壁住着一位年老的工商业者，原先是某工厂的老板，住屋是他自己修建的，同我的院子只隔了一道竹篱。有人到他家去抄四旧了。隔壁人家的一动一静，我们听得清清楚楚，从篱笆缝里也看得见一些情况。这个晚上附近小孩几次打门捉小狗，幸而包弟不曾出来乱叫，也没有给捉了去。这是我六十多年来第一次看见抄家，人们拿着东西进进出出，一些人在大声叱骂，有人摔破坛坛罐罐。这情景实在可怕。十多天来我就睡不好觉，这一夜我想得更多，同萧珊谈起包弟的事情，我们最后决定把包弟送到医院去，交给我的大妹妹去办。

包弟送走后，我下班回家，听不见狗叫声，看不见包弟向我作揖、跟着我进屋，我反而感到轻松，真是一种甩掉包袱的感觉。但是在我吞了两片眠尔通、上床许久还不能入睡的时候，我不由自主地想到了包弟，想来想去，我又觉得我不但不曾甩掉什么，反而背上了更加沉重的包袱。在我眼前出现的不是摇头摆尾、连连作揖的小狗，而是躺在解剖桌上给割开肚皮的包弟。我再往下想，不仅是小狗包弟，连我自己也在受解剖。不能保护一条小狗，我感到羞耻；为了想保全自己，我把包弟送到解剖桌上，我瞧不起自己，我不能原谅自己！我就这样可耻地开始了"十年浩劫"中逆来顺受的苦难生活。一方面责备自己，另一方面又想保全自己，不要让一家人跟自己一起堕入地狱。我自己终于也变成了包弟，没有死在解剖桌上，倒是我的幸运……

整整十三年零五个月过去了。我仍然住在这所楼房里，每天清早我在院子里散步，脚下是一片衰草，竹篱笆换成了无缝的砖墙。隔壁房屋里增加了几户新主人，高高墙壁上多开了两堵窗，有时倒下一点垃圾。当初刚搭起的葡萄架给虫蛀后早已塌下来扫掉，连葡萄藤也被挖走了。右面角上却添了一个大化粪池,是从紧靠着的五层楼公寓里迁过来的。少掉了好几株花,多了几棵不开花的树。我想念过去同我一起散步的人,在绿草如茵的时节,她常常弯着身子,或者坐在地上拔除杂草,在午饭前后她有时逗着包弟玩。……我好像做了一场大梦。满身的创伤使我的心仿佛又给放在油锅里熬煎。这样的熬煎是不会有终结的,除非我给自己过去十年的苦难生活作了总结,还清了心灵上的欠债。这绝不是容易的事。那么我今后的日子不会是好过的吧。但是那十年我也活过来了。

即使在“说谎成风”的时期,人对自己也不会讲假话,何况在今天?我不怕大家嘲笑,我要说:我怀念包弟,我想向它表示歉意。

1980 年 1 月 4 日

【注释】

[1]《小狗包弟》选自巴金《随想录》,作品发表于 1980 年。巴金在“文化大革命”期间受到残酷的迫害,巴金的妻子萧珊也受到非人的待遇。1972 年 7 月,萧珊患癌症住院,巴金在干校劳动,不被允许探望,半个月后,萧珊含冤长辞人世。在萧珊去世的 3 年之后,巴金才获许把萧珊的骨灰捧回。

[2] 萧珊:原名陈蕴珍(1917—1972),浙江宁波人,巴金的妻子。

[3]“四旧”:“文革”时用语,指旧思想、旧文化、旧风俗、旧习惯。

【课文简解】

《小狗包弟》是巴金的著作《随想录》中的一部名篇。描写了作者的一条可爱小狗在“文化大革命”时期被主人无情地抛弃,而成为医学试验品。小狗的悲惨待遇在作者心中留下了难以磨灭的创痛,作者内心对自己的自私行为充满愧疚和忏悔之情,作品也侧面展现了那个时代人性的扭曲,控诉“文革”时期知识分子遭受的迫害和极“左”路线对人性的摧残。

道士塔[1]

余秋雨

余秋雨，1946 年生，浙江余姚人，我国当代著名艺术理论家、文化史学者、散文家。他大学毕业后留校任教多年，曾任上海戏剧学院院长、教授，上海写作学会会长。主要著作有《戏剧理论史稿》《文化苦旅》《文明的碎片》《山居笔记》。

一

莫高窟大门外，有一条河，过河有一溜空地，高高低低建着几座僧人圆寂塔。塔呈圆形，状近葫芦，外敷白色。从几座坍弛的来看，塔心竖一木桩，四周以黄泥塑成，基座垒以青砖。历来住持莫高窟的僧侣都不富裕，从这里也可找见证明。夕阳西下，朔风凛冽，这个破落的塔群更显得悲凉。

有一座塔，由于修建年代较近，保存得较为完整。塔身有碑文，移步读去，猛然一惊，它的主人，竟然就是那个王圆箓！

历史已有记载，他是敦煌石窟的罪人。

我见过他的照片，穿着土布棉衣，目光呆滞，畏畏缩缩，是那个时代到处可以遇见的一个中国平民。他原是湖北麻城的农民，逃荒到甘肃，做了道士。几经周折，不幸由他当了莫高窟的家，把持着中国古代最灿烂的文化。他从外国冒险家手里接过极少的钱财，让他们把难以计数的敦煌文物一箱箱运走。

今天，敦煌研究院的专家们只得一次次屈辱地从外国博物馆买取敦煌文献的微缩胶卷，叹息一声，走到放大机前。完全可以把愤怒的洪水向他倾泻。但是，他太卑微，太渺小，太愚昧，最大的倾泻也只是对牛弹琴，换得一个漠然的表情。让他这具无知的躯体全然肩起这笔文化重债，连我们也会觉得无聊。

这是一个巨大的民族悲剧。王道士只是这出悲剧中错步上前的小丑。一位年轻诗人写道，那天傍晚，当冒险家斯坦因装满箱子的一队牛车正要启程，他回头看了一眼西天凄艳的晚霞。那里，一个古老民族的伤口在滴血。

二

真不知道一个堂堂佛教圣地，怎么会让一个道士来看管。中国的文官都到哪里去了，他们滔滔的奏折怎么从不提一句敦煌的事由？

其时已是 20 世纪初年，欧美的艺术家正在酝酿着新世纪的突破。罗丹正在他的工作室里雕塑，雷诺阿、德加、塞尚已处于创作晚期，马奈早就展出过他的《草地上的午餐》。他们中有人已向东方艺术家投来羡慕的眼光，而敦煌艺术，正在王道士手上。

王道士每天起得很早，喜欢到洞窟里转转，就像一个老农，看看他的宅院。他对洞窟里的壁画有点不满，暗乎乎的，看着有点眼花。亮堂一点多好呢，他找了两个帮手，拎来一桶石灰。草扎的刷子装上一个长把,在石灰桶里蘸一蘸,开始他的粉刷。第一遍石灰刷得太薄,五颜六色还隐隐显现,农民做事就讲个认真,他再细细刷上第二遍。这儿空气干燥,一会儿石灰已经干透。什么也没有了,唐代的笑容,宋代的衣冠,洞中成了一片净白。道士擦了一把汗憨厚地一笑,顺便打听了一下石灰的市价。他算来算去,觉得暂时没有必要把更多的洞窟刷白,就刷这几个吧,他达观地放下了刷把。

当几面洞壁全都刷白,中座的雕塑就显得过分惹眼。在一个干干净净的农舍里,她们婀娜的体态过于招摇,她们柔美的浅笑有点尴尬。道士想起了自己的身份,一个道士,何不在这里搞上几个天师、灵官菩萨?他吩咐帮手去借几个铁锤,让原先几座雕塑委屈一下。事情干得不赖,才几下,婀娜的体态变成碎片,柔美的浅笑变成了泥巴。听说邻村有几个泥匠,请了来,拌点泥,开始堆塑他的天师和灵官。泥匠说从没干过这种活计,道士安慰道,不妨,有那点意思就成。于是,像顽童堆造雪人,这里是鼻子,这里是手脚,总算也能稳稳坐住。行了,再拿石灰,把他们刷白。画一双眼,还有胡子,像模像样。道士吐了一口气,谢过几个泥匠,再作下一步筹划。

今天我走进这几个洞窟,对着惨白的墙壁、惨白的怪像,脑中也是一片惨白。我几乎不会言动,眼前直晃动着那些刷把和铁锤。"住手!"我在心底痛苦地呼喊,只见王道士转过脸来,满眼迷惑不解。是啊,他在整理他的宅院,闲人何必喧哗?我甚至想向他跪下,低声求他:"请等一等,等一等……"但是等什么呢?我脑中依然一片惨白。

三

1900年5月26日清晨,王道士依然早起,辛辛苦苦地清除着一个洞窟中的积沙。没想到墙壁一震,裂开一条缝,里边似乎还有一个隐藏的洞穴。王道士有点奇怪,急忙把洞穴打开,呵,满满实实一洞的古物!

王道士完全不能明白,这天早晨,他打开了一扇轰动世界的门户。一门永久性的学问,将靠着这个洞穴建立。无数才华横溢的学者,将为这个洞穴耗尽终生。中国的荣耀和耻辱,将由这个洞穴吞吐。

以前,他正衔着旱烟管,扒在洞窟里随手翻检。他当然看不懂这些东西,只是觉得事情有点蹊跷。为何正好我在这儿时墙壁裂缝了呢?或许是神对我的酬劳。趁下次到县城,捡了几个经卷给县长看看,顺便说说这桩奇事。

县长是个文官,稍稍掂出了事情的分量。不久甘肃学台叶炽昌也知道了,他是金石专家,懂得洞窟的价值,建议藩台把这些文物运到省城保管。但是东西很多,运费不低,官僚们又犹豫了。只有王道士一次次随手取一点出来的文物,在官场上送来送去。

中国是穷,但只要看看这些官僚豪华的生活排场,就知道绝不会穷到筹不出这笔运费。中国官员也不是没有学问,他们也已在窗明几净的书房里翻动出土经卷,推测着书写朝代了。但他们没有那副赤肠,下个决心,把祖国的遗产好好保护一下。他们文雅地摸着胡须,吩咐手下:"什么时候,叫那个王道士再送几件来!"已得的几件,包装一下,算是送给哪位京官的生日礼品。

就在这时,欧美的学者、汉学家、考古家、冒险家,却不远万里、风餐露宿,朝敦煌赶来。

他们愿意变卖自己的全部财产，充作偷运一两件文物回去的路费。他们愿意吃苦，愿意冒着葬身沙漠的危险，甚至作好了被打、被杀的准备，朝这个刚刚打开的洞窟赶来。他们在沙漠里燃起了股股炊烟，而中国官员的客厅里，也正茶香缕缕。

没有任何关卡，没有任何手续，外国人直接走到了那个洞窟跟前。洞窟砌了一道砖、上了一把锁，钥匙挂在了王道士的裤腰带上。外国人未免有点遗憾，他们万里冲刺的最后一站，没有遇到森严的文物保护官邸，没有碰见冷漠的博物馆馆长，甚至没有遇到看守和门卫，一切的一切，竟是这个肮脏的王道士。他们只得幽默地耸耸肩。

略略交谈几句，就知道了道士的品位。原先设想好的种种方案纯属多余，道士要的只是一笔最轻松的小买卖。就像用两枚针换一只鸡，一颗纽扣换一篮青菜。要详细地复述这笔交换账，也许我的笔会不太沉稳，我只能简略地说：1905 年 10 月，俄国人勃奥鲁切夫用一点点随身带着的俄国商品，换取了一大批文书经卷；1907 年 5 月，匈牙利人斯坦因用一叠银元换取了 24 大箱经卷、5 箱织绢和绘画；1908 年 7 月，法国人伯希和又用少量银元换去了 10 大车、6000 多卷写本和画卷；1911 年 10 月，日本人吉川小一郎和橘瑞超用难以想象的低价换取了 300 多卷写本和两尊唐塑；1914 年，斯坦因第二次又来，仍用一点银元换去 5 大箱、600 多卷经卷……

道士也有过犹豫，怕这样会得罪了神。解除这种犹豫十分简单，那个斯坦因就哄他说，自己十分崇拜唐僧，这次是倒溯着唐僧的脚印，从印度到中国取经来了。好，既然是洋唐僧，那就取走吧，王道士爽快地打开了门。这里不用任何外交辞令，只需要几句现编的童话。一箱子，又一箱子。一大车，又一大车。都装好了，扎紧了，吁——，车队出发了。

没有走向省城，因为老爷早就说过，没有运费。好吧，那就运到伦敦，运到巴黎，运到彼得堡，运到东京。

王道士频频点头，深深鞠躬，还送出一程。他恭敬地称斯坦因为"司大人讳代诺"，称伯希和为"贝大人讳希和"。他的口袋里有了一些沉甸甸的银元，这是平常化缘很难得到的。他依依惜别，感谢司大人、贝大人的"布施"。车队已经驶远，他还站在路口。沙漠上，两道深深的车辙。

斯坦因他们回到国外，受到了热烈的欢迎。他们的学术报告和探险报告，时时激起如雷的掌声。他们在叙述中常常提到古怪的王道士，让外国听众感到，从这么一个蠢人手中抢救出这笔遗产，是多么重要。他们不断暗示，是他们的长途跋涉，使敦煌文献从黑暗走向光明。

他们是富有实干精神的学者，在学术上，我可以佩服他们。但是，他们的论述中遗忘了一些极基本的前提。出来辩驳为时已晚，我心头浮现出一个当代中国青年的几行诗句，那是他写给火烧圆明园的额尔金勋爵的：

我好恨
恨我没早生一个世纪
使我能与你对视着站立在
阴森幽暗的古堡
晨光微露的旷野

要么我拾起你扔下的白手套
要么你接住我甩过去的剑
要么你我各乘一匹战马
远远离开遮天的帅旗
离开如云的战阵
决胜负于城下

对于这批学者，这些诗句或许太硬。但我确实想用这种方式，拦住他们的车队。对视着，站立在沙漠里。他们会说，你们无力研究；那么好，先找一个地方，坐下来，比比学问高低。什么都成，就是不能这么悄悄地运走祖先给我们的遗赠。

我不禁又叹息了，要是车队果真被我拦下来了，然后怎么办呢？我只得送缴当时的京城，运费姑且不计。但当时，洞窟文献不是确也有一批送京的吗？其情景是，没装木箱，只用席子乱捆，沿途官员伸手进去就取走一把，在哪儿歇脚又得留下几捆，结果，到京城已零零落落，不成样子。

偌大的中国，竟存不下几卷经文！比之于被官员大量糟践的情景，我有时甚至想狠心说一句：宁肯存放于伦敦博物馆里！这句话终究说得不太舒心。被我拦住的车队，究竟应该驶向哪里？这里也难，那里也难，我只能让它停驻在沙漠里，然后大哭一场。

我好恨！

四

不止是我在恨。敦煌研究院的专家们，比我恨得还狠。他们不愿意抒发感情，只是铁板着脸，一钻几十年，研究敦煌文献。文献的胶卷可以从外国买来，越是屈辱越是加紧钻研。

我去时，一次敦煌学国际学术讨论会正在莫高窟举行。几天会罢，一位日本学者用沉重的声调作了一个说明："我想纠正一个过去的说法。这几年的成果已经表明，敦煌在中国，敦煌学也在中国！"

中国的专家没有太大的激动，他们默默地离开了会场，走过了王道士的圆寂塔前。

【注释】

[1] 本文选自余秋雨散文集《文化苦旅》（东方出版中心，2002 年第 1 版）。莫高窟是我国最著名的佛教石窟，在甘肃省敦煌市境内东南 25 千米处，开凿在鸣沙山东麓的断崖上，历经 1000 多年的历史，是我国文化艺术的一大宝库。光绪二十六年（1900 年）王圆箓发现藏经洞。1907 年，斯坦因来到莫高窟，王道士思想极为矛盾，极不愿意外国人将这些文物带走，但在无奈的情况下，把大量的经卷卖给斯坦因等人。

【课文简解】

《道士塔》这篇散文通过叙述道士王圆箓在看守着敦煌佛家文化遗产时，发现与"盗卖"大量经卷，揭示满清政府的腐朽和人们对文化的漠视与私心给中华民族最灿烂的文化所造成的悲剧，抒发对偷盗者的痛恨，呼吁人们对历史文化的重视和保护。

单元练习

一、背诵《蜀相》。

二、结合单元文章,概述中国古代知识分子的主要历史观。

三、概述近现代知识分子的历史观。

四、试举例分析文学与历史的渊源和发展关系。

五、中华民族饱经沧桑,以史为鉴,我们要借鉴哪些方面?

六、当代大学生应具备怎样的历史价值观?

第六单元　乡土故园

中国人有着强烈的乡土情结。《列子·天瑞》:“有人去乡土,离六亲,废家业。”人生旅途崎岖修远,起点站是童年。人第一眼看见的世界就是生我育我的乡土。故乡的一切在每个人身上都打上了深深的烙印,每个人对故乡都有一种特别的感情,挥之不去。

社会人文环境、传统社会结构、权力分配、道德体系、法礼、血缘地缘等各方面构成中国基层社会的面貌。

中华民族的多样性融合,地域文化的差异,所以有“十里不同风,百里不同俗”的说法。

故园乡土在小的方面体现的是以中国的农业文明为主导的家庭经济,在大的方面则表现的是故国家园。中华民族在融合过程中,在封建王朝兴败之际,家国的破碎,无时不让国人心痛,也造就了中华民族的故国追思意识。

这和感情是怎样的感情?又是如何形成的?为什么人在离家时这种思乡之情表现得更加强烈?新时期我们对待故乡又该是怎样的情感和态度?

黍离[1]

《诗经》是我国最早的一部诗歌总集,收集了西周初年至春秋中叶(前11世纪—前6世纪)的诗歌,共311篇,其中6篇为笙诗,即只有标题,没有内容,称为“笙诗六篇”。《诗经》反映了周初至周晚期约五百年间的社会面貌。《诗经》的作者绝大部分已经无法考证。《诗经》在先秦时期称为《诗》,经孔子编订,或取其整数称《诗三百》。西汉时被尊为儒家经典,始称《诗经》。诗经在内容上分为风、雅、颂三个部分。

彼黍[2]离离,彼稷[3]之苗。行迈靡靡[4],中心摇摇。知我者,谓我心忧,不知我者,谓我何求。悠悠苍天!此何人哉?

彼黍离离,彼稷之穗。行迈靡靡,中心如醉。知我者,谓我心忧,不知我者,谓我何求。悠悠苍天!此何人哉?

彼黍离离,彼稷之实。行迈靡靡,中心如噎[5]。知我者,谓我心忧,不知我者,谓我何求。悠悠苍天!此何人哉?

【注释】

[1]《毛诗序》说:“《黍离》,闵宗周也。周大夫行役,至于宗周,过故宗庙宫室,尽为禾黍。闵周室之颠覆,彷徨不忍去,而作是诗也。”从此诗序于王风之首,可见其为编诗者之意旨。

[2] 黍(shǔ):北方的一种农作物,形似小米,有黏性。

[3] 稷(jì):古代一种粮食作物,指粟或黍属。

[4] 靡(mǐ)靡:行步迟缓貌。

[5] 噎(yē):堵塞。此处以食物卡在食管比喻忧深气逆难以呼吸。

【课文简解】

《黍离》是东周都城洛邑周边地区的民歌,是一首有感于家国兴亡的诗歌。诗首章写诗人行役至周王朝的宗庙宫室时,看到黍苗离离,曾经的都城荒废很久了,诗人内心悲痛,“中心摇摇”,“稷之苗”“稷之穗”“稷之实”长得那样充实,曾经却是后稷子孙祭祀先祖的地方,这不能不说是一个讽刺。悲歌哀痛,世事沧桑之叹,无处诉说。这是一个行役者对人世变幻的感叹,对家国故园的感叹。

哀郢[1]

屈原

屈原(约前340—前278),名平,字原,又自云名正则,字灵均,战国末期楚国政治家、爱国诗人。屈原出身楚国贵族,学识渊博,早年受楚怀王信任,任左徒、三闾大夫。他提倡"美政",对内举贤任能,修明法度;对外力主联齐抗秦。因遭贵族排挤诽谤,顷襄王时他先后被流放至汉北和沅湘流域。楚国郢都被秦军攻破后,他既无力挽救楚国的危亡,又深感政治理想无法实现,遂投汨罗江以身殉国。

屈原是中国历史上第一位伟大的爱国诗人,中国浪漫主义文学的奠基人,"楚辞"的创立者和代表作家,开辟了"香草美人"的传统,被誉为"辞赋之祖""中华诗祖"。屈原作品的出现,标志着中国诗歌进入了一个由集体歌唱到个人独创的新时代。其主要作品有《离骚》《九歌》《九章》《天问》等。以屈原作品为主体的《楚辞》是中国浪漫主义文学的源头之一,与《诗经》并称"风骚",对后世诗歌产生了深远影响。

皇天之不纯命兮,何百姓之震愆[2]。民离散而相失兮,方仲春而东迁。去故乡而就远兮,遵江夏以流亡。出国门而轸[3]怀兮,甲之朝[4]吾以行。发郢都而去闾兮,怊[5]荒忽其焉极。楫齐扬以容与兮,哀见君而不再得。望长楸而太息兮,涕淫淫其若霰。

过夏首而西浮兮,顾龙门而不见。心婵媛[6]而伤怀兮,眇[7]不知其所蹠[8]。顺风波以从流兮,焉洋洋而为客。凌阳侯之泛滥兮,忽翱翔之焉薄。心絓[9]结而不解兮,思蹇产而不释。将运舟而下浮兮,上洞庭而下江。去终古之所居兮,今逍遥而来东。羌[10]灵魂之欲归兮,何须臾而忘反。背夏浦而西思兮,哀故都之日远。

登大坟以远望兮,聊以舒吾忧心。哀州土之平乐兮,悲江介之遗风。当陵阳之焉至兮,淼南渡之焉如。曾不知夏[11]之为丘兮,孰两东门之可芜。心不怡之长久兮,忧与愁其相接。惟郢路之辽远兮,江与夏之不可涉。忽若去不信兮,至今九年而不复。惨郁郁而不通兮,蹇[12]侘傺[13]而含戚[14]。外承欢之汋[15]约兮,谌[16]荏弱[17]而难持。忠湛湛[18]而愿进兮,妒被离而鄣[19]之。尧舜之抗行兮,瞭杳杳而薄天。众谗人之嫉妒兮,被以不慈之伪名。憎愠惀之[20]修美[21]兮,好夫人之忼慨。众踥蹀[22]而日进兮,美超远而逾迈。

乱曰:曼余目以流观兮,冀壹反之何时。鸟飞反故乡兮,狐死必首丘。信非吾罪而弃逐兮,何日夜而忘之。

【注释】

[1]《哀郢》选自《九章》。所谓"哀郢",即哀悼楚国郢都被秦国攻陷、楚怀王受辱于秦,百姓流离失所之事。楚顷襄王二十一年(前278年),秦将白起攻破郢都,楚国被迫迁都,百

姓流亡。屈原写下了这首哀悼郢都沦亡的诗篇,抒发自己对故都的眷恋之情。

[2] 愆(qiān):过失,罪过。

[3] 轸(zhěn)怀:悲痛地怀念。

[4] 朝:早晨。

[5] 怊(chāo):远的样子。

[6] 婵(chán)媛(yuán):心绪牵引,绵绵不绝。

[7] 眇(miǎo):同"渺",犹辽远。

[8] 跖(zhí):践踏,指落脚之处。

[9] 絓(guà):牵挂。结:郁结。解:解开。

[10] 羌(qiāng):发语词,楚方言,有乃之意。

[11] 夏:同"厦",大屋,这里指楚都之宫殿。

[12] 蹇(jiǎn):结屈纠缠。

[13] 侘(chà)傺(chì):怅然独立,形容失意者的茫无适从。

[14] 戚:忧愁、悲伤。

[15] 汋:通"酌",挹取。

[16] 谌:诚,实在。

[17] 荏弱:软弱。

[18] 湛湛:厚重的样子。

[19] 鄣:同"障",阻碍,遮蔽。

[20] 愠(yùn)惀(lǔn):忠厚诚朴。

[21] 修美:高洁美好。

[22] 踥(qiè)蹀(dié):小步行走貌。

【课文简解】

全诗的第一部分是回忆,诗人点出"仲春"时节,楚人被迫"东迁",流离失所之际,诗人也被迫上船离开古都。诗人借"长楸""陵阳"表达对故土的依恋;离开后,诗人对故土难舍,多次回头观望。第二部分诗人分析国破家亡的原因,评判小人"外承欢之汋约兮",逢迎奉承,诬陷正直之士;批判顷襄王"憎愠惀之修美兮,好夫人之忼慨",抒发自己信而被疑,忠而被贬的悲愤之情。诗歌最后抒发对回归故国的期盼。

与陈伯之书[1]

丘 迟

丘迟(464—508),字希范,南朝文学家,吴兴乌程(今属浙江省湖州市)人。丘迟初仕南齐,官至殿中郎、车骑录事参军,后投入萧衍幕中,为其所重。天监四年(505年)他随萧宏北伐,以一封《与陈伯之书》成功招降投奔北魏的原南齐将领陈伯之。其代表作即为《与陈伯之书》。

迟顿首。陈将军足下:无恙,幸甚,幸甚!

将军勇冠三军,才为世出,弃燕雀之小志,慕鸿鹄以高翔!昔因机变化,遭遇明主,立功立事,开国称孤。朱轮华毂[2],拥旄[3]万里,何其壮也!如何一旦为奔亡之虏,闻鸣镝[4]而股战[5],对穹庐以屈膝,又何劣邪!

寻君去就之际,非有他故,直以不能内审诸己,外受流言,沈迷猖蹶,以至于此。圣朝赦罪责功,弃瑕录用,推赤心于天下,安反侧于万物。将军之所知,不假仆一二谈也。朱鲔[6]涉血于友于,张绣剚[7]刃于爱子,汉主不以为疑,魏君待之若旧。况将军无昔人之罪,而勋重于当世!夫迷途知返,往哲是与,不远而复,先典攸高。主上屈法申恩,吞舟是漏;将军松柏不剪,亲戚安居,高台未倾,爱妾尚在;悠悠尔心,亦何可言!

今功臣名将,雁行有序,佩紫怀黄,赞帷幄之谋,乘轺[8]建节[9],奉疆埸[10]之任,并刑马[11]作誓,传之子孙。将军独靦颜[12]借命,驱驰毡裘之长,宁不哀哉!夫以慕容超[13]之强,身送东市;姚泓[14]之盛,面缚西都。故知霜露所均,不育异类;姬汉旧邦,无取杂种。北虏僭盗中原,多历年所,恶积祸盈,理至燋烂[15]。况伪孽[16]昏狡,自相夷戮,部落携离[17],酋豪猜贰。方当系颈蛮邸,悬首藁街[18],而将军鱼游于沸鼎之中,燕巢于飞幕之上,不亦惑乎?

暮春三月,江南草长,杂花生树,群莺乱飞。见故国之旗鼓,感平生于畴日,抚弦登陴[19],岂不怆悢[20]!所以廉公之思赵将[21],吴子[22]之泣西河,人之情也,将军独无情哉?

想早励良规,自求多福。当今皇帝盛明,天下安乐。白环西献,楛矢[23]东来;夜郎滇池,解辫请职;朝鲜昌海,蹶角受化。唯北狄野心,掘强沙塞之间,欲延岁月之命耳!中军临川殿下,明德茂亲,总兹戎重,吊民洛汭[24],伐罪秦中[25],若遂不改,方思仆言。聊布往怀,君其详之。

丘迟顿首。

【注释】

[1] 邱迟和陈伯之本来都是齐朝大臣。梁代替齐后,梁武帝天监元年(502年),陈伯之起兵反梁,兵败后投降北魏。天监四年(505年),梁武帝命临川王萧宏领兵北伐,陈伯之屯兵寿阳与梁军对抗,萧宏命记室丘迟以个人名义写信劝降陈伯之。

[2] 毂(gǔ):原指车轮中心的圆木,此处指代车舆。

[3] 拥旄:古代高级武将持节统治一方之谓。旄(máo):用牦牛尾装饰的旗子,此指旄节。

[4] 鸣镝(dí):响箭。

[5] 股战:大腿颤抖。

[6] 朱鲔(wěi):王莽末年绿林军将领,曾劝说刘玄杀死了光武帝的哥哥刘伯升。

[7] 剚(zì):刃,用刀刺入人体。

[8] 轺(yáo):用两匹马拉的轻车,此指使节乘坐之车。

[9] 建节:将皇帝赐予的符节插立车上。

[10] 疆埸(yì):边境。

[11] 刑马:杀马。古代诸侯杀白马饮血以会盟。

[12] 腼(miǎn)颜:厚着脸。

[13] 慕容超:南燕君主。晋末宋初曾骚扰淮北,刘裕北伐将他擒获,解至建康(今南京)斩首。

[14] 姚泓:后秦君主。刘裕北伐破长安,姚泓出降。

[15] 燋烂:溃败灭亡。燋:通"焦"。

[16] 伪孽:指当时北魏的统治者宣武帝。

[17] 携离:四分五裂。

[18] 藁(gǎo)街:汉代长安街名。

[19] 陴(pí):城上女墙。

[20] 怆(chuàng)悢(liàng):悲伤。

[21] 思赵将:指廉颇身在魏国,想再次为赵将。廉颇是赵国名将,后被弃用,廉颇投奔魏国,秦国进攻赵国,赵王想起用廉颇,廉颇也想为赵国效力。

[22] 吴子:吴起。吴起为魏守西河,魏武侯听信谗言将吴起召回。吴起知道自己去后,西河就会被秦占领,魏国将被削弱,故临行时望西河而泣下。

[23] 楛(hù)矢:用楛木做的箭。

[24] 洛汭:洛水汇入黄河的洛阳、巩义一带。汭(ruì):水流隈曲处。

[25] 秦中:指北魏,今陕西中部地区。

【课文简解】

《与陈伯之书》是一封劝降书信。文章开篇对陈伯之进行赞扬,"将军勇冠三军,才为世出",但却"弃燕雀之小志,慕鸿鹄以高翔"。"昔因机变化,遭遇明主,立功立事,开国称孤。朱轮华毂,拥旄万里,何其壮也。"对陈伯之背叛梁而惋惜。

作者推心置腹诉说陈伯之是误入迷途,但梁王朝对其仍旧宽怀为大,法外开恩。作者对陈伯之晓之以理,不要像慕容超、姚泓那样执迷不悟,顽抗到底,终被灭亡。北方的蛮夷异族蛮横无信,不值得依托。再以乡情感化陈伯之。最后,阐明梁王朝的昌盛,各国臣服,劝陈伯之归降。

虞美人[1]

李　煜

李煜(937—978),南唐中主李璟第六子,初名从嘉,字重光,号钟隐、莲峰居士,南唐最后一位国君,世称南唐后主、李后主。

李煜精书法、工绘画、通音律,诗文均有一定造诣,尤以词的成就最高,其亡国后词作更是题材广阔,含意深沉,在晚唐五代词中别树一帜,对后世词坛影响深远。

春花秋月何时了,往事知多少？小楼昨夜又东风,故国不堪回首月明中！
雕栏玉砌应犹在,只是朱颜改。问君能有几多愁？恰似一江春水向东流。

【注释】

[1]975年,李煜降宋,被囚禁。978年,徐铉奉宋太宗之命探视李煜,李煜对徐铉叹曰:"当初我错杀潘佑、李平,悔之不已!"不久,李煜被宋太宗毒死。

【课文简解】

这首词和《浪淘沙·帘外雨潺潺》是李煜在被毒死前夕所作的词,堪称绝命词。词人开篇感叹时光流逝,四季往复更迭,在自然的永恒和轮回中慨叹,过往之事还有多少在记忆中,而今又是春花月夜,想起昔日故国的美好。却是物是人非,哀愁又上心头。这首词是一曲生命的哀歌,抒发词人在亡国后,失去一切、生命落空的悲哀。

北　方[1]

艾　青

艾青（1910—1996），现代诗人，本名蒋海澄，字养源，笔名莪伽、克阿、林壁等，浙江金华人。新中国成立后，曾担任《人民文学》副主编、全国文联委员等职，1985年，获法国文学艺术最高勋章。艾青的成名作为《大堰河——我的保姆》，著有《大堰河》《北方》《向太阳》《黎明的通知》《湛江，夹竹桃》等诗集。

一天
那个科尔沁草原上的诗人
对我说：
“北方是悲哀的。”
不错
北方是悲哀的。
从塞外吹来的
沙漠风，
已卷去北方的生命的绿色
与时日的光辉
——一片暗淡的灰黄
蒙上一层揭不开的沙雾；
那天边疾奔而至的呼啸
带来了恐怖
疯狂地
扫荡过大地；
荒漠的原野
冻结在十二月的寒风里，
村庄呀，山坡呀，河岸呀，
颓垣与荒冢呀
都披上了土色的忧郁……
孤单的行人，
上身俯前
用手遮住了脸颊，
在风沙里

困苦地呼吸
一步一步地
挣扎着前进……
几只驴子
——那有悲哀的眼
和疲乏的耳朵的畜生,
载负了土地的
痛苦的重压,
它们厌倦的脚步
徐缓地踏过
北国的
修长而又寂寞的道路……
那些小河早已枯干了
河底也已画满了车辙,
北方的土地和人民
在渴求着
那滋润生命的流泉啊!
枯死的林木
与低矮的住房
稀疏地,阴郁地
散布在灰暗的天幕下;
天上,
看不见太阳,
只有那结成大队的雁群
惶乱的雁群
击着黑色的翅膀
叫出它们的不安与悲苦,
从这荒凉的地域逃亡
逃亡到
绿荫蔽天的南方去了……

北方是悲哀的
而万里的黄河
汹涌着混浊的波涛
给广大的北方
倾泻着灾难与不幸;

而年代的风霜
刻画着
广大的北方的
贫穷与饥饿啊。

而我
——这来自南方的旅客，
却爱这悲哀的北国啊。
扑面的风沙
与入骨的冷气
决不曾使我咒诅；
我爱这悲哀的国土，
一片无垠的荒漠
也引起了我的崇敬
——我看见
我们的祖先
带领了羊群
吹着笳笛
沉浸在这大漠的黄昏里；
我们踏着的
古老的松软的黄土层里
埋有我们祖先的骸骨啊，
——这土地是他们所开垦
几千年了
他们曾在这里
和带给他们以打击的自然相搏斗，
他们为保卫土地
从不曾屈辱过一次，
他们死了
把土地遗留给我们——
我爱这悲哀的国土，
它的广大而瘦瘠的土地
带给我们以淳朴的言语
与宽阔的姿态，
我相信这言语与姿态
坚强地生活在土地上

永远不会灭亡；
我爱这悲哀的国土，
古老的国土
——这国土
养育了为我所爱的
世界上最艰苦
与最古老的种族。

一九三八年二月四日　潼关

【注释】

[1]《北方》是艾青于1938年2月创作的一首新诗。当时，正值抗日战争爆发，战火迅雷般逼近了黄河，艾青正和萧红、萧军、聂绀弩、端木蕻良、张仃等一批文化界朋友，应聘赴山西民族革命大学执教，旅经陕西潼关。诗人目睹战争阴云笼罩下北国大地一派荒凉、阴郁和纷乱的景色，心灵受到极大震动，一位朋友感叹“北方是悲哀的”，更触发了他的思绪，因而诗人路过潼关之时写下这首《北方》，同年四月发表在《七月》杂志的卷首。

【课文简解】

诗人开篇借他人之口悲叹北方，“北方是悲哀的。”围绕“悲哀”，作者抒写了灾难深重的北国。北方的自然环境悲哀，北方的人民生活悲哀，北方的黄河也给予北方这片土地无尽的灾难和不幸。诗人笔锋一转。开始讴歌这片悲哀土地上的人们，礼赞悲哀土地上的人们，他们过去与自然抗争，与外敌抗争，造就了强大生命力。最后，抒发对北方土地上人民的爱。

听听那冷雨[1]

余光中

余光中(1928—2017),现代诗人、散文家,祖籍福建永春。余光中在1949年随父母迁中国香港,次年赴中国台湾,就读于台湾大学外文系。余光中一生从事诗歌散文的创作、评论、翻译等工作,被誉为“艺术上的多妻主义者”,著有诗集《舟子的悲歌》《蓝色的羽毛》《钟乳石》《万圣节》《白玉苦瓜》等。

惊蛰一过,春寒加剧。先是料料峭峭,继而雨季开始,时而淋淋漓漓,时而淅淅沥沥,天潮潮地湿湿,即连在梦里,也似乎有把伞撑着。而就凭一把伞,躲过一阵潇潇的冷雨,也躲不过整个雨季。连思想也都是潮润润的。每天回家,曲折穿过金门街到厦门街迷宫式的长巷短巷,雨里风里,走入霏霏令人更想入非非。想这样子的台北凄凄切切完全是黑白片的味道,想整个中国整部中国的历史无非是一张黑白片子,片头到片尾,一直是这样下着雨的。这种感觉,不知道是不是从安东尼奥尼那里来的。不过那一块土地是久违了,二十五年,四分之一的世纪,即使是雨,也隔着千山万山,千伞万伞。二十五年,一切都断了,只有气候,只有气象报告还牵连在一起。大寒流从那块土地上弥天卷来,这种酷冷吾与古大陆分担。不能扑进她怀里,被她的裙边扫一扫也算是安慰孺慕之情。

这样想时,严寒里竟有一点温暖的感觉了。这样想时,他希望这些狭长的巷子永远延伸下去,他的思路也可以延伸下去,不是金门街到厦门街,而是金门到厦门。他是厦门人,至少是广义的厦门人,二十年来,不住在厦门,住在厦门街,算是嘲弄吧,也算是安慰。不过说到广义,他同样也是广义的江南人,常州人,南京人,川娃儿,五陵少年。杏花春雨江南,那是他的少年时代了。再过半个月就是清明。安东尼奥尼的镜头摇过去,摇过去又摇过来。残山剩水犹如是。皇天后土犹如是。纭纭黔首纷纷黎民从北到南犹如是。那里面是中国吗?那里面当然还是中国,永远是中国。只是杏花春雨已不再,牧童遥指已不再,剑门细雨、渭城轻尘也都已不再。然则他日思夜梦的那片土地,究竟在哪里呢?

在报纸的头条标题里吗?还是香港的谣言里?还是傅聪的黑键白键马思聪的跳弓拨弦?还是安东尼奥尼的镜底勒马洲的望中?还是呢,故宫博物院的壁头和玻璃柜内,京戏的锣鼓声中太白和东坡的韵里?

杏花。春雨。江南。六个方块字,或许那片土就在那里面。而无论赤县也好,神州也好,中国也好,变来变去,只要仓颉的灵感不灭,美丽的中文不老,那形象,那磁石一般的向心力当必然长在。因为一个方块字是一个天地。太初有字,于是汉族的心灵他祖先的回忆和希望便有了寄托。譬如凭空写一个“雨”字,点点滴滴,滂滂沱沱,淅淅沥沥,一切云情雨意,就宛然其中了。视觉上的这种美感,岂是什么rain也好pluie也好所能满足?翻开一部《辞源》或《辞海》，金木水火土，各成世界，而一入“雨”部，古神州的天颜千变万化，便悉在望中，美丽的霜雪云霞，骇人的雷电霹雹，展露的无非是神的好脾气与坏脾气，气象台百读不厌门外汉百思不解的百科全书。

听听，那冷雨。看看，那冷雨。嗅嗅闻闻，那冷雨，舔舔吧，那冷雨。雨在他的伞上、这城市百万人的伞上、雨衣上、屋上、天线上，雨下在基隆港在防波堤在海峡的船上，清明这季雨。雨是女性，应该最富于感性。雨气空蒙而迷幻，细细嗅嗅，清清爽爽新新，有一点点薄荷的香味，浓的时候，竟发出草和树林沐发后特有的淡淡土腥气，也许那竟是蚯蚓和蜗牛的腥气吧，毕竟是惊蛰了啊。也许地上的地下的生命也许古中国层层叠叠的记忆皆蠢蠢而蠕，也许是植物的潜意识和梦吧，那腥气。

第三次去美国，在高高的丹佛他山居了两年。美国的西部，多山多沙漠，千里干旱，天，蓝似安格罗·萨克逊人的眼睛；地，红如印第安人的肌肤；云，却是罕见的白鸟。落基山簇簇耀目的雪峰上，很少飘云牵雾。一来高，二来干，三来森林线以上，杉柏也止步，中国诗词里“荡胸生层云”，或是“商略黄昏雨”的意趣，是落基山上难睹的景象。落基山岭之胜，在石，在雪。那些奇岩怪石，相叠互倚，砌一场惊心动魄的雕塑展览，给太阳和千里的风看。那雪，白得虚虚幻幻，冷得清清醒醒，那股皑皑不绝一仰难尽的气势，压得人呼吸困难，心寒眸酸。不过要领略“白云回望合，青霭入看无”的境界，仍须回来中国。台湾湿度很高，最饶云气氤氲雨意迷离的情调。两度夜宿溪头，树香沁鼻，宵寒袭肘，枕着润碧湿翠苍苍交叠的山影和万籁都歇的岑寂，仙人一样睡去。山中一夜饱雨，次晨醒来，在旭日未升的原始幽静中，冲着隔夜的寒气，踏着满地的断柯折枝和仍在流泻的细股雨水，一径探入森林的秘密，曲曲弯弯，步上山去。溪头的山，树密雾浓，蓊郁的水汽从谷底冉冉升起，时稠时稀，蒸腾多姿，幻化无定，只能从雾破云开的空处，窥见乍现即隐的一峰半壑，要纵览全貌，几乎是不可能的。至少上山两次，只能在白茫茫里和溪头诸峰玩捉迷藏的游戏，回到台北，世人问起，除了笑而不答心自闲，故作神秘之外，实际的印象，也无非山在虚无之间罢了。云缭烟绕，山隐水迢的中国风景，由来予人宋画的韵味。那天下也许是赵家的天下，那山水却是米家的山水。而究竟，是米氏父子下笔像中国的山水，还是中国的山水上纸像宋画。恐怕是谁也说不清楚了吧？

雨不但可嗅，可观，更可以听。听听那冷雨。听雨，只要不是石破天惊的台风暴雨，在听觉上总有一种美感。大陆上的秋天，无论是疏雨滴梧桐，或是骤雨打荷叶，听去总有一点凄凉，凄清，凄楚，于今在岛上回味，则在凄楚之外，更笼上一层凄迷了。饶你多少豪情侠气，怕也经不起三番五次的风吹雨打。一打少年听雨，红烛昏沉。二打中年听雨，客舟中，江阔云低。三打白头听雨在僧庐下，这便是亡宋之痛，一颗敏感心灵的一生：楼上，江上，庙里，用冷冷的雨珠子串成。十年前，他曾在一场摧心折骨的鬼雨中迷失了自己。雨，该是一滴湿漓漓的灵魂，窗外在喊谁。

雨打在树上和瓦上，韵律都清脆可听。尤其是铿铿敲在屋瓦上，那古老的音乐，属于中国，王禹偁在黄冈，破如椽的大竹为屋瓦。据说住在竹楼上面，急雨声如瀑布，密雪声比碎玉，而无论鼓琴，咏诗，下棋，投壶，共鸣的效果都特别好。这样岂不像住在竹筒里面，任何细脆的声响，怕都会加倍夸大，反而令人耳朵过敏吧。

雨天的屋瓦，浮漾湿湿的流光，灰而温柔，迎光则微明，背光则幽暗，对于视觉，是一种低沉的安慰。至于雨敲在鳞鳞千瓣的瓦上，由远而近，轻轻重重轻轻，夹着一股股的细流沿瓦槽与屋檐潺潺泻下，各种敲击音与滑音密织成网，谁的千指百指在按摩耳轮。"下雨了"，温柔的灰美人来了，她冰冰的纤手在屋顶拂弄着无数的黑键啊灰键，把晌午一下子奏成了黄昏。

在古老的大陆上，千屋万户是如此。二十多年前，初来这岛上，日式的瓦屋亦是如此。先是天暗了下来，城市像罩在一块巨幅的毛玻璃里，阴影在户内延长复加深。然后凉凉的水意弥漫在空间，风自每一个角落里旋起，感觉得到，每一个屋顶上呼吸沉重都覆着灰云。雨来了，最轻的敲打乐敲打这城市，苍茫的屋顶，远远近近，一张张敲过去，古老的琴，那细细密密的节奏，单调里自有一种柔婉与亲切，滴滴点点滴滴，似幻似真，若孩时在摇篮里，一曲耳熟的童谣摇摇欲睡，母亲吟哦鼻音与喉音。或是在江南的泽国水乡，一大筐绿油油的桑叶被啮于千百头蚕，细细琐琐屑屑，口器与口器咀咀嚼嚼。雨来了，雨来的时候瓦这么说，一片瓦说，千亿片瓦说，说轻轻地奏吧，沉沉地弹，徐徐地叩吧，挞挞地打，间间歇歇敲一个雨季，即兴演奏从惊蛰到清明，在零落的坟上冷冷奏挽歌，一片瓦吟，千亿片瓦吟。

在日式的古屋里听雨，听四月，霏霏不绝的黄梅雨，朝夕不断，旬月绵延，湿黏黏的苔藓从石阶下一直侵到舌底，心底。到七月，听台风台雨在古屋顶上一夜盲奏，千海底的热浪沸沸被狂风挟来，掀翻整个太平洋只为向他的矮屋檐重重压下，整个海在他的蜗壳上哗哗泻过。不然便是雷雨夜，白烟一般的纱帐里听羯鼓一通又一通，滔天的暴雨滂滂沛沛扑来，强劲的电琵琶忐忐忑忑忐忐忑忑，弹动屋瓦的惊悸腾腾欲掀起。不然便是斜斜的西北雨斜斜刷在窗玻璃上，鞭在墙上打在阔大的芭蕉叶上，一阵寒潮泻过，秋意便弥湿日式的庭院了。

在日式的古屋里听雨，春雨绵绵听到秋雨潇潇，从少年听到中年，听听那冷雨。雨是一种单调而耐听的音乐是室内乐是室外乐，户内听听，户外听听，冷冷，那音乐。雨是一种回忆的音乐，听听那冷雨，回忆江南的雨下得满地是江湖下在桥上和船上，也下在四川在秧田和蛙塘，下肥了嘉陵江下湿布谷咕咕的啼声。雨是潮潮润润的音乐，下在渴望的唇上，舔舔那冷雨。

因为雨是最最原始的敲打乐从记忆的彼端敲起。瓦是最最低沉的乐器灰蒙蒙的温柔覆盖着听雨的人，瓦是音乐的雨伞撑起。但不久公寓的时代来临，台北你怎么一下子长高了，瓦的音乐竟成了绝响。千片万片的瓦翩翩。美丽的灰蝴蝶纷纷飞起，飞入历史的记忆。现在雨下下来下在水泥的屋顶和墙上，没有音韵的雨季。树也砍光了，那月桂，那枫树，柳树和擎天的巨椰，雨来的时候不再有丛叶嘈嘈切切，闪动湿湿的绿光迎接。鸟声减了啾啾，蛙声沉了咯咯。秋天的虫吟也减了唧唧。七十年代的台北不需要这些，一个乐队接一个乐队便遣散尽了。要听鸡叫，只有去诗经的韵里寻找。现在只剩下一张黑白片，黑白的默片。

正如马车的时代去后，三轮车的时代也去了。曾经在雨夜，三轮车的油布篷挂起，送她回家的途中，篷里的世界小得多可爱，而且躲在警察的辖区以外。雨衣的口袋越大越好，盛得下他的一只手里握一只纤纤的手。台湾的雨季这么长，该有人发明一种宽宽的双人雨衣，一人分穿一只袖子，此外的部分就不必分得太苛。而无论工业如何发达，一时似乎还废不了雨伞。只要雨不倾盆，风不横吹，撑一把伞在雨中仍不失古典的韵味。任雨点敲在黑布伞或是透明的塑胶伞上，将骨柄一旋，雨珠向四方喷溅，伞缘便旋成了一圈飞檐。跟女友共一把雨伞，该是一种美丽的合作吧。最好是初恋，有点兴奋，更有点不好意思，若即若离之间，雨不妨下大一点。真正初恋，恐怕是兴奋得不需要伞的，手牵手在雨中狂奔而去，把年轻的长发和肌肤交给漫天的淋淋漓漓，然后向对方的唇上颊上尝凉凉甜甜的雨水。不过那要非常年轻且激情，同时，也只能发生在法国的新潮片里吧。

大多数的雨伞想不会为约会张开。上班下班，上学放学，菜市来回的途中，现实的伞，灰色的星期三。握着雨伞，他听那冷雨打在伞上。索性更冷一些就好了，他想。索性把湿湿的灰雨冻成干干爽爽的白雨，六角形的结晶体在无风的空中回回旋旋地降下来，等须眉和肩头白尽时，伸手一拂就落了。二十五年，没有受故乡白雨的祝福，或许发上下一点白霜是一种变相的自我补偿吧。一位英雄，经得起多少次雨季？他的额头是水成岩削成还是火成岩？他的心底究竟有多厚的苔藓？厦门街的雨巷走了二十年与记忆等长，一座无瓦的公寓在巷底等他，一盏灯在楼上的雨窗子里，等他回去，向晚餐后的沉思冥想去整理青苔深深的记忆。

前尘隔海。古屋不再。听听那冷雨。

【注释】

[1] 课文《听听那冷雨》是余光中先生1974年在香港中文大学任教时创作的一篇散文。

【课文简解】

作者从现实中的雨展开抒写，自己深处台湾，而雨从大陆来，由此展开中华民族“雨”的文化的一系列联想，由雨转而写中华民族文化中特有的“听雨”文化，从历史中抒写，两岸文化的同根同源，现实中却被分隔。最后写离开大陆已经25年了，来到台湾听雨，也只是在日式的古屋里听，从“春雨绵绵听到秋雨潇潇”，“从少年听到中年”，抒发了作者浓浓的去国怀乡之感，强烈的思乡之情。

乡土情结[1]

柯　灵

柯灵(1909—2000),原名高季琳,笔名朱梵、宋约,浙江省绍兴市斗门镇人,中国电影理论家、剧作家、评论家。

君自故乡来,应知故乡事。来日绮窗前,寒梅着花未?——王维

每个人的心里,都有一方魂牵梦萦的土地。得意时想到它,失意时想到它。逢年逢节,触景生情,随时随地想到它。海天茫茫,风尘碌碌,酒阑灯灺人散后,良辰美景奈何天,洛阳秋风,巴山夜雨,都会情不自禁地惦念它。离得远了久了,使人愁肠百结:“客舍并州数十霜,归心日夜忆咸阳,无端又渡桑乾水,却望并州是故乡。”好不容易能回家了,偏又忐忑不安:“岭外音书断,经冬复历春。近乡情更怯,不敢问来人。”异乡人这三个字,听起来音色苍凉;“他乡遇故知”,则是人生一快。一个怯生生的船家女,偶尔在江上听到乡音,就不觉喜上眉梢,顾不得娇羞,和隔船的陌生男子搭讪:“君家居何处?妾住在横塘。停船暂借问,或恐是同乡。”辽阔的空间,悠邈的时间,都不会使这种感情褪色:这就是乡土情结。

人生旅途崎岖修远,起点站是童年。人第一眼看见的世界——几乎是世界的全部,就是生我育我的乡土。他开始感觉饥饱寒暖,发为悲啼笑乐。他从母亲的怀抱,父亲的眼神,亲族的逗弄中开始体会爱。但懂得爱的另一面——憎和恨,却须在稍稍接触人事以后。乡土的一山一水,一虫一鸟,一草一木,一星一月,一寒一暑,一时一俗,一丝一缕,一饮一啜,都溶化为童年生活的血肉,不可分割。而且可能祖祖辈辈都植根在这片土地上,有一部悲欢离合的家史。在听祖母讲故事的同时,就种在小小的心坎里。邻里乡亲,早晚在街头巷尾、桥上井边、田塍篱角相见,音容笑貌,闭眼塞耳也彼此了然,横竖呼吸着同一的空气,濡染着同一的风习,千丝万缕沾着边。一个人为自己的一生定音定调定向定位,要经过千磨百折的摸索,前途充满未知数,但童年的烙印,却像春蚕作茧,紧紧地包着自己,又像文身的花纹,一辈子附在身上。

“金窝银窝,不如家里的草窝。”但人是不安分的动物,多少人仗着年少气盛,横一横心,咬一咬牙,扬一扬手,向恋恋不舍的家乡告别,万里投荒,去寻找理想,追求荣誉,开创事业,富有浪漫气息。有的只是一首朦胧诗——为了闯世界。多数却完全是沉重的现实主义格调:许多稚弱的童男童女,为了维持最低限度的生存要求,被父母含着眼泪打发出门,去串演各种悲剧。人一离开乡土,就成了失根的兰花,逐浪的浮萍,飞舞的秋蓬,因风四散的蒲公英,但乡土的梦,却永远追随着他们。“慈母手中线,游子身上衣”,这根线的长度,足够绕地球三匝,随卫星上天。

浪荡乾坤的结果,多数是少年子弟江湖老,黄金、美人、虚名、实惠,都成了竹篮打水一场

空。有的侘傺无聊,铩羽而归。有的春花秋月,流连光景,“未老莫还乡,还乡须断肠。”有的倦于奔竞,跳出名利场,远离是非地,“只应守寂寞,还掩故园扉。”有的素性恬淡,误触尘网,不愿为五斗米折腰,归去来兮,种菊东篱,怡然自得。——但要达到这境界,至少得有几亩薄田,三间茅舍作退步,否则就只好寄人篱下,终老他乡。只有少数中的少数、个别中的个别,在亿万分之一的机会里冒险成功,春风得意,衣锦还乡——“富贵不归故乡,如衣绣夜行,谁知之者!”这句名言的创作者是楚霸王项羽,但他自己功败垂成,并没有做到。他带着江东八千子弟出来造反,结果无一生还,自觉无颜再见江东父老,毅然在乌江慷慨自刎。项羽不愧为盖世英雄,论力量对比,他比他的对手刘邦强得多,但在政治策略上棋输一着:他自恃无敌,所过大肆杀戮,乘胜火烧咸阳;而刘邦虽然酒色财货无所不好,入关以后,却和百姓约法三章,秋毫无犯,终于天下归心,奠定了汉室江山,当了皇上。回到家乡,大摆筵席,宴请故人父老兄弟,狂歌酣舞,足足闹了十几天。“大风起兮云飞扬,威加海内兮归故乡,安得猛士兮守四方!”这就是刘邦当时的得意之作,载在诗史,流传至今。

灾难使成批的人流离失所,尤其是战争,不但造成田园寥落,骨肉分离,还不免导致道德崩坏,人性扭曲。刘邦同项羽交战败北,狼狈逃窜,为了顾自己轻车脱险,三次把未成年的亲生子女狠心从车上推下来。项羽抓了刘邦的父亲当人质,威胁要烹了他,刘邦却说:咱哥儿们,我爹就是你爹,你要是烹了他,别忘记“分我杯羹”。为了争天下,竟可以丧心病狂到这种地步!当然,战争有正义与非正义之分,“国家兴亡,匹夫有责”;“匈奴未灭,何以家为”;“四方丈夫事,平心铁石心”;“男儿何不带吴钩,收取关山五十州”,都是千古美谈。但正义战争的终极目的,正在于以战止战,缔造和平,而不是以战养战、以暴易暴。

比灾难、战争更使人难以忘怀的,是放逐:有家难归,有国难奔。屈原、贾谊、张俭、韩愈、柳宗元、苏东坡,直至康有为、梁启超,真可以说无代无之。也许还该特别提一提林则徐,这位揭开中国近代史开宗明义第一章的伟大爱国前贤,为了严禁鸦片,结果获罪革职,遣戍伊犁。他在赴戍登程的悲凉时刻,口占一诗,告别家人:“苟利国家生死以,岂因祸福避趋之。谪居正是君恩厚,养拙刚于戍卒宜。”百年后重读此诗,还令人寸心如割,百脉沸涌,两眼发酸,低徊不已。

安土重迁是中华民族的传统,我们祖先有个根深蒂固的观念,以为一切有生之伦,都有返本归元的倾向:鸟恋旧林,鱼思故渊,胡马依北风,狐死必首丘,树高千丈,落叶归根。有一种聊以慰情的迷信,还以为人在百年之后,阴间有个望乡台,好让死者的幽灵在月明之夜,登台望一望阳世的亲人。但这种缠绵的情致,并不能改变冷酷的现实,百余年来,许多人依然不得不离乡别井,乃至漂洋过海,谋生异域。有清一代,出国的华工不下一千万,足迹遍于世界,新兴资本主义国家的金矿、铁路、种植园里,渗透了他们的血汗。美国南北战争以后,黑奴解放了,我们这些黄皮肤的同胞,恰恰以刻苦、耐劳、廉价的特质,成了奴隶劳动的后续部队,他们当然做梦也没有想到什么叫人权。为了改变祖国的命运,孙中山领导的革命运动发轫于美国檀香山;第一代中国共产党人,很多曾在法国勤工俭学。改革开放后掀起的出国潮,汹涌澎湃,方兴未艾。还有一种颇似难料而其实易解的矛盾现象:鸦片战争期间被清王朝割弃的香港,经过一百五十年的沧桑世变,终于回到了祖国的怀抱,这是何等的盛事!而不少生于斯、食于斯、惨淡经营于斯的香港人，却看作“头上一片云”，宁愿抛弃家业，纷纷作移民计。这一代又一代炎黄子孙浮海远游的潮流，各有其截然不同的背景、色彩和内涵，不可一概而论，却都是时代浮沉的倒影，历史浩荡前进中飞溅的浪花。民族向心力的凝聚，并不取决于地理距离的远近。我们第一代的华侨，含辛茹苦，寄籍外洋，生儿育女，却世代翘首神州，不忘桑梓之情，当祖国需要的时候，他们都作了慷慨的奉献。香港蕞尔一岛，从普通居民到各业之王、绅士爵士、翰苑名流，对大陆踊跃输将，表示休戚相关、风雨同舟的情谊，是近在眼前的动人事例。“美不美，故乡水，亲不亲，故乡人”，此中情味，离故土越远，就体会越深。

科学进步使天涯比邻，东西文化的融会交流使心灵相通，地球会变得越来越小。但乡土之恋不会因此消失。株守乡井，到老没见过轮船火车，或者魂丧域外，漂泊无归的现象，早该化为陈迹。我们应该有鹏举鸿飞的豪情，鱼游濠水的自在，同时拥有温暖安稳的家园，还有足以自豪的祖国，屹立于现代世界文明之林。

1991 年 12 月 23 日

【注释】

[1] 本文选自《香港文学》，是柯灵为纪念《香港文学》创刊七周年而作的散文。

【课文简解】

这篇文章以王维诗歌开篇点题，引述大量古人诗句，阐述乡土情思是中华民族特有的一种情怀。作者分析乡土情结产生的几个因素。少年远游，主动离乡；战争使人们被迫远离故土；仕宦贬迁；安土重迁等。最后作者阐述中华民族安土重迁、叶落归根的文化情怀，进而点题香港就像远离家乡的游子回归故土。

故乡在远方[1]

张抗抗

张抗抗，1950年出生于浙江省杭州市，当代作家。代表作有长篇小说《隐形伴侣》《赤彤丹朱》《情爱画廊》《作女》等。

我总觉得自己是一个流浪者。

几十年来，我漂泊不定、浪迹天涯。我走过田野、穿过城市，我到过许多许多地方。

我从哪里来？哪儿是我的故园我的家乡？

我不知道。

十九岁那年我离开了杭州城。水光潋滟、山色空濛的西子湖畔是我的出生地。离杭州一百里水路的江南小镇洛舍是我的外婆家。

然而，我只是杭州的一个过客，我的祖籍在广东新会。我长到三十岁时，才同我的父母一起回过广东老家。老家有翡翠般的小河、密密的甘蔗林和神秘幽静的榕树岛，夕阳西下时，我看见大翅长脖的白鹳灰鹳急急盘旋回巢，巨大的榕树林上空遮天蔽日，鸟声盈盈。那就是闻名于世的小鸟天堂。新会县世为葵乡，小河碧绿的水波上，一串串细长的小船满载清香弥漫的葵叶，沉甸甸贴水而行，悠悠远去……

但老家于我，却已无故园的感觉。没有一个人认识我，我也并不真正认识一个人。我甚至说不出一句完整地道的家乡方言。我和我早年离家的父亲，犹如被放逐的弃儿，在陌生的乡音里，茫然寻找辨别着这块土地残留给自己的根性。

梦中常常出现的是江南的荷池莲塘，春天嫩绿的桑树地里透紫酸甜的桑椹儿，秋天金黄璀璨的柚子，冬天过年时挂满厅堂的酱肉粽子、鱼干，还有一锅喷香喷香的煮芋艿……

暑假寒假，坐小火轮去洛舍镇外婆家。镇东头有一座大石桥，夏天时许多光屁股的孩子从桥墩上往河里跳水，那小河连着烟波浩淼的洛舍洋，我曾经在桥下淘米，竹编的淘箩湿淋淋从水里拎起，珍珠般的白米上扑扑蹦跳着一条小鱼儿……

而外婆早已过世了。外婆走时就带走了故乡。其实外婆外公也不是地道的浙江人氏。听说外婆的祖上是江苏丹阳人，不知何年移来德清洛舍；又听说洛舍其名是早年此地曾有一支移民来自洛阳，洛阳人之舍，谓之洛舍。由此看来，外婆外公的祖籍也难以考证，我魂牵梦系的江南小镇，又何为我的故乡？

所以对于我从小出生长大的杭州城，便有了一种隐隐的隔膜和猜疑。自然，我喜欢西湖的柔和淡泊，喜欢植物园的绿草地和春天时香得醉人的含笑花，喜欢冬天时满山的翠竹和苍郁的香樟树……但它们只是我摇篮上的饰带和点缀，我欣赏它们，赞美它们，但它们不属于我。每次我回杭州探望父母，在嘈杂喧闹的街巷里，自己身上那种从遥远的异地带来的“生人味”，总使我觉得同这里的温馨和湿润格格不入……

我究竟来自何方？

更多的时候，我会凝神默想着那遥远的冰雪之地。想起笼罩在雾霭中的幽蓝色的小兴安岭群山。踏着没膝深的雪地进山去，灌木林里尚未封冻的山泉一路叮咚欢歌，偶有暖泉顺坡溢流，便把低洼地的塔头墩子水晶一般封存，可窥见冰层下碧玉般的青草。山里无风的日子，静谧的柞树林中轻轻慢慢地飘着小清雪，落在头巾上，不化，一会儿就亮晶晶地披了一肩，是雪女王送你的礼物。若闭上眼睛，能听见雪花亲吻着树叶的声音。那是我二十一岁的生命中，第一次发现原来落雪有声，如桑蚕啜叶，婴童吮乳，声声有情。

那时住帐篷，炉筒一夜夜燃着粗壮的大木棒，隆隆如森林火车如林场的牵引拖拉机轰响。时时还夹着山脚下传来的咔咔冰崩声……山林里的早晨宁静而妩媚，坡上的林梢一抹玫瑰红，淡紫色的炊烟缠绵缭绕，门前的白雪地上，又印上了夜里悄悄来过的不知名的小动物一条条丝带般的脚印儿，细细辨认，如梅花，如柳梢，亦如一个个问号，清晰又杂乱地蜿蜒于雪原，消失于密林深处……

那些神秘的森林居民给予我无比的亲切感，曾使我觉得自己也是否应该从此留在这里。

小小的脚印沉浮于无边的雪野之上，恰如我们飘泊动荡的青春年华。

我十九岁便离开了我的出生地杭州城，走向遥远而寒冷的北大荒。

那时我曾日夜思念我的西湖，我的故园在温暖的南方。

但现在我知道，我已没有了故乡。我们总是在走，一边走一边播撒着全世界都能生长的种子。我们随遇而安、落地生根；既来则定、四海为家。我们像一群新时代的游牧民族，一群永无归宿的流浪移民。也许我走过了太多的地方，我已有了太多的第二故乡。

然而在城市闷热窒息的夏日里，我仍时时想起北方的原野，那融进了我们青春血汗的土地。那里的一切粗犷而质朴。二十年的日月就把我这样一个纤弱的江南女子，磨砺得柔韧而坚实起来。以后的日子，我也许还会继续流浪，在这极大又极小的世界上，寻觅着、创造着自己精神的家园。

【注释】

[1] 课文选自《张抗抗散文》（人民文学出版社，2009 年第 1 版）。

【课文简解】

《故乡在远方》是一篇抒写故乡的散文。作者开篇点题自己是一个流浪者，然后展开联想，回想起 30 岁回到祖籍广东新会，描述祖籍所在地的美丽，但这里没有自己生活的印记；回想 19 岁前所生活的家乡，家乡外婆家洛舍镇和出生地杭州都很美丽，但作者指出这里是与自己“格格不入”的故乡；最后讲述青春岁月所生活的“遥远的冰雪之地”，这里有独特的冬之美。无论生活在哪里，在作者心里和眼里，“故乡”都是美的。作者感悟到人生注定要漂泊，无论走到哪里，都要去寻找生活中的美——精神之美，以此抒发对祖国“家乡”的爱。

单元练习

一、背诵《黍离》《虞美人》。

二、试举例阐述中国文化中的故园情结。

三、中国古代故园情结的文学因素有哪些?

四、试分析故园情结、家国意识的根源。

五、当代中国大学生如何看待故园乡土?

第七单元 人间情爱

情，有亲情、爱情和友情。在古代形成父子（兄弟）、夫妇、朋友构成社会最近的关系。《孟子·滕文公上》曰：“父子有亲，君臣有义，夫妇有别，长幼有序，朋友有信。”

在中国，亲情是有血缘关系的人之间存在的感情，有时也指亲密、感情深厚的人之间的情义。

这种亲情是从原始部落的氏族社会开始的，周代确立了宗法制度，以血缘关系为纽带维系家族内部关系，维护家长、族长的统治地位和世袭特权的行为规范。“亲亲，尊尊”这样一种宗法制度对国民性格的塑造产生了重要影响。宗法制极为重视家族——宗族的血缘关系。

中国传统的农业生产，重视的是经验的因袭和知识的传承。本家族的前辈代表着经验和真理，具有绝对的权威，足令后辈顶礼膜拜，以先祖为尊。因此，中国古代祭祖之风盛行不衰，上自天子，下及庶民，无不尊祖祭祖。中国不少地方仍建有祠堂宗庙，奉祀祖先牌位。金榜题名后，中国古代知识分子以之为耀祖荣宗之大事。

爱情是人性的组成部分。爱情是人与人之间强烈的依恋、亲近、向往，以及无私、无所不尽其心的情感。爱情是多方面感受的综合体验，关系到个人品位、理想、道德、志趣等观念。“关关雎鸠，在河之洲。窈窕淑女，君子好逑。”在《诗经》中已经很清楚地写了男女双方所倾慕的对象标准了。

中华典籍《周礼·地官司徒第二·媒氏》：“男三十而娶，女二十而嫁。若无故而不用令者，罚之。”《诗经·齐风》“取妻如之何，必告父母。”秦汉以后，随着制度的发展，禁忌也随之变多。到了宋代，理学观念的深化人心，男女爱情的禁忌越发多了，程朱理学“饿死是小，失节是大”的贞操观念扭曲了爱情。直至清末民初，一些有识之士才开始认真思考这种男女不平等的不合理性。

爱情观是人们对爱情问题的根本看法和态度，它的内容是多方面的。爱情观是人生观的反映。受不同的经济条件、社会制度及思想文化状态的影响和制约，爱情观在不同历史时期有着不同的内容，并且随着社会发展而不断发展和变化。

爱情在中国人的眼里，常常逃不脱忧虑、悲伤和惆怅。长期以来社会对女性的禁闭使得中国的爱情诗歌总带有哀怨的悲伤情调。唐代之后，更多的爱情诗所表达的都是渴望与失望、留恋与离别后的思念。

古人把友情看成是人的“五伦”之一。《论语》开篇即有“有朋自远方来，不亦乐乎？”朋友在古代知识者中是指志向爱好相投的伙伴，友情在中国文化中占据着重要的地位。

本单元通过学习选篇，了解古今中外对人类社会维系彼此关系的情感的文化认识。

子 衿

《毛诗序》曰："《子衿》，刺学校废也，乱世则学校不修焉。"孔颖达疏："郑国衰乱不修学校，学者分散，或去或留，故陈其留者恨责去者之辞，以刺学校之废也。经三章皆陈留者责去者之辞也。"朱熹《诗集传》云："此亦淫奔之诗。"

青青子衿，悠悠我心。纵我不往，子宁不嗣音[1]？
青青子佩，悠悠我思。纵我不往，子宁不来？
挑兮达兮[2]，在城阙兮。一日不见，如三月兮。

【注释】

[1] 嗣(yí)音：寄传音讯。嗣：通"贻"，给、寄的意思。

[2] 挑(tiāo)兮达(tà)兮：独自走来走去的样子。挑：也作"佻"。

【课文简解】

《国风·郑风·子衿》是《诗经》中的一首诗。此诗写单相思，描写一个女子思念她的心上人。每当看到颜色青青的东西，女子就会想起心上人青青的衣领和青青的佩玉。于是她登上城门楼，就是想看见心上人的踪影。如果有一天看不见，她便觉得如隔三月。

西洲曲[1]

《西洲曲》是南朝乐府民歌名，最早著录于徐陵所编《玉台新咏》，是南朝乐府民歌中最长的抒情诗篇，历来被视为南朝乐府民歌的代表作。

忆梅下西洲，折梅寄江北。
单衫杏子红，双鬓鸦雏色[2]。
西洲在何处？两桨桥头渡。
日暮伯劳[3]飞，风吹乌臼[4]树。
树下即门前，门中露翠钿。
开门郎不至，出门采红莲。
采莲南塘秋，莲花过人头。
低头弄莲子[5]，莲子青如水[6]。
置莲怀袖中，莲心[7]彻底红。
忆郎郎不至，仰首望飞鸿[8]。
鸿飞满西洲，望郎上青楼[9]。
楼高望不见，尽日阑干头。
阑干十二曲，垂手明如玉。
卷帘天自高，海水摇空绿。
海水梦悠悠，君愁我亦愁。
南风知我意，吹梦到西洲。

【注释】

[1]《西洲曲》选自《乐府诗集·杂曲歌辞》，是南朝乐府民歌中的名篇，也是乐府民歌的代表之作。写作时间和背景没有定论。西洲曲，乐府曲调名。

[2] 鸦雏色：像小乌鸦一样的颜色，形容女子的头发乌黑发亮。

[3] 伯劳：鸟名，仲夏始鸣，喜欢单栖。

[4] 乌臼："乌柏"。

[5] 莲子：和"怜子"谐音双关。

[6] 青如水：和"清如水"谐音，隐喻爱情的纯洁。

[7] 莲心：和"怜心"谐音，即爱情之心。

[8] 望飞鸿：这里暗含有望书信的意思。因为古代有鸿雁传书的传说。

[9] 青楼：油漆成青色的楼。唐朝以前的诗中一般用来指女子的住处。

【课文简解】

全诗三十二句，四句一解，用蝉联而下的接字法，顶真勾连。诗中描写了一位少女从初春到深秋，从现实到梦境，对所爱之人的思念。诗歌首句由“梅”写起，梅是春之花，也是“媒”，写女子的情人离开西洲，到江北，想折梅传情。女子红衫黑鬓，正是青春少女，思念而盼；时光很快，春末夏初，期盼之心越来越浓，却是空盼；秋日采莲，“莲子”之情如水、“莲子”之心如红色花心；女子期盼着，寄托鸿雁传书，却音信皆无；登楼远望郎，凭栏苦候，却不见半点身影。女子只能寄情南风与幽梦，希望能有男子的音信。

菩萨蛮[1]·枕前发尽千般愿[2]

《菩萨蛮·枕前发尽千般愿》是敦煌曲子词中的一首早期民间词作,作者不可考。

枕前发尽千般愿,要休且待青山烂。水面上秤锤浮,直待黄河彻底枯!
白日参辰现,北斗回南面。休即未能休,且待三更见日头。

【注释】

[1] 菩萨蛮:唐教坊曲名,后成为词牌名,为双调小令。这首《菩萨蛮》见于敦煌遗书,约为唐天宝年间所创作。

[2] 课文选自《历代名词鉴赏·唐五代词》(上海辞书出版社,2018 年第 1 版)。

【课文简解】

《菩萨蛮·枕前发尽千般愿》是写民间男女间的爱情词,这首词与汉乐府民歌《上邪》写法类似,词以青山烂、秤锤浮、黄河枯、白日见参星、北斗南移、三更日出这六个不可能出现的自然现象形容爱情誓言的坚定,抒发了男女爱情的刚烈。

长恨歌[1]

白居易

白居易(772—846),字乐天,晚年又号称香山居士,河南新郑人,是唐代伟大的现实主义诗人,有"诗魔"和"诗王"之称。他的诗歌题材广泛,形式多样,语言平易通俗。代表诗作有《长恨歌》《卖炭翁》《琵琶行》等,著有《白氏长庆集》。

汉皇[2]重色思倾国,御宇多年求不得。杨家有女[3]初长成,养在深闺人未识。天生丽质难自弃,一朝选在君王侧。回眸一笑百媚生,六宫粉黛无颜色。春寒赐浴华清池,温泉水滑洗凝脂。侍儿扶起娇无力,始是新承恩泽时。云鬓花颜金步摇,芙蓉帐暖度春宵。春宵苦短日高起,从此君王不早朝。承欢侍宴无闲暇,春从春游夜专夜。后宫佳丽三千人,三千宠爱在一身。金屋[4]妆成娇侍夜,玉楼宴罢醉和春。姊妹弟兄皆列土[5],可怜光彩生门户。遂令天下父母心,不重生男重生女。骊宫高处入青云,仙乐风飘处处闻。缓歌慢舞凝丝竹,尽日君王看不足。

渔阳[6]鼙鼓动地来,惊破霓裳羽衣曲[7]。九重城阙烟尘生,千乘万骑西南行。翠华摇摇行复止,西出都门百余里。六军不发无奈何,宛转蛾眉马前死。花钿委地无人收,翠翘金雀玉搔头。君王掩面救不得,回看血泪相和流。

黄埃散漫风萧索,云栈萦纡登剑阁。峨嵋山下少人行,旌旗无光日色薄。蜀江水碧蜀山青,圣主朝朝暮暮情。行宫见月伤心色,夜雨闻铃[8]肠断声。天旋日转回龙驭,到此踌躇不能去。马嵬坡下泥土中,不见玉颜空死处。君臣相顾尽沾衣,东望都门信马归。归来池苑皆依旧,太液芙蓉未央柳。芙蓉如面柳如眉,对此如何不泪垂。春风桃李花开日,秋雨梧桐叶落时。西宫南苑多秋草,落叶满阶红不扫。梨园弟子[9]白发新,椒房[10]阿监青娥老。夕殿萤飞思悄然,孤灯挑尽未成眠。迟迟钟鼓初长夜,耿耿[11]星河欲曙天[12]。鸳鸯瓦冷霜华重,翡翠衾寒谁与共。悠悠生死别经年,魂魄不曾来入梦。

临邛[13]道士鸿都[14]客,能以精诚致魂魄。为感君王辗转思,遂教方士殷勤觅。排空驭气奔如电,升天入地求之遍。上穷碧落下黄泉,两处茫茫皆不见。忽闻海上有仙山,山在虚无缥缈间。楼阁玲珑五云起,其中绰约多仙子。中有一人字太真,雪肤花貌参差是。金阙西厢叩玉扃,转教小玉[15]报双成。闻道汉家天子使,九华帐里梦魂惊。揽衣推枕起徘徊,珠箔银屏迤逦开。云鬓半偏新睡觉,花冠不整下堂来。风吹仙袂飘飖举,犹似霓裳羽衣舞。玉容寂寞泪阑干,梨花一枝春带雨。含情凝睇谢君王,一别音容两渺茫。昭阳殿[16]里恩爱绝,蓬莱宫中日月长。回头下望人寰处,不见长安见尘雾。惟将旧物表深情,钿合金钗寄将去。钗留一股合一扇,钗擘黄金合分钿。但教心似金钿坚,天上人间会相见。临别殷勤重寄词,词中有誓两心知。七月七日长生殿[17],夜半无人私语时。在天愿作比翼鸟,在地愿为连理枝。天长地久有时尽,此恨绵绵无绝期。

【注释】

[1]《长恨歌》作于唐宪宗元和元年(806年),白居易与友人到仙游寺游玩,无意中谈到了唐明皇与杨贵妃的爱情悲剧故事,大家都很感叹。

[2] 汉皇:原指汉武帝刘彻,此处借指唐玄宗李隆基,唐人文学创作常以汉称唐。

[3] 杨家有女:蜀州司户杨玄琰有女杨玉环,她自幼由叔父杨玄珪抚养,17岁(开元二十三年)被册封为玄宗之子寿王李瑁之妃,27岁被玄宗册封为贵妃。

[4] 金屋:《汉武故事》记载,武帝幼时,他姑妈将他抱在膝上,问他要不要她的女儿阿娇作妻子。他笑着回答说:"若得阿娇,当以金屋藏之。"

[5] 列土:分封土地。据《旧唐书·后妃传》等记载,杨贵妃有姊三人,玄宗分别封为韩国夫人、虢国夫人和秦国夫人。妃父玄琰,累赠太尉、齐国公。母封凉国夫人。叔玄珪,为光禄卿。再从兄铦,为鸿胪卿。锜,为侍御史,尚武惠妃女太华公主。从祖兄国忠,为右丞相。

[6] 渔阳:郡名,辖今北京市平谷区和天津市蓟州区等地,当时属于平卢、范阳、河东三镇节度使安禄山的辖区。天宝十四载(755年)冬,安禄山在范阳起兵叛乱。

[7] 霓(ní)裳羽衣曲:舞曲名,据说为唐开元年间西凉节度使杨敬述所献,经唐玄宗润色并制作歌词,改用此名。乐曲着意表现虚无缥缈的仙境和仙女形象。

[8] 夜雨闻铃:《明皇杂录·补遗》有"明皇既幸蜀,西南行。初入斜谷,霖雨涉旬,于栈道雨中闻铃音与山相应"。

[9] 梨园弟子:指玄宗当年训练的乐工舞女。

[10] 椒房:后妃居住之所,因以花椒和泥抹墙,故称"椒房"。

[11] 耿耿:微明的样子。

[12] 欲曙天:长夜将晓之时。

[13] 临邛:今四川省邛崃市。

[14] 鸿都:东汉都城洛阳的宫门名,这里借指长安。

[15] 小玉:吴王夫差女,这里皆借指杨贵妃在仙山的侍女。

[16] 昭阳殿:汉成帝宠妃赵飞燕的寝宫,此借指杨贵妃住过的宫殿。

[17] 长生殿:在骊山华清宫内,是长安皇宫寝殿之习称。

【课文简解】

全诗叙述了唐玄宗与杨贵妃的爱情悲剧。诗歌开篇描述了杨玉环的美貌,讲述李杨之间的爱情,也间接阐述了李杨因爱情而导致国家动荡,叛乱发生,唐玄宗逃亡途中发生兵变,杨玉环被迫自缢,作为君王的唐玄宗无力救助,掩面而泣。第二部分写唐玄宗在蜀地避难时对杨玉环的思念,回归长安后仍旧睹物思人。最后写玄宗派方士在海外寻找到了杨玉环,再次描述李杨之间的彼此相思与真爱。

钗头凤[1]

陆　游

陆游(1125—1210),字务观,号放翁,汉族,越州山阴(今浙江省绍兴市)人,南宋著名诗人。他少时受家庭爱国思想熏陶,高宗时应礼部试,为秦桧所排挤而仕途不顺;孝宗时赐进士出身;中年入蜀,投身军旅生活,官至宝章阁待制;晚年退居家乡;创作诗歌今存9000多首,内容极为丰富。著有《剑南诗稿》《渭南文集》《南唐书》《老学庵笔记》等。

红酥手,黄縢酒,满城春色宫墙柳。东风恶,欢情薄,一怀愁绪,几年离索。错,错,错!
春如旧,人空瘦,泪痕红浥鲛绡透。桃花落,闲池阁,山盟虽在,锦书难托。莫,莫,莫!

【注释】

[1] 陆游的原配夫人是同郡唐姓士族的一个大家闺秀唐婉,因陆游母亲反对,二人终于被迫分离。唐婉改嫁"同郡人"赵士程,几年后的春日,陆游游沈园,与唐婉夫妇邂逅,心中感触很深,题词于园壁之上。唐婉看后,失声痛哭,回家后也写下了一首《钗头凤》,不久就郁郁而终。

【课文简解】

词开篇写昔日夫妻恩爱,"红酥手,黄縢酒。满城春色宫墙柳。"夫妻饮酒赋诗,赏景游春。转笔以"东风恶"写分离,美好爱情结束,这一决定,在词人内心萦绕一生,所以词人感叹昔日不该如此,连用三个"错,错,错",表达无奈的感叹与悔恨。

下阕写现实今日沈园重逢。春光依旧,"红酥手"却变成"人空瘦",词人感受到唐婉与自己分别后的生活,洒泪度日,再好的春光也无心赏游,桃花空落,池阁余闲,曾经山盟海誓而今片语难言,千古遗恨诉诸词,却不能书信相知,"莫、莫、莫"。

钗头凤

唐　婉

世情薄,人情恶,雨送黄昏花易落。晓风干,泪痕残,欲笺心事,独倚斜栏。难,难,难!
人成各,今非昨,病魂常似秋千索,角声寒,夜阑珊,怕人寻问,咽泪装欢。瞒,瞒,瞒!

小 翠

蒲松龄

蒲松龄(1640—1715),字留仙,一字剑臣,别号柳泉居士,世称聊斋先生,自称异史氏,济南府淄川(今山东省淄博市淄川区洪山镇蒲家庄)人,清代文学家,著有《聊斋志异》。

王太常,越人。总角时,昼卧榻上。忽阴晦,巨霆暴作,一物大于猫,来伏身下,展转不离。移时晴霁,物即径出。视之,非猫,始怖,隔房呼兄。兄闻,喜曰:"弟必大贵,此狐来避雷霆劫也。"后果少年登进士,以县令入为侍御[1]。

生一子,名元丰,绝痴,十六岁不能知牝牡[2],因而乡党无与为婚。王忧之。

适有妇人率少女登门,自请为妇。视其女,嫣然展笑,真仙品也。喜问姓名。自言:"虞氏。女小翠,年二八矣。"与议聘金。曰:"是从我糠覈[3]不得饱,一旦置身广厦,役婢仆,厌膏粱,彼意适,我愿慰矣,岂卖菜也而索直乎!"夫人大悦,优厚之。妇即命女拜王及夫人,嘱曰:"此尔翁姑,奉侍宜谨。我大忙,且去,三数日当复来。"王命仆马送之。妇言:"里巷不远,无烦多事。"遂出门去。小翠殊不悲恋,便即奁[4]中翻取花样。夫人亦爱乐之。数日,妇不至。以居里问女,女亦憨然不能言其道路,遂治别院,使夫妇成礼。诸戚闻拾得贫家儿作新妇,共笑姗[5]之;见女皆惊,群议始息。女又甚慧,能窥翁姑喜怒。王公夫妇,宠惜过于常情,然惕惕焉,惟恐其憎子痴;而女殊欢笑,不为嫌。第善谑,刺布作圆,蹋蹴为笑。着小皮靴,蹴去数十步,绐[6]公子奔拾之,公子及婢恒流汗相属。一日,王偶过,圆訇然[7]来,直中面目。女与婢俱敛迹去,公子犹踊跃奔逐之。王怒,投之以石,始伏而啼。王以告夫人,夫人往责女,女俯首微笑,以手刓[8]床。既退,憨跳如故,以脂粉涂公子,作花面如鬼。夫人见之,怒甚,呼女垢骂。女倚几弄带,不惧,亦不言。夫人无奈之,因杖其子。元丰大号,女始色变,屈膝乞宥。夫人怒顿解,释杖去。女笑拉公子入室,代扑衣上尘,拭眼泪,摩挲杖痕,饵以枣栗。公子乃收涕以忻。女阖庭户,复装公子作霸王,作沙漠人[9];己乃艳服,束细腰,婆娑作帐下舞;或髻插雉尾,拨琵琶,丁丁[10]缕缕然,喧笑一室,日以为常。王公以子痴,不忍过责妇;即微闻焉,亦若置之。

同巷有王给谏者,相隔十余户,然素不相能;时值三年大计吏,忌公握河南道篆,思中伤之。公知其谋,忧虑无所为计。一夕早寝,女冠带,饰冢宰状,剪素丝作浓髭,又以青衣饰两婢为虞候,窃跨厩马而出,戏云:"将谒王先生。"驰至给谏之门,即又鞭挞从人,大言曰:"我谒侍御王,宁谒给谏王耶!"回辔而归。比至家门,门者误以为真,奔白王公。公急起承迎,方知为子妇之戏。怒甚,谓夫人曰:"人方蹈我之瑕,反以闺阁之丑登门而告之,余祸不远矣!"夫人怒,奔女室,诟让之。女惟憨笑,并不一置词。挞之不忍;出之则无家。夫妻懊怨,终夜不寝。时冢宰某公赫甚,其仪采服从,与女伪装无少殊别,王给谏亦误为真。屡侦公门,中夜而客未出，疑冢宰与公有阴谋。次日早朝，见而问曰："夜相公至君家耶？"公疑其相讥，惭言唯唯，不甚响答。给谏愈疑，谋遂寝，由此益交欢公。公探知其情，窃喜，而阴嘱夫人劝女改行，女笑应之。

逾岁，首相免，适有以私函致公者误投给谏。给谏大喜，先托善公者往假万金，公拒之。给谏自诣公所。公觅巾袍，并不可得；给谏伺候久，怒公慢，愤将行。忽见公子衮衣旒冕[11]，有女子自门内推之以出，大骇；已而笑抚之，脱其服冕而去。公急出，则客去远。闻其故，惊颜如土，大哭曰："此祸水[12]也！指日赤吾族矣[13]！"与夫人操杖往。女已知之，阖扉任其诟厉。公怒，斧其门，女在内含笑而告之曰："翁无烦怒。有新妇在，刀锯斧钺，妇自受之，必不令贻害双亲。翁若此，是欲杀妇以灭口耶？"公乃止。给谏归，果抗疏揭王不轨，衮冕作据。上惊验之，其旒冕乃粱秸心所制，袍则败布黄袱也。上怒其诬。又召元丰至，见其憨状可掬，笑曰："此可以作天子耶？"乃下之法司。给谏又讼公家有妖人，法司严诘臧获[14]，并言无他，惟颠妇痴儿日事戏笑；邻里亦无异词。案乃定，以给谏充云南军。

王由是奇女。又以母久不至，意其非人。使夫人探诘之，女但笑不言。再复穷问，则掩口曰："儿玉皇女，母不知耶？"无何，公擢京卿。五十余，每患无孙。女居三年，夜夜与公子异寝，似未尝有所私。夫人舁榻去，嘱公子与妇同寝。过数日，公子告母曰："借榻去，悍不还！小翠夜夜以足股加腹上，喘气不得；又惯掐人股里。"婢妪无不粲然。夫人呵拍令去。

一日，女浴于室，公子见之，欲与偕；女笑止之，谕使姑待。既出，乃更泻热汤于瓮，解其袍袴，与婢扶之入。公子觉蒸闷，大呼欲出。女不听，以衾蒙之。少时，无声，启视，已绝。女坦笑不惊，曳置床上，拭体干洁，加复被焉。夫人闻之，哭而入，骂曰："狂婢何杀吾儿！"女辴然[15]曰："如此痴儿，不如勿有。"夫人益恚，以首触女；婢辈争曳劝之。方纷噪间，一婢告曰："公子呻矣！"辍涕抚之，则气息休休，而大汗浸淫，沾浃裀褥。食顷，汗已，忽开目四顾，遍视家人，似不相识，曰："我今回忆往昔，都如梦寐，何也？"夫人以其言语不痴，大异之。携参其父，屡试之，果不痴。大喜，如获异宝。至晚，还榻故处，更设衾枕以觇之。公子入室，尽遣婢去。早窥之，则榻虚设。自此痴颠皆不复作，而琴瑟静好，如形影焉。

年余，公为给谏之党奏劾免官，小有罣误[16]。旧有广西中丞所赠玉瓶，价累千金，将出以贿当路。女爱而把玩之，失手堕碎，惭而自投。公夫妇方以免官不快，闻之，怒，交口呵骂。女奋而出，谓公子曰："我在汝家，所保全者不止一瓶，何遂不少存面目？实与君言：我非人也。以母遭雷霆之劫，深受而翁庇翼；又以我两人有五年夙分，故以我来报曩恩、了夙愿耳。身受唾骂、擢发不足以数，所以不即行者，五年之爱未盈。今何可以暂止乎！"盛气而出，追之已杳。公爽然自失，而悔无及矣。公子入室，睹其剩粉遗钩，恸哭欲死；寝食不甘，日就羸瘁。公大忧，急为胶续以解之，而公子不乐。惟求良工画小翠像，日夜浇祷其下。

几二年。偶以故自他里归，明月已皎，村外有公家亭园，骑马墙外过，闻笑语声，停辔，使厩卒捉鞚，登鞍一望，则二女郎游戏其中。云月昏蒙，不甚可辨，但闻一翠衣者曰："婢子当逐出门！"一红衣者曰："汝在吾家园亭，反逐阿谁？"翠衣人曰："婢子不羞！不能作妇，被人驱遣，犹冒认物产也？"红衣者曰："索胜老大婢无主顾者！"听其音酷类小翠，疾呼之。翠衣人去曰："姑不与若争，汝汉子来矣。"既而红衣人来，果小翠。喜极。女令登垣承接而下之，曰："二年不见，骨瘦一把矣！"公子握手泣下，具道相思。女言："妾亦知之，但无颜复见家人。今与大姊游戏，又相邂逅，足知前因不可逃也。"请与同归，不可；请止园中，许之。公子遣仆奔白夫人。夫人惊起，驾肩舆而往，启钥入亭。女即趋下迎拜；夫人捉臂流涕，力白前过，几不自容，曰："若不少记榛梗，请偕归慰我迟暮。"女峻辞不可。夫人虑野亭荒寂，谋以多人服役。女曰："我诸人悉不愿见，惟前两婢朝夕相从，不能无眷注耳；外惟一老仆应门，余都无所复须。"夫人悉如其言。托公子养疴园中，日供食用而已。

女每劝公子别婚，公子不从。后年余，女眉目音声渐与曩异，出像质之，迥若两人。大怪之。女曰："视妾今日何如畴昔美？"公子曰："今日美则美矣，然较畴昔则似不如。"女曰："意妾老矣！"公子曰："二十余岁何得速老！"女笑而焚图，救之已烬。一日谓公子曰："昔在家时，阿翁谓妾抵死不作茧，今亲老君孤，妾实不能产，恐误君宗嗣。请娶妇于家，旦晚侍奉公姑，君往来于两间，亦无所不便。"公子然之，纳币于钟太史之家。吉期将近，女为新人制衣履，赍送母所。及新人入门，则言貌举止，与小翠无毫发之异。大奇之。往至园亭，则女亦不知所在。问婢，婢出红巾曰："娘子暂归宁，留此贻公子。"展巾，则结玉玦一枚，心知其不返，遂携婢俱归。虽顷刻不忘小翠，幸而对新人如觌旧好焉。始悟钟氏之姻，女预知之，故先化其貌，以慰他日之思云。

异史氏曰："一狐也，以无心之德，而犹思所报；而身受再造之福者，顾失声于破甑[17]，何其鄙哉！月缺重圆，从容而去，始知仙人之情亦更深于流俗也！"

【注释】

[1] 以县令入为侍御：从外任知县调入朝廷为御史。清代称御史为"侍御"。

[2] 牝（pìn）牡：雌雄，指男女性别。鸟兽雌性叫"牝"，雄性叫"牡"。

[3] 糠覈（hé）：粗粝的饭食。覈：米麦的粗屑。

[4] 奁（lián）：此指闺中盛放什物的箱匣。

[5] 笑姗（shàn）：嘲笑。姗：同"讪"，讥讽。

[6] 绐（dài）：同"诒"，欺骗；欺诈；哄骗。

[7] 訇（hōng）然：形容踢球的声音。

[8] 刓（wán）：划刻。

[9] 装公子作霸王，作沙漠人：把公子装扮成楚霸王，演霸王别姬的故事；把公子扮成匈奴王演王昭君出塞的故事，暗示两个人的悲剧爱情。

[10] 丁丁（zhēng）：形容声音响亮。

[11] 衮（gǔn）衣旒（liú）冕：此指穿戴帝王冠服。衮衣：皇帝所穿的龙袍。旒冕：前后悬垂玉串的皇冠。

[12] 祸水：汉成帝宠赵飞燕的妹妹合德。披香博士淖方成唾曰："此祸水也，灭火必矣。"见《飞燕外传》。后称败坏国家的女性为"祸水"。

[13] 指日赤吾族矣：不久就将诛灭我家全族。指日：不日，为期不远。赤族：全家族被杀。

[14] 臧获：奴婢。

[15] 辴（chǎn）然：笑的样子。

[16] 罣（guà）误：同“挂误”。

[17] 失声于破甑（zèng）：东汉孟敏荷甑而行，甑堕地破裂，孟敏不顾而去，认为“甑已破矣，视之何益”。见《后汉书·郭泰传》。这里反用其意，借以指责王太常毫无涵养，竟然惋惜已碎的玉瓶，诟骂对王家有再造之德的小翠。失声，不自禁而出声。甑，陶甑，古代炊器。

【课文简解】

《小翠》这篇小说讲述小翠之母（狐狸）为天所谴，借王太常而躲过灾难，为报活命之恩，把女儿嫁给王太常的痴呆儿子。王太常“少年登进士”，虽有才情，而无人情。他的儿子生性痴呆，无人嫁与。小翠嫁给其子元丰公子后，并不嫌弃，并多次帮助王太常化解政治危机，仍被王太常夫妇时常呵斥。小翠虽巧妙医治好王太常的痴呆儿子，但还是被王太常夫妇驱逐出门。小翠对王家是真情报恩，她离开后，还为元丰公子寻找自己的替代者，在为其娶到真正的小翠后，才最终离去。

错　误[1]

郑愁予

郑愁予，原名郑文韬，1933 年出生于山东济南，1949 年与家人迁往中国台湾，被称为“浪子诗人”，著有诗集《梦土上》《衣钵》《燕人行》《寂寞的人坐着看花》。

我打江南走过
那等在季节里的容颜如莲花的开落
东风不来，三月的柳絮不飞
你的心如小小的寂寞的城
恰若青石的街道向晚
跫音不响，三月的春帷不揭
你底心是小小的窗扉紧掩

我达达的马蹄是美丽的错误
我不是归人，是个过客……

【注释】

[1] 课文选自《20 世纪中国新诗分类鉴赏大系》（广东教育出版社，1998 年第 1 版）。

【课文简解】

《错误》创作于 1954 年，全诗以春日的江南小城为写作背景，描述闺中思妇期盼归人的内心情怀。诗歌以叙事开篇描述一个春日三月骑马的人游荡在江南的小城，这一季节是江南最美的时节，在莲花开落之季，小城的思妇在家中孤独守候，期盼自己的爱人能在这最美时节归来与自己共度美好时光，听到马蹄声，以为归人回来，打开窗扉，却是陌生的他乡之客，难掩内心的失落。思妇的这一小细节也是过客内心家中思妇形象的写照，远客即是归人，思妇即是家中的等待人。

当你老了[1]

叶　芝

威廉·巴特勒·叶芝（1865—1939）生于都柏林，1887年开始专门从事诗歌创作。叶芝早年的创作仍然具有浪漫主义的华丽风格；进入不惑之年后，在现代主义诗人伊兹拉·庞德等人的影响下，叶芝的创作风格发生了比较剧烈的变化，更加趋近现代主义。

当你老了，
头白了，
睡意昏沉，
炉火旁打盹，
请取下这部诗歌，
慢慢读，
回想你过去眼神的柔和，
回想它们昔日浓重的阴影；
多少人爱你青春欢畅的时辰，
爱慕你的美丽，
假意或真心，
只有一个人爱你那朝圣者的灵魂，
爱你衰老了的脸上痛苦的皱纹；
垂下头来，
在红光闪耀的炉子旁，
凄然地轻轻诉说那爱情的消逝，
在头顶的山上它缓缓踱着步子，
在一群星星中间隐藏着脸庞。

【注释】

[1]1889年，叶芝23岁，他第一次遇见女演员茅德·冈，茅德·冈貌美而具有正义感，正投身于争取爱尔兰民族独立的运动中。叶芝对于茅德·冈一见钟情，并且一往情深。茅德·冈拒绝了叶芝的追求，在1903年嫁给了爱尔兰军官麦克·布莱德少校。但叶芝对于她的爱慕终生不渝。叶芝对于茅德·冈的爱情无望，写了很多关于茅德·冈的诗歌。

【课文简解】

诗人写这首爱情诗时，正值青春年少，诗人却穿越时空，想象在未来两人垂暮之年彼此在一起的幸福相伴，来表达最爱的人，钟爱一生。

全诗共分三节。诗的首节，诗人想象多年后，年迈的恋人在炉火旁阅读诗歌时的情景。霜染白发、独自坐着的老者在炉火边，安享炉火的温暖，诗人却早已准备了精美的诗句，诵读给爱人，一起回忆过去的一切美好；叶芝写这首诗时是29岁，茅德·冈27岁。诗的第二节，诗人采用对比的手法巧妙地表达了自己的一片深情。叙述别人所爱的是外在的青春、美丽，但诗人爱的是纯洁的灵魂和人生。第三节，诗人想象与所爱的人在一起生活，即使到了人生的暮年依旧相爱，一起回味昔日爱的点滴，爱的容颜，爱的脸庞和爱的陪伴。

爱的牺牲[1]

欧·亨利

欧·亨利(1862—1910),原名威廉·西德尼·波特,美国短篇小说家,与契诃夫和莫泊桑并称为"世界三大短篇小说巨匠",曾被评论界誉为曼哈顿桂冠散文作家和美国现代短篇小说之父,主要作品有《麦琪的礼物》《警察与赞美诗》《最后一片叶子》《二十年后》等。

当你痴迷于你的艺术时,就会觉得没有什么牺牲是不能承受的。

这是我们的前提。下面的故事由这个前提得出一个结论,而同时也表明这个前提的不准确。从逻辑学的观点来看,这固然是一件新鲜事,但从讲故事的技巧来说,它的历史却要比中国的万里长城还要古老。

乔·拉若比出生在栎树参天的中西部平原。他浑身洋溢着绘画艺术的天赋,还只有六岁时就画了一幅镇上抽水机的风景画,抽水机旁还画了个步履匆忙的居民。这幅杰作被配上画框,挂在了一家杂货铺的橱窗里,与它陈列在一起的,是几排参差不齐的玉米棒子。二十岁那年,他胸前束着一条飘拂的领带,怀揣着一个干瘪的钱包,背井离乡来到了纽约。

迪莉娅·卡拉瑟斯生长在南方一个松林葱茏的小村庄里,她把八度音阶之类的东西弹奏得非常出色,以至于她的亲戚们为她凑了一笔款子让她去北方深造。

这就是我们下面要讲的故事的序曲。

乔和迪莉娅在一个工作室里相遇了。有许多学习美术和音乐的青年学生经常在这里聚会,讨论绘画和音乐。乔和迪莉娅一见倾心,双双坠入爱河,并且很快就结了婚。因为(请参看上文),当你痴迷于你的艺术时,就会觉得没有什么牺牲是不能承受的。

拉若比夫妇租了一套公寓,开始了他们的家庭生活。那是一套冷清寂寞的单元房,凄怆得就像钢琴键盘左下方最顶端的那个孤单的琴键。可是他们生活得很幸福,因为他们有各自的艺术,还有对方的爱情。因此,我想奉劝有钱的年轻人:赶快把你所有的东西都变卖掉,或者施舍给穷苦的看门人吧,这样你就能带着你的艺术和你的迪莉娅一起住进公寓里享受幸福生活了。

公寓生活是唯一真正快乐的生活,大凡住过公寓的人都会赞成我的论断。一个幸福的家庭,房间小又何妨——把梳妆台放倒就成了弹子桌;把壁炉架拆下来就能改装成练习划船的器材;写字台随时可以当床睡;洗脸架则是现成的竖琴;即使四面的墙壁一齐挤压过来也不要紧,你和你的迪莉娅正好可以在中间相拥。可是,倘若家庭不幸福,随它怎么宽敞——你从金门进去,把帽子挂在哈特拉斯,披肩挂在合恩角,然后穿过拉布拉多出去——海阔天空又怎样,到头来仍是枉然。

乔在马吉斯特大师的班上学画——各位都知道这位先生的大名吧?他收费高昂,课程轻松——他的高昂和轻松为他带来了很高的声望。迪莉娅在罗森斯托克那里学琴——想必各位也知道,这位先生专门喜欢找钢琴键盘的麻烦。

在所有的钱用完之前,他们的生活是非常美满的。他们的目标非常明确。乔想迅速提高绘画技巧,早日有佳作问世,以吸引那些鬓须稀疏而钱袋厚实的老先生争先恐后地挤到他的画室来抢购他的作品。迪莉娅要先熟练演奏一些乐曲,然后,她就可以在适当的时候摆摆架子了,比如,看到剧院前排座位和包厢不满座,她就推托喉咙痛,拒绝登台演出。

不过,在我看来,最让人羡慕的还是那小公寓里美满的家庭生活:学习了一天之后那卿卿我我的温存话语,新鲜清淡的早餐和舒心的晚餐,关于理想和抱负的交流与相互切磋、鼓励。当然,他们编织着的是一个共同的理想,否则就没有意义了。还有,老实说吧,就是晚上十一点钟那顿美味的牛肉卷和奶酪三明治夜宵。

可是没过多久,艺术之花就开始枯萎了。即使没有人去碰它,有时它自己也会枯萎的。俗话说得好:“只出不进,坐吃山空。”他俩连向马吉斯特和罗森斯托克两位先生支付学费的钱也没有着落了。

当你痴迷于你的艺术时,就会觉得没有什么牺牲是不能承受的。于是,迪莉娅说,她必须教授音乐课,以维持生活开支,免得断炊。

她在外面奔走了两三天,四处打听谁家有孩子想学音乐。一天晚上,她兴高采烈地回来了。

“乔,亲爱的,”她快活地说,“我有一个学生啦。哦,是个再好不过的人家。一位将军——艾·比·平克尼将军的千金小姐,住在第七十一号街。那房子可真气派,乔——你真该去看看,我想你一准会把它称为拜占庭风格的建筑。还有屋子里面,天哪!乔,我从没见过那样豪华的装修,我是头一回开了眼界。我的学生是将军的女儿克莱门蒂娜小姐。她可真讨人喜欢,生得娇小玲珑,爱穿一身白色衣裙,态度又是那么温和可爱!她今年刚满十八岁。我一星期教三次课,每课五美元。钱多钱少我一点也不在乎,等我再找到两三个学生,我又可以到罗森斯托克先生那儿去学习了。现在,别愁眉苦脸的啦,亲爱的,让我们美美地吃一顿晚饭吧。”

“你运气不错,迪莉娅,”乔一边说,一边拿起小斧子和切肉刀去打开一听青豆罐头,“可是我该怎么办呢?你认为我能让你在外面奔波、挣钱,而我自己却在艺术的殿堂里悠然自得地追逐吗?我以本韦努托·切利尼的骨头赌咒,我决不能这样做!我想,我可以去卖报纸、搬石子修马路,每天多少也能挣一两美元回来。”

迪莉娅跑过来搂住了他的脖子。“乔,亲爱的,别说傻话了。你一定要坚持学习。我这样做也并不是抛弃了音乐去做别的事情。我是边教边学呀!我永远跟我的音乐在一起。何况我们一星期有了十五美元,就可以过得像百万富翁那样快乐了。你千万不要离开马吉斯特先生,不要放弃学习。”

“好吧。”乔一面说,一面去拿那个贝壳形的蓝色菜碟,“可是想到你要出去上课,我心里总不是滋味。那不是艺术。你做出这样的牺牲真了不起,真叫人钦佩。”

“当你痴迷于你的艺术时,就会觉得没有什么牺牲是不能承受的。”迪莉娅说。

“马吉斯特对我在公园里画的那幅素描十分欣赏。”乔说,“廷克尔已经答应将我的两幅画挂在他的橱窗里出售。如果恰好被一个有钱的傻瓜看中,很可能会卖掉一幅。”

“我相信一定能卖掉。”迪莉娅亲切地说,“现在让我们先来感谢平克尼将军和这块刚刚烤好的牛排吧。”

接下来的一个星期里，拉若比夫妇每天都起得很早。乔兴致勃勃地要到中央公园，在那晨光熹微中去画他的素描。因此，早上七点钟，迪莉娅在给了他早餐、赞美和拥抱之后，会匆匆和他吻别，再把他送出门。艺术真像一个情意绵绵的恋人，乔每天回到家的时候，多半已是晚上七点钟了。

周末那天，愉快、自豪但显得有些疲惫的迪莉娅，不无得意地掏出三张五美元的钞票，扔在那八英尺宽、十英尺长的公寓客厅中间的那张八英寸宽、十英寸长的桌子上。

“有时候，”她说，“克莱门蒂娜真让人操心。我想她大概练习得不充分，同样的内容我得反复教她好多遍，她才能记住。她有个咳嗽的老毛病，时不时总要轻咳几声。我希望她的身体比看上去要结实些。哦，我真是越来越喜欢她了，这姑娘非常温柔，又有教养。平克尼将军也是个顶可爱的老人！我希望你能认识他，乔。我给克莱门蒂娜上钢琴课时，他偶尔也会进来瞧瞧。他站在那儿，捋着他的白胡子。‘十六分音符和三十二分音符都弹得怎么样啦？’他每次都会这样问。”

这时，乔摆出基督山伯爵的架势，掏出一张十美元、一张五美元、一张两美元和一张一美元的钞票——当然，全是正在流通的法定货币——把它们摆在迪莉娅挣来的钱旁边。

“那幅方尖塔的水彩画被一个从皮奥里亚来的人买走了。”他郑重其事地宣布，“那家伙身材胖胖的，围着一条羊毛围巾，嘴里叼着一根牙签。他看到了挂在廷克尔的橱窗里的那幅画，起初他还以为我画的是风车呢。他倒很大方，不管三七二十一就把它买了下来。他还订购了另外一幅画——拉卡瓦纳货车站的油画，准备带回去。我的画，加上你的那些音乐课！嘿，看来艺术毕竟是艺术啊。”

“我真高兴你能坚持下来，”迪莉娅热切地说，“你一定会成功的，亲爱的。三十三美元！我们还从来没有过这么多钱呢。今晚我们吃牡蛎庆祝。”

“再来个香菇牛肉里脊。”乔说，“咱们的牛肉叉放哪儿了？”

下个星期六的晚上，乔先回到了家。他把十八美元摊在客厅的桌子上，然后把手上的许多似乎是黑色颜料的污垢洗掉。

半个钟头之后，迪莉娅回来了，她的右手整个被棉纱和绷带包成了一团，简直不成样子了。“这是怎么回事？”两人像往常一样打了招呼后，乔问道。

迪莉娅笑了，但笑容里有几分苦涩。“克莱门蒂娜，”她解释说，“坚持要在下课后吃奶酪面包——她就是这么一个古怪的姑娘。当时将军也在场。你该看看他奔去拿烤炉时的样子，乔，仿佛家里没有佣人似的。你知道，克莱门蒂娜身体不好，特别容易紧张。她在给我浇奶酪时弄翻了许多，滚烫的奶酪汁溅在了我的手上，痛得要命。那可爱的姑娘为此非常内疚，还有平克尼将军，急得几乎要发疯。他冲下楼去叫了人——据说是锅炉工，要不就是地下室里的什么人，让他们赶紧去为我买治疗烫伤的油和包扎纱布。”

“这是什么？”乔轻轻地握住那只受伤的手，扯了扯露在绷带外面的几根白线，问道。

“是些软纱，”迪莉娅说，“上面涂了油。哦，乔，你又卖掉了一幅画吗？”她发现了桌上的钱。

“我吗？”乔说，“得问问那个从皮奥里亚来的人了。他今天取走了那幅货车站的油画，另外，他可能还想买两幅风景画。迪莉娅，你是什么时候烫到手的？”

“我想在五点钟吧。”迪莉娅可怜巴巴地说，“熨斗……我是说奶酪，大概是在那时候从烤炉上端下来的。你真该看到平克尼将军的样子，乔，他……”

“先坐一会儿，迪莉娅。”乔说。他把她拉到卧榻上，自己在她身边坐下，用胳膊搂住了她的肩膀。

“这两个星期以来，你到底在干些什么？”他问。

她深情而又固执地看了丈夫一两分钟，然后咕咕哝哝、含含糊糊地说了一两句有关平克尼将军的故事。但终于，她垂下了头，一边哭，一边说出了实情。

“我一个学生也没有找到。”她承认说，“可我又不忍心让你放弃学业，所以我就在第二十四号街那家大洗衣店里找了一个熨衬衣的工作。我想，我那个关于平克尼将军和克莱门蒂娜的故事编得非常出色，不是吗，乔？今天下午，洗衣店里的一个姑娘不小心用热熨斗烫伤了我的手，所以，我只好编了吃奶酪面包的故事。你不会生我的气吧，乔？如果我不去做工，或许你就拿不出画作来卖给那个皮奥里亚来的人了。”

“他不是从皮奥里亚来的。”乔慢吞吞地说。

“从哪儿来的都一样。好啦，乔，你真行，你怎么会怀疑我并没有在教克莱门蒂娜学习音乐呢？”

“在今晚之前，我始终没有起过疑心。”乔说，“今天晚上我本来也不会怀疑的，可是今天下午，我替楼上一个被熨斗烫坏手的姑娘找了一些机器房的油和废纱头。所以，你知道了吗？两星期以来，我就在那家洗衣店的锅炉房里烧火。”

“这么说，你并没有……”

“我的皮奥里亚来的主顾，”乔说，“跟平克尼将军都是同一艺术的产物——只是你不会把那门艺术叫作绘画或音乐罢了。”

他们两个都笑了。乔开口说：“当你痴迷于你的艺术时，就会觉得没有什么牺牲是不能承受的……”

可是，迪莉娅用手掩住了他的嘴。

“不要再说了，亲爱的，”她说，“只消说：‘当你爱的时候，再大的牺牲也在所不惜。’”

【注释】

[1] 课文选自《欧·亨利短篇小说集》（天地出版社，2018年第1版）。

【课文简解】

这篇小说讲述了一对生活在大都市纽约热爱艺术的年轻夫妻乔和迪莉娅，他们的现实生活比较贫困。妻子迪莉娅主动放弃了自己的音乐艺术，瞒着丈夫去了洗衣房当女工赚钱来维持生计，并支持丈夫的艺术追求；而丈夫乔也为了妻子迪莉娅能够继续追求音乐艺术，放弃了自己的绘画艺术，去了同一家洗衣房做烧锅炉的工作，希望以此来支撑家庭的经济支出，并骗妻子说自己赚来的钱是卖画所得。为对方着想，两个人都以善意的谎言瞒着对方，诠释了爱情就是为所爱的人去奉献。

我与地坛[1]（节选）

史铁生

史铁生（1951—2010），中国当代作家、散文家，北京作家协会副主席，中国残疾人联合会副主席，代表作有《我与地坛》《务虚笔记》，著有《史铁生全集》。

一

我在好几篇小说中都提到过一座废弃的古园，实际就是地坛。许多年前旅游业还没有开展，园子荒芜冷落得如同一片野地，很少被人记起。

地坛离我家很近。或者说我家离地坛很近。总之，只好认为这是缘分。地坛在我出生前四百多年就坐落在那儿了，而自从我的祖母年轻时带着我父亲来到北京，就一直住在离它不远的地方——五十多年间搬过几次家，可搬来搬去总是在它周围，而且是越搬离它越近了。我常觉得这中间有着宿命的味道：仿佛这古园就是为了等我，而历尽沧桑在那儿等待了四百多年。

它等待我出生，然后又等待我活到最狂妄的年龄上忽地残废了双腿。四百多年里，它一面剥蚀了古殿檐头浮夸的琉璃，淡褪了门壁上炫耀的朱红，坍圮了一段段高墙又散落了玉砌雕栏，祭坛四周的老柏树愈见苍幽，到处的野草荒藤也都茂盛得自在坦荡。这时候想必我是该来了。十五年前的一个下午，我摇着轮椅进入园中，它为一个失魂落魄的人把一切都准备好了。那时，太阳循着亘古不变的路途正越来越大，也越红。在满园弥漫的沉静光芒中，一个人更容易看到时间，并看见自己的身影。

自从那个下午我无意中进了这园子，就再没长久地离开过它。我一下子就理解了它的意图。正如我在一篇小说中所说的："在人口密聚的城市里，有这样一个宁静的去处，像是上帝的苦心安排。"

两条腿残废后的最初几年，我找不到工作，找不到去路，忽然间几乎什么都找不到了，我就摇了轮椅总是到它那儿去，仅为着那儿是可以逃避一个世界的另一个世界。我在那篇小说中写道："没处可去我便一天到晚耗在这园子里。跟上班下班一样，别人去上班我就摇了轮椅到这儿来。园子无人看管，上下班时间有些抄近路的人们从园中穿过，园子里活跃一阵，过后便沉寂下来。""园墙在金晃晃的空气中斜切下一溜荫凉，我把轮椅开进去，把椅背放倒，坐着或是躺着，看书或者想事，撅一杈树枝左右拍打，驱赶那些和我一样不明白为什么要来这世上的小昆虫。""蜂儿如一朵小雾稳稳地停在半空；蚂蚁摇头晃脑捋着触须，猛然间想透了什么，转身疾行而去；瓢虫爬得不耐烦了，累了祈祷一回便支开翅膀，忽悠一下升空了；树干上留着一只蝉蜕，寂寞如一间空屋；露水在草叶上滚动，聚集，压弯了草叶轰然坠地摔开万道金光。""满园子都是草木竞相生长弄出的响动，窸窸窣窣片刻不息。"这都是真实的记录，园子荒芜但并不衰败。

除去几座殿堂我无法进去，除去那座祭坛我不能上去而只能从各个角度张望它，地坛的每一棵树下我都去过，差不多它的每一米草地上都有过我的车轮印。无论是什么季节，什么天气，什么时间，我都在这园子里待过。有时候待一会儿就回家，有时候就待到满地上都亮起月光。记不清都是在它的哪些角落里了。我一连几小时专心致志地想关于死的事，也以同样的耐心和方式想过我为什么要出生。这样想了好几年，最后事情终于弄明白了：一个人，出生了，这就不再是一个可以辩论的问题，而只是上帝交给他的一个事实；上帝在交给我们这件事实的时候，已经顺便保证了它的结果，所以死是一件不必急于求成的事，死是一个必然会降临的节日。这样想过之后我安心多了，眼前的一切不再那么可怕。比如你起早熬夜准备考试的时候，忽然想起有一个长长的假期在前面等待你，你会不会觉得轻松一点？并且庆幸并且感激这样的安排？

剩下的就是怎样活的问题了，这却不是在某一个瞬间就能完全想透的，不是一次性能够解决的事，怕是活多久就要想它多久了，就像是伴你终生的魔鬼或恋人。所以，十五年了，我还是总得到那古园里去，去它的老树下或荒草边或颓墙旁，去默坐，去呆想、去推开耳边的嘈杂理一理纷乱的思绪，去窥看自己的心魂。十五年中，这古园的形体被不能理解它的人肆意雕琢，幸好有些东西是任谁也不能改变它的。譬如祭坛石门中的落日，寂静的光辉平铺的一刻，地上的每一个坎坷都被映照得灿烂；譬如在园中最为落寞的时间，一群雨燕便出来高歌，把天地都叫喊得苍凉；譬如冬天雪地上孩子的脚印，总让人猜想他们是谁，曾在哪儿做过些什么、然后又都到哪儿去了；譬如那些苍黑的古柏，你忧郁的时候它们镇静地站在那儿，你欣喜的时候它们依然镇静地站在那儿，它们没日没夜地站在那儿从你没有出生一直站到这个世界上又没了你的时候；譬如暴雨骤临园中，激起一阵阵灼烈而清纯的草木和泥土的气味，让人想起无数个夏天的事件；譬如秋风忽至，再有一场早霜，落叶或飘摇歌舞或坦然安卧，满园中播散着熨帖而微苦的味道。味道是最说不清楚的。味道不能写只能闻，要你身临其境去闻才能明了。味道甚至是难于记忆的，只有你又闻到它你才能记起它的全部情感和意蕴。所以我常常要到那园子里去。

二

现在我才想到，当年我总是独自跑到地坛去，曾经给母亲出了一个怎样的难题。

她不是那种光会疼爱儿子而不懂得理解儿子的母亲。她知道我心里的苦闷，知道不该阻止我出去走走，知道我要是老待在家里结果会更糟，但她又担心我一个人在那荒僻的园子里整天都想些什么。我那时脾气坏到极点，经常是发了疯一样地离开家，从那园子里回来又中了魔似的什么话都不说。母亲知道有些事不宜问，便犹犹豫豫地想问而终于不敢问，因为她自己心里也没有答案。她料想我不会愿意她跟我一同去，所以她从未这样要求过，她知道得给我一点独处的时间，得有这样一段过程。她只是不知道这过程得要多久，和这过程的尽头究竟是什么。每次我要动身时，她便无言地帮我准备，帮助我上了轮椅车，看着我摇车拐出小院；这以后她会怎样，当年我不曾想过。

有一回我摇车出了小院；想起一件什么事又返身回来，看见母亲仍站在原地，还是送我走时的姿势，望着我拐出小院去的那处墙角，对我的回来竟一时没有反应。待她再次送我出门的时候，她说：“出去活动活动，去地坛看看书，我说这挺好。”许多年以后我才渐渐听出，母亲这话实际上是自我安慰，是暗自的祷告，是给我的提示，是恳求与嘱咐。只是在她猝然去世之后，我才有余暇设想。当我不在家里的那些漫长的时间，她是怎样心神不定坐卧难宁，兼着痛苦与惊恐与一个母亲最低限度的祈求。现在我可以断定，以她的聪慧和坚忍，在那些空落的白天后的黑夜，在那不眠的黑夜后的白天，她思来想去最后准是对自己说：“反正我不能不让他出去，未来的日子是他自己的，如果他真的要在那园子里出了什么事，这苦难也只好我来承担。”在那段日子里——那是好几年长的一段日子，我想我一定使母亲作过了最坏的准备了，但她从来没有对我说过：“你为我想想”。事实上我也真的没为她想过。那时她的儿子，还太年轻，还来不及为母亲想，他被命运击昏了头，一心以为自己是世上最不幸的一个，不知道儿子的不幸在母亲那儿总是要加倍的。她有一个长到二十岁上忽然截瘫了的儿子，这是她唯一的儿子；她情愿截瘫的是自己而不是儿子，可这事无法代替；她想，只要儿子能活下去哪怕自己去死呢也行，可她又确信一个人不能仅仅是活着，儿子得有一条路走向自己的幸福；而这条路呢，没有谁能保证她的儿子终于能找到。——这样一个母亲，注定是活得最苦的母亲。

有一次与一个作家朋友聊天，我问他学写作的最初动机是什么？他想了一会说：“为我母亲。为了让她骄傲。”我心里一惊，良久无言。回想自己最初写小说的动机，虽不似这位朋友的那般单纯，但如他一样的愿望我也有，且一经细想，发现这愿望也在全部动机中占了很大比重。这位朋友说：“我的动机太低俗了吧？”我光是摇头，心想低俗并不见得低俗，只怕是这愿望过于天真了。他又说：“我那时真就是想出名，出了名让别人羡慕我母亲。”我想，他比我坦率。我想，他又比我幸福，因为他的母亲还活着。而且我想，他的母亲也比我的母亲运气好，他的母亲没有一个双腿残废的儿子，否则事情就不这么简单。

在我的头一篇小说发表的时候，在我的小说第一次获奖的那些日子里，我真是多么希望我的母亲还活着。我便又不能在家里待了，又整天整天独自跑到地坛去，心里是没头没尾的沉郁和哀怨，走遍整个园子却怎么也想不通：母亲为什么就不能再多活两年？为什么在她儿子就快要碰撞开一条路的时候，她却忽然熬不住了？莫非她来此世上只是为了替儿子担忧，却不该分享我的一点点快乐？她匆匆离我去时才只有四十九呀！有那么一会，我甚至对世界对上帝充满了仇恨和厌恶。后来我在一篇题为《合欢树》的文章中写道：“我坐在小公园安静的树林里，闭上眼睛，想，上帝为什么早早地召母亲回去呢？很久很久，迷迷糊糊的我听见了回答：‘她心里太苦了，上帝看她受不住了，就召她回去。’我似乎得了一点安慰，睁开眼睛，看见风正从树林里穿过。”小公园，指的也是地坛。

只是到了这时候，纷纭的往事才在我眼前幻现得清晰，母亲的苦难与伟大才在我心中渗透得深彻。上帝的考虑，也许是对的。

摇着轮椅在园中慢慢走，又是雾罩的清晨，又是骄阳高悬的白昼，我只想着一件事：母亲已经不在了。在老柏树旁停下，在草地上在颓墙边停下，又是处处虫鸣的午后，又是鸟儿归巢的傍晚，我心里只默念着一句话：可是母亲已经不在了。把椅背放倒，躺下，似睡非睡挨到日没，坐起来，心神恍惚，呆呆地直坐到古祭坛上落满黑暗然后再渐渐浮起月光，心里才有点明白，母亲不能再来这园中找我了。

曾有过好多回，我在这园子里待得太久了，母亲就来找我。她来找我又不想让我发觉，只要见我还好好地在这园子里，她就悄悄转身回去，我看见过几次她的背影。我也看见过几回她四处张望的情景，她视力不好，端着眼镜像在寻找海上的一条船，她没看见我时我已经看见她了，待我看见她也看见我了我就不去看她，过一会我再抬头看她就又看见她缓缓离去的背影。我单是无法知道有多少回她没有找到我。有一回我坐在矮树丛中，树丛很密，我看见她没有找到我；她一个人在园子里走，走过我的身旁，走过我经常待的一些地方，步履茫然又急迫。我不知道她已经找了多久还要找多久，我不知道为什么我决意不喊她——但这绝不是小时候的捉迷藏，这也许是出于长大了的男孩子的倔强或羞涩？但这倔只留给我痛悔，丝毫也没有骄傲。我真想告诫所有长大了的男孩子，千万不要跟母亲来这套倔强，羞涩就更不必，我已经懂了可我已经来不及了。

儿子想使母亲骄傲，这心情毕竟是太真实了，以致使“想出名”这一声名狼藉的念头也多少改变了一点形象。这是个复杂的问题，且不去管它了罢。随着小说获奖的激动逐日暗淡，我开始相信，至少有一点我是想错了：我用纸笔在报刊上碰撞开的一条路，并不就是母亲盼望我找到的那条路。年年月月我都到这园子里来，年年月月我都要想，母亲盼望我找到的那条路到底是什么。母亲生前没给我留下过什么隽永的哲言，或要我恪守的教诲，只是在她去世之后，她艰难的命运，坚忍的意志和毫不张扬的爱，随光阴流转，在我的印象中愈加鲜明深刻。

有一年，十月的风又翻动起安详的落叶，我在园中读书，听见两个散步的老人说：“没想到这园子有这么大。”我放下书，想，这么大一座园子，要在其中找到她的儿子，母亲走过了多少焦灼的路。多年来我头一次意识到，这园中不单是处处都有过我的车辙，有过我的车辙的地方也都有过母亲的脚印。

三

如果以一天中的时间来对应四季，当然春天是早晨，夏天是中午，秋天是黄昏，冬天是夜晚。如果以乐器来对应四季，我想春天应该是小号，夏天是定音鼓，秋天是大提琴，冬天是圆号和长笛。要是以这园子里的声响来对应四季呢？那么，春天是祭坛上空漂浮着的鸽子的哨音，夏天是冗长的蝉歌和杨树叶子哗啦啦地对蝉歌的取笑，秋天是古殿檐头的风铃响，冬天是啄木鸟随意而空旷的啄木声。以园中的景物对应四季，春天是一径时而苍白时而黑润的小路，时而明朗时而阴晦的天上摇荡着串串杨花；夏天是一条条耀眼而灼人的石凳，或阴凉而爬满了青苔的石阶，阶下有果皮，阶上有半张被坐皱的报纸；秋天是一座青铜的大钟，在园子的西北角上曾丢弃着一座很大的铜钟，铜钟与这园子一般年纪，浑身挂满绿锈，文字已不清晰；冬天，是林中空地上几只羽毛蓬松的老麻雀。以心绪对应四季呢？春天是卧病的季节，否则人们不易发觉春天的残忍与渴望；夏天，情人们应该在这个季节里失恋，不然就似乎对不起爱情；秋天是从外面买一棵盆花回家的时候，把花搁在阔别了的家中，并且打开窗户把阳光也放进屋里，慢慢回忆慢慢整理一些发过霉的东西；冬天伴着火炉和书，一遍遍坚定不死的决心，写一些并不发出的信。还可以用艺术形式对应四季，这样春天就是一幅画，夏天是一部长篇小说，秋天是一首短歌或诗，冬天是一群雕塑。以梦呢？以梦对应四季呢？春天是树尖上的呼喊，夏天是呼喊中的细雨，秋天是细雨中的土地，冬天是干净的土地上的一只孤零的烟斗。

因为这园子，我常感恩于自己的命运。

我甚至现在就能清楚地看见，一旦有一天我不得不长久地离开它，我会怎样想念它，我会怎样想念它并且梦见它，我会怎样因为不敢想念它而梦也梦不到它。

【注释】

[1] 这篇散文创作于1989年。史铁生于1969年作为知青到陕西省延安市“插队”，1972年，因病致瘫而回京。作者是在双腿残疾的沉重打击下，在找不到工作，找不到去路，忽然间几乎什么都找不到了的时候“走”进地坛的，从此以后与地坛结下了不解之缘。地坛又称方泽坛，是古都北京五坛中的第二大坛，建于明代嘉靖九年，是明清两朝帝王祭祀“皇地祇神”的场所，也是中国现存的最大的祭地之坛。

【课文简解】

史铁生在《我与地坛》一文中思索“生命”，表达对母亲的怀念。作者写自己作为一个身体残疾，思想上“失魂落魄”的人，为逃避现实人生苦难，他走入她所“熟悉”地坛里，这里的草木、虫鸟都经历着生命的过程，他在这里思考生命的意义，把自己与地坛，把母亲与地坛联系一起，母亲对儿子的无私的关爱和儿子的自我任性都在地坛里留下点滴的印记，以看似平常的几件关于母亲的小事以及母亲离世，抒写母爱。

回忆我的父亲[1]（节选）

杨 绛

杨绛（1911—2016），本名杨季康，江苏无锡人，中国作家、文学翻译家和外国文学研究家，著有散文随笔集《我们仨》《走到人生边上》。

我父亲凝重有威，我们孩子都怕他，尽管他从不打骂。如果我们不乖，父亲只会叫急，喊母亲把淘气的孩子提溜出去训斥。锺书初见我父亲也有点怕，后来他对我说："爸爸是'望之俨然，即之也温'。"我们怕虽怕，却和父亲很亲近。他喜欢饭后孩子围绕着一起吃点甜食，常要母亲买点好吃的东西"放放焰口"。

……

我父亲有个偏见，认为女孩子身体娇弱，不宜用功。据说和他同在美国留学的女学生个个短寿，都是用功过度，伤了身体。他常对我说，他班上某某每门功课一百分，"他是个低能！"反正我很少一百分，不怕父亲嘲笑。我在高中还不会辨平仄声。父亲说，不要紧，到时候自然会懂。有一天我果然四声部能分辨了，父亲晚上常踱过廊前，敲窗考我某字什么声。我考对了他高兴而笑，考倒了他也高兴而笑。父亲的教育理论是孔子的"大叩则大鸣，小叩则小鸣"。我对什么书表示兴趣，父亲就把那部书放在我书桌上，有时他得爬梯到书橱高处去拿；假如我长期不读，那部书就不见了——这就等于谴责。父亲为我买的书多半是诗词小说，都是我喜爱的。

对有些事父亲却严厉得很。我十六岁，正念高中。那时北伐已经胜利，学生运动很多，常要游行、开群众大会等。一次学生会要各校学生上街宣传——摄一条板凳，站上向街上行人演讲。我也被推选去宣传。可是我十六岁看来只像十四岁，一着急就涨红了脸。当时苏州风气闭塞，街上的轻薄人很会欺负女孩子。如果我站上板凳，他们只准会看猴儿似的拢上来看，甚至还会耍猴儿。我料想不会有人好好儿听。学校里有些古板人家的"小姐"，只要说"家里不赞成"，就能豁免一切开会、游行、当代表等等。我周末回家就向父亲求救，问能不能也说"家里不赞成"。父亲一口拒绝。他说："你不肯，就别去，不用借爸爸来挡。"我说，"不行啊，少数得服从多数呀。"父亲说："该服从的就服从；你有理，也可以说。去不去在你。"可是我的理实在难说，我能说自己的脸皮比别人薄吗？

父亲特向我讲了一个他自己的笑话。他当江苏省高等审判厅长的时候，张勋不知打败了哪位军阀胜利入京。江苏士绅联名登报拥戴欢迎。父亲在欢迎者名单里忽然发现了自己的名字。那是他属下某某擅自干的，以为名字既已见报，我父亲不愿意也只好罢了。可是我父亲怎么也不肯欢迎那位"辫帅"，他说"名与器不可以假人"，立即在报上登上一条大字的启事，申明自己没有欢迎。他对我讲的时候自己失笑，因为深知这番声明太不通世故了。他学着一位朋友的话说："唉，补塘，声明也可以不必了。"但是父亲说："你知道林肯说的一句话吗？Dare to say no！你敢吗？"

我苦着脸说"敢！"敢，可惜不是为了什么伟大的目标，只是一个爱面子的女孩子不肯上街出丑罢了。所以我到校实在说不出一个充分的理由，只坚持"我不赞成，我不去"。这当然成了"岂有此理"。同学向校长告状，校长传我去狠狠训斥了一顿。我还是不肯，没去宣传。被推选的其他三人比我年长些，也老练些。她们才宣传了半天，就有个自称团长的国民党军官大加欣赏，接她们第二天到留园去宣传，实际上是请她们去游园吃饭。校长事后知道了大吃一惊，不许她们再出去宣传。我的"岂有此理"也就变为"很有道理"。

……

我考大学的时候，清华大学刚收女生，但是不到南方来招生。我就近考入东吴大学。上了一年，大学得分科，老师们认为我有条件读理科。因为我有点像我父亲嘲笑的"低能"，虽然不是每门功课一百分，却都平均发展，并无特长。我在融洽而优裕的环境里生长，全不知世事。可是我很严肃认真地考虑自己"该"学什么。所谓"该"，指最有益于人，而我自己就不是白活了一辈子。我知道这个"该"是很夸大的，所以羞于解释。父亲说，没什么该不该，最喜欢什么，就学什么。我却不放心。只问自己的喜欢，对吗？我喜欢文学，就学文学？爱读小说，就学小说？父亲说，喜欢的就是性之所近，就是自己最相宜的。我半信不信，只怕父亲是纵容我。可是我终究不顾老师的惋惜和劝导，文理科之间选了文科。我渐渐了解：最喜欢的学科并不就是最容易的。我在中学背熟的古文"天下一致而百虑，同归而殊途"还深印在脑里。我既不能当医生治病救人，又不配当政治家治国安民，我只能就自己性情所近的途径，尽我的一份力。如今我看到自己幼而无知、老而无成，当年却也曾那么严肃认真地要求自己，不禁愧汗自笑。不过这也足以证明，一个人没有经验，没有学问，没有天才，也会有要好向上的心——尽管有志无成。

【注释】

[1]《回忆我的父亲》发表于 1983 年《当代》，课文是部分节选。

【课文简解】

这篇散文紧扣"父亲凝重有威"，以自己的成长为叙事内容，讲述了自己孩童时，父亲对自己读书的无声教诲；少年时，言传身教，以身作则的教诲；长大后自我选择的教诲，抒发对父亲的怀念。

俞伯牙摔琴谢知音[1]

冯梦龙

冯梦龙(1574—1646),字犹龙,号龙子犹、墨憨斋主人等,明代文学家,苏州府长洲县(今江苏省苏州市)人,代表作为《古今小说》(《喻世明言》)、《警世通言》《醒世恒言》,合称“三言”。

浪说曾分鲍叔金,谁人辨得伯牙琴!于今交道奸如鬼,湖海空悬一片心。

古来论交情至厚莫如管鲍。管是管夷吾,鲍是鲍叔牙。他两个同为商贾,得利均分,时管夷吾多取其利,叔牙不以为贪,知其贫也。后来管夷吾被囚,叔牙脱之,荐为齐相。这样朋友,才是个真正相知。这相知有几样名色:恩德相结者,谓之知己;腹心相照者,谓之知心;声气相求者,谓之知音,总来叫做相知。今日听在下说一桩俞伯牙的故事。列位看官们,要听者,洗耳而听;不要听者,各随尊便。正是:“知音说与知音听,不是知音不与谈。”

话说春秋战国时,有一名公,姓俞名瑞,字伯牙,楚国郢都人氏,即今湖广荆州府之地也。那俞伯牙身虽楚人,官星却落于晋国,仕至上大夫之位。因奉晋主之命,来楚国修聘。俞伯牙讨这个差使,一来是个大才,不辱君命;二来就便省视乡里,一举两得。当时从陆路至于郢都,朝见了楚王,致了晋主之命。楚王设宴款待,十分相敬。那郢都乃是桑梓之地,少不得去看一看坟墓,会一会亲友。然虽如此,各事其主,君命在身,不敢迟留。公事已毕,拜辞楚王。楚王赠以黄金采缎,高车驷马。俞伯牙离楚一十二年,思想故国江山之胜,欲得恣情观览,要打从水路大宽转而回。乃假奏楚王道:“臣不幸有犬马之疾,不胜车马驰骤。乞假臣舟楫,以便医药。”楚王准奏,命水师拨大船二只,一正一副。正船单坐晋国来使,副船安顿仆从行李,都是兰桡画桨,锦帐高帆,甚是齐整。群臣直送至江头而别。

只因览胜探奇,不顾山遥水远。俞伯牙是风流才子,那江山之胜,正投其怀。张一片风帆,凌千层碧浪,看不尽遥山叠翠,远水澄清。不一日,行至汉阳江口。时当八月十五日,中秋之夜,偶然风狂浪涌,大雨如注。舟楫不能前进,泊于山崖之下。不多时,风恬浪静,雨止云开,现出一轮明月。那雨后之月,其光倍常。俞伯牙在船舱中,独坐无聊,命童子焚香炉内:“待我抚琴一操,以遣情怀。”童子焚香罢,捧琴囊置于案间。俞伯牙开囊取琴,调弦转轸,弹出一曲。曲犹未终,指下“刮刺”的一声响,琴弦断了一根。伯牙大惊,叫童子去问船头:“这住船所在是甚么去处?”船头答道:“偶因风雨,停泊于山脚之下,虽然有些草树,并无人家。”俞伯牙惊讶,想道:“是荒山了。若是城郭村庄,或是聪明好学之人,盗听吾琴,所以琴声忽变,有弦断之异。这荒山下那得有听琴之人?哦,我知道了,想是有仇家差来刺客;不然,或是贼盗伺候更深,登舟劫我财物。”叫左右:“与我上崖搜检一番。不在柳阴深处,定在芦苇丛中。”

左右领命，唤齐众人，正欲搭跳上崖，忽听岸上有人答应道："舟中大人，不必见疑。小子并非奸盗之流，乃樵夫也。因打柴归晚，值骤雨狂风，雨具不能遮蔽，潜身岩畔。闻君雅操，少住听琴。"伯牙大笑道："山中打柴之人，也敢称'听琴'二字！此言未知真伪，我也不计较了。左右的，叫他去罢。"那人不去，在崖上高声说道："大人出言谬矣！岂不闻'十室之邑，必有忠信。门内有君子，门外君子至。'大人若欺负山野中没有听琴之人，这夜静更深，荒崖下也不该有抚琴之客了。"

伯牙见他出言不俗，或者真是个听琴的，亦未可知。止住左右不要罗唣，走近舱门，回嗔作喜的问道："崖上那位君子，既是听琴，站立多时，可知道我适才所弹何曲？"那人道："小人若不知，却也不来听琴了。方才大人所弹，乃孔仲尼叹颜回，谱入琴声。其词云：'可惜颜回命早亡，教人思想鬓如霜。只因陋巷箪瓢乐……'到这一句，就绝了琴弦，不曾抚出第四句来，小子也还记得：'留得贤名万古扬。'"伯牙闻言大笑道："先生果非俗士，隔崖远，难以问答。"命左右："掌跳，看扶手，请那位先生登舟细讲。"

左右掌跳，此人上船，果然是个樵夫：头戴箬笠，身披蓑衣，手持尖担，腰插板斧，脚踏芒鞋。手下人那知言谈好歹，见是樵夫，下眼相看："咄！那樵夫下舱去，见我老爷叩头，问你甚么言语，小心答应。官尊着哩！"樵夫却是个有意思的，道："列位不须粗鲁，待我解衣相见。"除了斗笠，头上是青布包巾，脱了蓑衣，身上是蓝布衫儿；搭膊拴腰，露出布裤下截。那时不慌不忙，将蓑衣、斗笠、尖担、板斧，俱安放舱门之外。脱下芒鞋，蹦去泥水，重复穿上，步入舱来。官舱内公座上灯烛辉煌。樵夫长揖而不跪，道："大人施礼了。"俞伯牙是晋国大臣，眼界中那有两接的布衣。下来还礼，恐失了官体，既请下船，又不好叱他回去。伯牙没奈何，微微举手道："贤友免礼罢。"叫童子看座的。童子取一张杌坐儿置于下席。伯牙全无客礼，把嘴向樵夫一努，道："你且坐了。"你我之称，怠慢可知。那樵夫亦不谦让，俨然坐下。

伯牙见他不告而坐，微有嗔怪之意，因此不问姓名，亦不呼手下看茶。默坐多时，怪而问之："适才崖上听琴的，就是你么？"樵夫答言："不敢。"伯牙："我且问你，既来听琴，必知琴之出处。此琴何人所造？抚他有甚好处？"正问之时，船头来禀话："风色顺了，月明如昼，可以开船。"伯牙分付："且慢些！"樵夫道："承大人下问，小子若讲话絮烦，恐耽误顺风行舟。"伯牙笑道："惟恐你不知琴理。若讲得有理，就不做官，亦非大事，何况行路之迟速乎！"樵夫道："既如此，小子方敢僭谈。此琴乃伏羲氏所琢，见五星之精，飞坠梧桐，凤皇来仪。凤乃百鸟之王，非竹实不食，非梧桐不栖，非醴泉不饮。伏羲氏知梧桐乃树中之良材，夺造化之精气，堪为雅乐，令人伐之。其树高三丈三尺，按三十三天之数，截为三段，分天、地、人三才。取上一段叩之，其声太清，以其过轻而废之。取下一段叩之，其声太浊，以其过重而废之。取中一段叩之，其声清浊相济，轻重相兼。送长流水中，浸七十二日，按七十二候之数，取起阴干，选良时吉日，用高手匠人刘子奇斫成乐器。此乃瑶池之乐，故名瑶琴。长三尺六寸一分，按周天三百六十一度。前阔八寸，按八节；后阔四寸，按四时；厚二寸，按两仪。有金童头，玉女腰，仙人背，龙池，凤沼，玉轸，金徽。那徽有十二，按十二月。又有一中徽，按闰月。先是五条弦在上，外按五行：金、木、水、火、土；内按五音：宫、商、角、徵、羽。尧舜时操五弦琴，歌'南风'诗，天下大治。后因周文王被囚于羑里，吊子伯邑考，添弦一根，清幽哀怨，谓之文弦。后武王伐纣，前歌后舞，添弦一根，激烈发扬，谓之武弦。先是宫、商、角、徵、羽五弦，后加二弦，称为文武七弦琴。此琴有六忌，七不弹，八绝。何为六忌？一忌大寒，二忌大暑，三忌大风，四忌大雨，五忌迅雷，六忌大雪。何为七不弹？闻丧者不弹，奏乐不弹，事冗不弹，不净身不弹，衣冠不整不弹，不焚香不弹，不遇知音者不弹。何为八绝？总之，清奇幽雅，悲壮悠长。此琴抚到尽美尽善之处，啸虎闻而不吼，哀猿听而不啼。乃雅乐之好处也。”

伯牙见他对答如流，犹恐是记问之学，又想道：“就是记问之学，也亏他了。我再试他一试。”此时已不似在先你我之称了，又问道：“足下既知乐理，当时孔仲尼鼓琴于室中，颜回自外入，闻琴中有幽沉之声，疑有贪杀之意，怪而问之，仲尼曰：‘吾适鼓琴，见猫方捕鼠，欲其得之，又恐其失之。此贪杀之意，遂露于丝桐。’始知圣门音乐之理，入于微妙。假如下官抚琴。心中有所思念，足下能闻而知之否？”樵夫道：“《毛诗》云：‘他人有心，予忖度之。’大人抚弄一过，小子任心猜度。若猜不着时，大人休得见罪。”伯牙将弦重整，沉思半晌。其意在于高山，抚琴一弄。樵夫赞道：“美哉！洋洋乎，大人之意，在高山也！”伯牙不答。又凝神一会，将琴再鼓，其意在于流水。樵夫又赞道：“美哉！汤汤乎，志在流水！”只两句，道着了伯牙的心事。伯牙大惊，推琴而起，与子期施宾主之礼，连呼：“失敬！失敬！石中有美玉之藏，若以衣貌取人，岂不误了天下贤士？先生高名雅姓？”樵夫欠身而答：“小子姓钟，名徽，贱字子期。”伯牙拱手道：“是钟子期先生。”子期转问：“大人高姓？荣任何所？”伯牙道：“下官俞瑞，仕于晋朝，因修聘上国而来。”子期道：“原来是伯牙大人。”伯牙推子期坐于客位，自己主席相陪，命童子点茶。茶罢，又命童子取酒共酌。伯牙道：“借此攀话，休嫌简亵。”子期称：“不敢。”

童子取过瑶琴，二人入席饮酒。伯牙开言又问：“先生声口是楚人了，但不知尊居何处？”子期道：“离此不远，地名马安山集贤村，便是荒居。”伯牙点头道：“好个集贤村！”又问：“道艺何为？”子期道：“也就是打柴为生。”伯牙微笑道：“子期先生，下官也不该僭言，似先生这等抱负，何不求取功名，立身于廊庙，垂名于竹帛；却乃赍志林泉，混迹樵牧，与草木同朽？窃为先生不取也。”子期道：“实不相瞒，舍间上有年迈二亲，下无手足相辅，采樵度日，以尽父母之余年。虽位为三公之尊，不忍易我一日之养也。”伯牙道：“如此大孝，一发难得。”二人杯酒酬酢了一会。子期宠辱无惊，伯牙愈加爱重。又问子期：“青春多少？”子期道：“虚度二十有七。”伯牙道：“下官年长一旬。子期若不见弃，结为兄弟相称，不负知音契友。”子期笑道：“大人差矣！大人乃上国名公，钟徽乃穷乡贱子，怎敢仰扳，有辱俯就。”伯牙道：“相识满天下，知心能几人？下官碌碌风尘，得与高贤结契，实乃生平之万幸。若以富贵贫贱为嫌，觑俞瑞为何等人乎！”遂命童子重添炉火，再燕名香，就船舱中与子期顶礼八拜。伯牙年长为兄，子期为弟。今后兄弟相称，生死不负。拜罢，复命取暖酒再酌。子期让伯牙上坐，伯牙从其言。换了杯箸，子期下席，兄弟相称，彼此谈心叙话。正是：合意客来心不厌，知音人听话偏长。

谈论正浓，不觉月淡星稀，东方发白。船上水手都起身收拾篷索，整备开船。子期起身告辞，伯牙捧一杯酒递与子期，把子期之手，叹道：“贤弟，我与你相见何太迟，相别何太早！”子期闻言，不觉泪珠滴于杯中。子期一饮而尽，斟酒回敬伯牙。二人各有眷恋不舍之意。伯牙道："愚兄余情不尽，意欲曲延贤弟同行数日，未知可否？"子期道："小弟非不欲相从。怎奈二亲年老，'父母在，不远游'。"伯牙道："既是二位尊人在堂，回去告过二亲，到晋阳来看愚兄一看，这就是'游必有方'了。"子期道："小弟不敢轻诺而寡信，许了贤兄，就当践约。万一禀命于二亲，二亲不允，使仁兄悬望于数千里之外，小弟之罪更大矣。"伯牙道："贤弟真所谓至诚君子。也罢，明年还是我来看贤弟。"子期道："仁兄明岁何时到此？小弟好伺候尊驾。"伯牙屈指道："昨夜是中秋节，今日天明，是八月十六日了。贤弟，我来仍在仲秋中五六日奉访。若过了中旬，迟到季秋月分，就是爽信，不为君子。"叫童子："分付记室，将钟贤弟所居地名及相会的日期，登写在日记簿上。"子期道："既如此，小弟来年仲秋中五六日，准在江边侍立拱候，不敢有误。天色已明，小弟告辞了。"伯牙道："贤弟且住。"命童子取黄金二笏，不用封帖，双手捧定道："贤弟，些须薄礼，权为二位尊人甘旨之费。斯文骨肉，勿得嫌轻。"子期不敢谦让，即时收下。再拜告别，含泪出舱，取尖担挑了蓑衣、斗笠，插板斧于腰间，掌跳搭扶手上崖。伯牙直送到船头，各各洒泪而别。

不题子期回家之事。再说俞伯牙点鼓开船，一路江山之胜，无心观览，心心念念，只想着知音之人。又行了几日，舍舟登岸。经过之地，知是晋国上大夫，不敢轻慢，安排车马相送。直至晋阳，回复了晋王，不在话下。

光阴迅速，过了秋冬，不觉春去夏来。伯牙心怀子期，无日忘之。想着中秋节近，奏过晋主，给假还乡。晋主依允。伯牙收拾行装，仍打大宽转，从水路而行。下船之后，分付水手，但是湾泊所在，就来通报地名。事有偶然，刚刚八月十五夜，水手禀复，此去马安山不远。伯牙依稀还认得去年泊船相会子期之处。分付水手，将船湾泊，水底抛锚，崖边钉橛。其夜晴明，船舱内一线月光，射进朱帘。

伯牙命童子将帘卷起，步出舱门，立于船头之上，仰观斗柄。水底天心，万顷茫然，照如白昼。思想去岁与知己相逢，雨止月明。今夜重来，又值良夜。他约定江边相候，如何全无踪影，莫非爽信？又等了一会，想道："我理会得了。江边来往船只颇多，我今日所驾的，不是去年之船了。吾弟急切如何认得？去岁我原为抚琴惊动知音。今夜仍将瑶琴抚弄一曲，吾弟闻之，必来相见。"命童子取琴桌安放船头，焚香设座。伯牙开囊，调弦转轸，才泛音律，商弦中有哀怨之声。伯牙停琴不操："呀！商弦哀声凄切，吾弟必遭忧在家。去岁曾言父母年高。若非父丧，必是母亡。他为人至孝，事有轻重，宁失信于我，不肯失礼于亲，所以不来也。来日天明，我亲上崖探望。"叫童子收拾琴桌，下舱就寝。

伯牙一夜不睡，真个巴明不明，盼晓不晓。看看月移帘影，日出山头。伯牙起来梳洗整衣，命童子携琴相随，又取黄金十镒带去："倘吾弟居丧，可为赠礼。"踹跳登崖，行于樵径，约莫十数里，出一谷口，伯牙站住。童子禀道："老爷为何不行？"伯牙道："山分南北，路列东西。从山谷出来，两头都是大路，都去得。知道那一路往集贤村去？等个识路之人，问明了他，方才可行。"伯牙就石上少憩，童儿退立于后。不多时，左手官路上有一老叟，髯垂玉线，发挽银丝，箬冠野服，左手举藤杖，右手携竹篮，徐步而来。伯牙起身整衣，向前施礼。那老者不慌不忙，将右手竹篮轻轻放下，双手举藤杖还礼，道："先生有何见教？"伯牙道："请问两头路，那一条路，往集贤村去的？"老者道："那两头路，就是两个集贤村。左手是上集贤村，右手是下集贤村，通衢三十里官道。先生从谷出来，正当其半。东去十五里，西去也是十五里。不知先生要往那一个集贤村？”伯牙默默无言，暗想道：“吾弟是个聪明人，怎么说话这等糊涂。相会之日，你知道此间有两个集贤村，或上或下，就该说个明白了。”伯牙却才沈吟，那老者道：“先生这等吟想，一定那说路的，不曾分上下，总说了个集贤村，教先生没处抓寻了。”伯牙道：“便是。”老者道：“两个集贤村中，有一二十家庄户，大抵都是隐遁避世之辈。老夫在这山里，多住了几年，正是‘士居三十载，无有不亲人’。这些庄户，不是舍亲，就是敝友。先生到集贤村必是访友，只说先生所访之友姓甚名谁，老夫就知他住处了。”伯牙道：“学生要往钟家庄去。”

老者闻“钟家庄”三字，一双昏花眼内，扑簌簌掉下泪来，道：“先生别家可去，若说钟家庄，不必去了。”伯牙惊问：“却是为何？”老者道：“先生到钟家庄，要访何人？”伯牙道：“要访子期。”老者闻言，放声大哭道：“子期钟徽，乃吾儿也。去年八月十五采樵归晚，遇晋国上大夫俞伯牙先生。讲论之间，意气相投。临行赠黄金二笏。吾儿买书攻读，老拙无才，不曾禁止。旦则采樵负重，暮则诵读辛勤，心力耗废，染成怯疾，数月之间，已亡故了。”伯牙闻言，五内崩裂，泪如涌泉，大叫一声，傍山崖跌倒，昏绝于地。钟公用手搀扶。回顾小童道：“此位先生是谁？”小童低低附耳道：“就是俞伯牙老爷。”钟公道：“原来是吾儿好友。”扶起伯牙苏醒。伯牙坐于地下，口吐痰涎，双手捶胸，恸哭不已，道：“贤弟呵，我昨夜泊舟，还说你爽信，岂知已为泉下之鬼，你有才无寿了！”钟公拭泪相劝。伯牙哭罢起来，重与钟公施礼。不敢呼老丈，称为老伯，以见通家兄弟之意。伯牙道：“老伯，令郎还是停柩在家，还是出瘗郊外了？”钟公道：“一言难尽！亡儿临终，老夫与拙荆坐于卧榻之前。亡儿遗语嘱付道：‘修短由天，儿生前不能尽人子事亲之道，死后乞葬于马安山江边。与晋大夫俞伯牙有约，欲践前言耳。’老夫不负亡儿临终之言。适才先生来的小路之右，一丘新土，即吾儿钟徽之冢。今日是百日之忌，老夫提一陌纸钱，往坟前烧化，何期与先生相遇！”伯牙道：“既如此，奉陪老伯，就坟前一拜。”命小童代太公提了竹篮。

钟公策杖引路，伯牙随后，小童跟定，复进谷口。果见一丘新土，在于路左。伯牙整衣下拜：“贤弟在世为人聪明，死后为神灵应。愚兄此一拜，诚永别矣！”拜罢，放声又哭。惊动山前山后，山左山右黎民百姓，不问行的、住的、远的、近的，闻得朝中大臣来祭钟子期，回绕坟前，争先观看。伯牙却不曾摆得祭礼，无以为情。命童子把瑶琴取出囊来，放于祭石台上，盘膝坐于坟前，挥泪两行，抚琴一操。那些看者，闻琴韵铿锵，鼓掌大笑而散。伯牙问：“老伯，下官抚琴，吊令郎贤弟，悲不能已，众人为何而笑？”钟公道：“乡野之人，不知音律。闻琴声以为取乐之具，故此长笑。”伯牙道：“原来如此。老伯可知所奏何曲？”钟公道：“老夫幼年也颇习。如今年迈，五官半废，模糊不懂久矣。”伯牙道：“这就是下官随心应手一曲短歌，以吊令郎者，口诵于老伯听之。”钟公道：“老夫愿闻。”伯牙诵云：

忆昔去年春，江边曾会君。今日重来访，不见知音人。但见一抔土，惨然伤我心！伤心伤心复伤心，不忍泪珠纷。来欢去何苦，江畔起愁云。子期子期兮，你我千金义，历尽天涯无足语，此曲终兮不复弹，三尺瑶琴为君死！

伯牙于衣夹间取出解手刀，割断琴弦，双手举琴，向祭石台上，用力一摔，摔得玉轸抛残，

金徽零乱。钟公大惊,问道:“先生为何摔碎此琴?”伯牙道:

摔碎瑶琴凤尾寒,子期不在对谁弹?春风满面皆朋友,欲觅知音难上难。

钟公道:“原来如此,可怜,可怜!”

伯牙道:“老伯高居,端的在上集贤村,还是下集贤村?”

钟公道:“荒居在上集贤村第八家就是。先生如今又问他怎的?”伯牙道:“下官伤感在心,不敢随老伯登堂了。随身带得有黄金二镒,一半代令郎甘旨之奉,一半买亩祭田,为令郎春秋扫墓之费。待下官回本朝时,上表告归林下。那时却到上集贤村,迎接老伯与老伯母,同到寒家,以尽天年。吾即子期,子期即吾也。老伯勿以下官为外人相嫌。”说罢,命小童取出黄金,亲手递与钟公,哭拜于地。钟公答拜,盘桓半晌而别。

这回书,题作《俞伯牙摔琴谢知音》。后人有诗赞云:

势利交怀势利心,斯文谁复念知音。伯牙不作钟期逝,千古令人说破琴。

【注释】

[1]《俞伯牙摔琴谢知音》是一部拟话本小说,选自于《警世通言》。

【课文简解】

小说讲述春秋时期的晋国大夫俞伯牙精通音律,出使楚国,在楚地游历中,在汉阳江口操琴抒怀,与樵夫钟子期相遇。钟子期从俞伯牙琴声里感受其内心所想,两人结为知音好友,离别时,约定明年中秋再相会。但钟子期不久离世。俞伯牙如约而至,得悉钟子期已死,觉得世上已无知音,终身不再鼓琴。

单元练习

一、背诵《子衿》《西洲曲》《钗头凤》。

二、如何评价中国古代社会的爱情观?

三、如何评价中国古代社会的亲情?

四、中国古代人的情感浓重的因素是什么?

五、中国的亲属称谓多于西方,原因是什么?

六、如何评价中国古代社会的友情?

七、当代大学生应怎样对待爱情、亲情和友情?

第八单元　兵戈挥舞

中国古代称战争为争、战、征、伐、兵等。战国时期的兵书《吴子》中已有"战争"一词。原始社会的战争是氏族部落之间或部落联盟之间，为了争夺赖以生存的土地、河流、山林等天然财富，甚至为了抢婚、种族复仇而发生冲突，进而演变成原始状态的战争。

进入阶级社会，战争是统治者意志的体现，是敌对双方用以解决阶级、政治集团、民族、国家之间矛盾的最高的斗争形式。触发战争的往往是政治家而非军人，战争的产生是主导者为了自己或者集团的利益而发起的行为，不惜以牺牲生命为代价，因而战争是残酷的。

古代中国是农业文明社会，战争中，战场上死亡的以男性为主，是个体生命的丧失，劳动力的损失，进而造成家庭的衰落，国家的物质和人力要素也遭受破坏，中国古代文学中有大量描写战争给劳动人民造成不幸的作品。

战争有正义和非正义之分。为国家和民族的解放被认为是正义的，是有民众基础的，多以胜利结束。而为满足统治者的贪婪私欲而战的穷兵黩武行为是非正义的，多以失败告终。在外敌入侵时，作为国民，必须勇于抗争，保卫家园，守卫边关，因此也出现了一些积极的激励人们奋进的战争文学。

本单元通过对古今中外关于战争篇章的学习，了解战乱对中华民族发展的影响。

无　衣[1]

《国风·秦风》为秦地民歌,是《诗经》十五国风之一。秦诗产生于春秋初至秦穆公时期,前后约150年的跨度。秦人先祖嬴姓部族早在殷商时期就是镇守西戎的得力助手,颇受商朝重视,为商朝贵族,遂为诸侯。西周孝王六年(前886年),秦先祖秦非子因养马有功被周天子封为附庸国。东周初,秦襄公护送周平王东迁有功,开始列为诸侯,改建都于雍,疆土逐渐扩大,统治区域大致包括今陕西中部和甘肃东南部。《汉书·地理志》说:“天水陇西,山多林木,民以板为室屋,及安定、北地、上郡、西河,皆逼近戎狄,修习战备,高上(崇尚)气力,以射猎为先。”“秦风”就是这个区域的诗。秦风诗歌中有一种在其他风诗中少见的尚武精神和悲壮慷慨情调。

《国风·秦风》共有十首诗:《车邻》《驷驖》《小戎》《蒹葭》《终南》《黄鸟》《晨风》《无衣》《渭阳和权舆》。

岂曰无衣,与子同袍[2]。王于兴师,修我戈矛,与子同仇!
岂曰无衣,与子同泽[3]。王于兴师,修我矛戟,与子偕作!
岂曰无衣,与子同裳[4]。王于兴师,修我甲兵,与子偕行!

【注释】

[1]《无衣》选自《诗经·国风·秦风》。

[2] 袍:长袍,即今之斗篷。

[3] 泽:通“襗”,内衣,如今之汗衫。

[4] 裳:下衣,此指战裙。

【课文简解】

在《诗经》大量的战争题材作品中,《秦风·无衣》一诗以其高亢的精神境界和独特的表现方式受到人们的重视。诗歌创作时代背景、写作旨意有三种说法:一,秦哀公应楚臣申包胥之请,出兵救楚抗吴而作,是哀公征召秦民从军,士卒相约之歌;二,秦人攻逐犬戎时,秦兵间同仇敌忾、抵御外侮之歌;三,今人考证,秦襄公七年(周幽王十一年,前771年),戎族入侵,攻进镐京,秦国出兵勤王。

这首诗激昂慷慨。诗歌整体采用重章叠句形式,开篇以问答式描述秦人对战争的响应。“同袍”“同泽”“同裳”体现秦军的友爱与共勉,修“戈矛”“矛戟”“甲兵”描述出秦军将士出征时的准备,“同仇”“偕作”“偕行”描述出秦军将士同仇敌忾的激昂。

十五从军征

《十五从军征》是《乐府诗集》中一首叙事诗。《乐府诗集》是北宋郭茂倩编辑的，辑录了汉魏到唐、五代的乐府歌辞兼及先秦至唐末的歌谣，共5000多首。

《乐府诗集》中，乐府诗分为郊庙歌辞、燕射歌辞、鼓吹曲辞、横吹曲辞、相和歌辞、清商曲辞、舞曲歌辞、琴曲歌辞、杂曲歌辞、近代曲辞、杂歌谣辞和新乐府辞等12大类。

郭茂倩（1041—1099），字德粲，宋代郓州须城（今山江省泰安市东平县）人。

十五从军征，八十始得归。道逢乡里人，家中有阿谁？
遥望是君家，松柏冢累累[1]。兔从狗窦[2]入，雉[3]从梁上飞。
中庭生旅[4]谷，井上生旅葵[5]。舂[6]谷持作饭，采葵持作羹。
羹饭一时熟，不知贻[7]阿谁？出门东向看，泪落沾我衣。

【注释】

[1] 冢（zhǒng）累（léi）累：冢，坟墓。累：通“垒”，连续不断的样子。

[2] 窦（dòu）：洞穴。

[3] 雉（zhì）：野鸡。

[4] 旅：旅生，植物未经播种而野生。

[5] 葵（kuí）：葵菜，嫩叶可以吃。

[6] 舂（chōng）：把东西放在石臼或乳钵里捣掉谷子的皮壳或捣碎。

[7] 贻（yí）：送，赠送。

【课文简解】

《十五从军征》描绘了一个15岁从军，到80岁才退伍归来的老兵在返乡途中与到家之后看到的悲惨情景，揭露了封建社会中不合理的兵役制度对于人性的损害，反映了劳动人民在当时黑暗的兵役制度下的不平和痛苦。作品真实，深刻，催人泣下。

作品开篇虚写，陈述兵役的繁重，“十五”从军，“八十”回乡，写出从军时间之长；诗歌又间接描述家里的变化，以“乡里人”与老兵的对答，描述老兵的不幸，从外部写到内部，“松柏冢累累”写的是外部，是远望，写的重点是老兵所关注的家里人，都已故去；“兔从狗窦入，雉从梁上飞；中庭生旅谷，井上生旅葵”描述家里荒芜。最后写老兵归家后的凄凉，自己采集野菜煮饭，但“羹饭一时熟，不知饴阿谁”？孤身的老兵“出门东向看，泪落沾我衣”。老兵的悲惨遭遇是不幸的，但他却是返回家乡的老兵，还有多少兵无法还乡。

蒿里行[1]

曹　操

曹操（155—220），字孟德，沛国谯县（今安徽省亳州市）人，东汉末年杰出的政治家、军事家、文学家。曹操的诗歌多反映民生疾苦，抒发其政治抱负，是魏晋文学的代表人物，现存20余篇乐府体诗。

关东[2]有义士，兴兵讨群凶[3]。
初期[4]会盟津，乃心在咸阳[5]。
军合力不齐，踌躇而雁行[6]。
势利使人争，嗣[7]还[8]自相戕。
淮南弟称号[9]，刻玺[10]于北方。
铠甲生虮虱，万姓以死亡。
白骨露于野，千里无鸡鸣。
生民百遗一，念之断人肠。

【注释】

[1] 蒿里行：汉乐府旧题，属《相和歌·相和曲》，本为送葬时所唱的挽歌，曹操借以写时事。蒿里：指死人所处之地。东汉末年，董卓把持政权，地方军阀起兵讨伐董卓，此后袁绍、韩馥、公孙瓒等地方诸侯长期混战，造成人民大量死亡，对社会经济造成极大破坏。此诗即是对这一历史事件的反映。

[2] 关东：函谷关以东。

[3] 讨群凶：指讨伐董卓及其党羽。

[4] 初期：本来期望。盟津：即孟津。相传周武王伐纣时曾在此大会八百诸侯。

[5] 咸阳：秦时的都城，此借指长安，当时献帝被挟持到长安。

[6] 雁行（háng）：飞雁的行列，形容诸军列阵后观望不前的样子。

[7] 嗣：后来。

[8] 还：同“旋”，不久。

[9] 淮南弟称号：指袁绍的异母弟袁术于建安二年（197年）在淮南寿春自立为帝。

[10] 刻玺：指初平二年（191年）袁绍谋废献帝，想立幽州牧刘虞为皇帝，并刻制印玺。

【课文简解】

诗人在《蒿里行》中叙述自己参加讨伐董卓，而地方诸侯不顾黎民百姓遭受战乱之苦，为各自私利彼此争战，并妄图窃取国家政权，抒发诗人对百姓的同情，对制造战乱者的痛恨。

燕歌行[1]（并序）

高　适

高适（704—765），字达夫，沧州渤海县（今河北省景县）人，唐代边塞诗人，与岑参、王昌龄、王之涣合称“边塞四诗人”，著有《高常侍集》20卷。

开元二十六年，客有从御史大夫张公[2]出塞而还者；作《燕歌行[3]》以示适，感征戍之事，因而和焉。

汉家[4]烟尘[5]在东北，汉将辞家破残贼。
男儿本自重横行，天子非常赐颜色[6]。
摐金[7]伐鼓下榆关[8]，旌旆[9]逶迤碣石间。
校尉羽书飞瀚海，单于猎火照狼山。
山川萧条极边土，胡骑凭陵杂风雨。
战士军前半死生，美人帐下犹歌舞。
大漠穷秋塞草腓[10]，孤城落日斗兵稀。
身当恩遇常轻敌，力尽关山未解围。
铁衣远戍辛勤久，玉箸应啼别离后。
少妇城南欲断肠，征人蓟北空回首。
边庭飘飖[11]那可度，绝域苍茫更何有。
杀气三时[12]作阵云，寒声一夜传刁斗。
相看白刃血纷纷，死节从来岂顾勋。
君不见沙场征战苦，至今犹忆李将军[13]。

【注释】

[1] 课文选自《唐诗宋词鉴赏辞典》（上海科学技术文献出版社，2019年第1版）。

[2] 张公：指张守珪，开元二十三年（735年）因与契丹作战有功，拜辅国大将军兼御史大夫。

[3] 燕歌行：乐府《相和歌辞·平调曲》旧题，内容多为咏叹边地征戍。

[4] 汉家：借指唐朝。

[5] 烟尘：战地的烽烟和飞尘，此指战争警报，开元十八年（730年）五月，契丹及奚族叛唐。

[6] 非常赐颜色：破格赐予荣耀。

[7] 摐（chuāng）金：敲锣。

[8] 榆关：山海关。

[9] 旌旆（pèi）：旗帜。一作"旌旗"。

[10] 腓（féi）：病，枯萎。

[11] 边庭飘飖（yáo）：指形势动荡、险恶。

[12] 三时：早晨、午间、傍晚，代表一整天。

[13] 李将军：指李广，善用兵，爱惜士卒，守右北平，匈奴畏之不敢南侵，称之为飞将军。

【课文简解】

高适在《燕歌行》这首诗里抒发对保家卫国将士的同情。他们抛家舍业，远征塞外，生活艰苦，为国浴血沙场，而将帅们阵前歌舞享乐，不恤士卒，致使战事失利，结果是士卒亡命于疆场，与家里妻儿不能再相见，死后也没有什么功名。诗歌寄寓了诗人对战士悲惨命运的同情，诗人希望将帅们能够像李广那样爱惜士卒。

吊古战场文[1]

李　华

李华(715—766),字遐叔,赵郡赞皇人,唐代文学家、散文家、诗人,开元二十三年(735年)进士,官监察御史、右补阙。安禄山陷长安时,他被迫任凤阁舍人。“安史之乱”平定后,他被贬为杭州司户参军。第二年,他因风痹去官,后又托病隐居大别山南麓以终,信奉佛法。作为著名散文家,他与萧颖士齐名,世称“萧李”,并与萧颖士、颜真卿等共倡古义,开韩、柳古文运动之先河,后人辑有《李遐叔文集》四卷。

浩浩乎,平沙无垠,夐[2]不见人。河水萦带,群山纠纷。黯兮惨悴,风悲日曛。蓬断草枯,凛若霜晨。鸟飞不下,兽铤[3]亡群。亭长告余曰:“此古战场也,常覆三军。往往鬼哭,天阴则闻。”

伤心哉!秦欤汉欤?将近代欤?吾闻夫齐魏徭戍,荆韩召募。万里奔走,连年暴露。沙草晨牧,河冰夜渡。地阔天长,不知归路。寄身锋刃,腷臆[4]谁愬?秦汉而还,多事四夷,中州耗斁[5],无世无之。古称戎夏,不抗王师。文教失宣,武臣用奇。奇兵有异于仁义,王道迂阔而莫为。

呜呼噫嘻!吾想夫北风振漠,胡兵伺便。主将骄敌,期门受战。野竖旌旗,川回组练。法重心骇,威尊命贱。利镞穿骨,惊沙入面,主客相搏,山川震眩。声析江河,势崩雷电。至若穷阴凝闭,凛冽海隅;积雪没胫,坚冰在须。鸷鸟休巢,征马踟蹰。缯纩[6]无温,堕指裂肤。当此苦寒,天假强胡,凭陵杀气,以相剪屠。径截辎重,横攻士卒。都尉新降,将军覆没。尸踣[7]巨港之岸,血满长城之窟。无贵无贱,同为枯骨。可胜言哉!

鼓衰兮力竭,矢尽兮弦绝,白刃交兮宝刀折,两军蹙兮生死决。降矣哉,终身夷狄;战矣哉,暴骨沙砾。鸟无声兮山寂寂,夜正长兮风淅淅。魂魄结兮天沉沉,鬼神聚兮云幂幂。日光寒兮草短,月色苦兮霜白。伤心惨目,有如是耶!

吾闻之:牧用赵卒,大破林胡,开地千里,遁逃匈奴。汉倾天下,财殚力痡[8]。任人而已,岂在多乎!周逐猃狁[9],北至太原,既城朔方,全师而还。饮至策勋,和乐且闲。穆穆棣棣[10],君臣之间。秦起长城,竟海为关,荼毒生民,万里朱殷。汉击匈奴,虽得阴山,枕骸遍野,功不补患。

苍苍蒸民,谁无父母?提携捧负,畏其不寿。谁无兄弟?如足如手。谁无夫妇?如宾如友。生也何恩,杀之何咎?其存其没,家莫闻知。人或有言,将信将疑。悁悁[11]心目,寤寐见之。布奠倾觞,哭望天涯。天地为愁,草木凄悲。吊祭不至,精魂无依。必有凶年,人其流离。呜呼噫嘻!时耶命耶?从古如斯!为之奈何?守在四夷。

【注释】

[1]《吊古战场文》是唐代李华"极思确榷"的骈赋名篇。据《资治通鉴·唐纪》载，天宝八年，哥舒翰率六万三千兵攻吐蕃，死伤数万；天宝九年，高仙芝偷袭石国，唐军三万人仅剩数千；安禄山征契丹，六万人全军覆没；天宝十年，剑南节度使鲜于仲通讨伐南诏，士卒死六万人。这篇文章作于唐玄宗天宝十一载（752年），作者奉诏出使朔方（今宁夏灵武一带）边陲巡按军政，目睹边塞大漠飞沙，风雪河冰和战士苦寒景况，遂触景生情，写下这篇文章。

[2] 敻（xiòng）：远。

[3] 铤（tǐng）：疾走的样子。

[4] 愊（bì）臆：心情苦闷。愬：即"诉"。

[5] 耗斁（dù）：损耗败坏。

[6] 缯（zēng）纩（kuàng）：缯，丝织品的总称。纩：丝绵。

[7] 踣（bó）：僵仆。

[8] 痡（pū）：劳倦，病苦。

[9] 猃（xiǎn）狁（yǔn）：古代北方的少数民族，即匈奴的前身。

[10] 穆穆棣棣：和平恭敬、文雅安和的样子。

[11] 悁（yuān）悁：忧愁郁闷的样子。

【课文简解】

《吊古战场文》名为"吊古"，实是讽今。以凭吊古战场起兴，主张实行王道，以仁德礼义悦服远人，达到天下一统。

文章开篇实写古战场的悲凉空旷，从视觉描写古战场浩渺无涯，山川萦绕，不见人迹，天昏地暗，日月无光，悲风枯草。借他人之口从声觉写古战场阴雨鬼哭。

作者先总起分析战乱之起。借秦汉黩武开边，耗费资财，损兵折将，暗讽唐王朝不采文教仁义。再想象士兵战死之因。严冬酷寒，将帅骄敌，逼迫士兵作战，导致士兵尸横遍野，血流成河，惨不堪言。作者评述战争失败之因，关键在"任人而已"，战略上以守备为本，不以攻战为先，不要穷兵黩武。最后作者阐述战争造成百姓家庭破碎，骨肉分离。强调不要发动侵略战争。

全文以"古战场"为抒情的基点，以"伤心哉"为连缀全篇的感情主线，以远戍的苦况、两军厮杀的惨状、得人与否的对比、士卒家属吊祭的悲怆为结构层次，层层铺叙，结末点出主旨。

破阵子·为陈同甫赋壮词以寄[1]

辛弃疾

辛弃疾(1140—1207),字幼安,号稼轩,历城(今山东省济南市历城区)人,南宋豪放派词人。他21岁参加抗金起义军,不久投归南宋;历任湖北转运副使、提点江西刑狱、湖南安抚使、福建安抚使、江西安抚使等职;一生力主抗金,曾上《美芹十论》与《九议》,条陈战守之策,以词抒写力图恢复国家统一的爱国热情,倾诉壮志难酬的悲愤,对当时执政者的屈辱求和颇多谴责,由于辛弃疾的抗金主张与当政的主和派政见不合,后被弹劾落职,退隐江西带湖。其词热情洋溢、慷慨激昂,富有爱国情感,有"词中之龙"之称,与苏轼合称"苏辛",与李清照并称"济南二安"。有《稼轩长短句》以及今人辑本《辛稼轩诗文钞存》。

醉里挑灯看剑,梦回吹角连营。八百里[2]分麾下炙,五十弦[3]翻塞外声。沙场秋点兵。

马作的卢[4]飞快,弓如霹雳弦惊。了却君王天下事,赢得生前身后名。可怜白发生!

【注释】

[1] 破阵子,一名"十拍子",唐教坊曲名,后用作词牌名。《破阵子·为陈同甫赋壮词以寄》是作者失意闲居信州之时所作。陈亮为人才气豪迈,积极主张抗战,因而遭到投降派的打击,与辛弃疾志趣相投,二人经常以词唱和相赠,这首《破阵子》作于这一时期。陈亮(1143—1194),字同甫,与辛弃疾志同道合,结为挚友。

[2] 八百里:牛名。《世说新语·汰侈》:"王君夫(恺)有牛,名八百里驳,常莹其蹄角。王武子(济)语君夫:'我射不如卿,今指赌卿牛,以千万对之。'君夫既恃手快,且谓骏物无有杀理,便相然可,令武子先射。武子一起便破的,却据胡床,叱左右:'速探牛心来!'须臾炙至,一脔便去。"

[3] 五十弦:原指瑟,此处泛指各种乐器。《史记·封禅书》:"太帝使素女鼓五十弦瑟,悲,帝禁不止,故破其瑟为二十五弦。"李商隐《锦瑟》诗:"锦瑟无端五十弦,一弦一柱思华年。"

[4] 的卢:良马名,一种烈性快马。

【课文简解】

词开篇描述自己闲居现状,以酒解愁,这种愁是悲愤与哀伤之愁,是词尾所写的壮志难酬白发生之愁。词人回想昔日军营生活:"梦回吹角连营""八百里分麾下炙,五十弦翻塞外声""沙场秋点兵"。军营号角声声,将士豪情万丈,军乐慷慨激昂,战马飞奔,箭如闪电。词人畅想自己可以完成收复失地的壮举,建立不朽功勋之宏愿,但这只是"梦"中所想,现实是鬓已斑白。

作者在这首词里通过对早年抗金沙场的追忆,表达了作者杀敌报国、收复失地的理想,抒发了壮志难酬、英雄迟暮的悲愤心情。

假使我们不去打仗[1]

田　间

田间（1916—1985），原名童天鉴，安徽省无为县人，著名诗人。闻一多称之为“擂鼓诗人”“时代的鼓手”。主要诗集有《未名集》《中国牧歌》《给战斗者》《誓词》等。

假使我们不去打仗，
敌人用刺刀
杀死了我们，
还要用手指着我们骨头说：
“看，
这是奴隶！”

【注释】

[1]《假使我们不去打仗》是现代诗人田间创作的一首街头诗。1938年春，作者田间到达延安，为宣传抗战，发起了街头诗运动，创作揭露日本侵略罪行、鼓舞人民斗志的诗篇。这首诗便是其中一首。

【课文简解】

这首诗短小精悍，蕴含深意。诗人没有讲述国仇家恨的大道理，采用寓正于反的艺术手法，把“假使我们不去打仗”的后果抛出来：“死亡”与“羞辱”，是生命的消亡与精神上的羞辱。一个人失掉了灵魂，便会是行尸走肉，同样，一个民族、一个国家如果失掉了灵魂，失掉了反抗侵略、追求自由的勇气，那么这便是一个没有希望的民族，他们面临的只能是亡国灭种的命运，这就触动了人的灵魂。诗人以此激励人们必须去打仗，去抗击侵略者，即使战死了，也是光荣的伟大的，要鼓起勇气、同仇敌忾，与敌人血战到底。

剃头爷[1]

熊立功

熊立功，湖北红安人，当代作家，湖北省作家协会会员，著有小说集《生存》，有多篇作品在全国大赛中获奖。

“带这行头干吗?”太公指着剃头爷一个盒子中的一套剃头的东西，笑着问。

“学习之余，随便学一个手艺呗，您老不是经常说学得百艺好藏身吗?”剃头爷说得很认真。

太公打了个哈哈，“那可不能大材小用啊!”

族长也打起了哈哈，“以后就让相公的大才用在教书育人上，小才嘛，用在我们这些大老粗身上!”

剃头爷在山外读书，带回家一套剃头的家伙外，还带回来一肚子“三国”“西游”。

那以后，家族就腾出祠堂的一部分房屋，给剃头爷办起了学校。当真，剃头爷白天就教孩子们读书，晚上，就给族人剃头。他边剃头边讲唱“三国”“西游”，再在人的头上捣鼓一番，能让人快活似神仙。

像所有手艺人样，剃头爷也给自己立了“两不剃”的规矩，不给商人剃，他说商人带铜臭；不给女人剃，他说剃了发的女人就不叫女人了。

可偏偏就有人要坏他的规矩。

一日，族长家来的一个商人，路过村头，看到被剃头爷剃得舒舒服服酣睡的人，馋得不得了，就要求剃头爷给他剃一下。剃头爷淡淡一笑，“对不起，请不要坏我的规矩。”

“他是我的客人，你就给他剃一个吧?”族长在一旁提醒剃头爷。

“皇上老子也不行!”剃头爷说得很坚决。

“没得改?!”族长咬牙切齿。

“没得改!”剃头爷笑眼相迎。

“好，你不是不喜欢铜臭吗? 从今以后，你教书的工钱，只得每年的几担粮食，每一个月的几块大洋，取消!”

“那是族人凑起来的，我应该得的……”剃头爷据理力争。

“哈哈，我是族长，现在就给你定规矩!”族长说得斩钉截铁。

“好吧，我不会为了几个大洋食言的。”剃头爷目送尴尬离去的一对富人，打起了唱腔。

改变自己规矩的，却是他剃头爷本人。

那年大雪封山，把一小队日本兵冻在了大山里。那些兵住进了祠堂，还把几个妇女叫了去，为他们效劳。当日，就抬出两个死的，衣服被剥得精光，下身全是血。

这日夜里,心惊胆颤的垸[2]里人都来找见过世面的剃头爷,问如何安顿家里的女孩?

剃头爷说:“都剃成光头。”

那不是破了你的规矩?

“不是你们,是那些日本羔子!”

连夜,剃头爷把垸里女孩,全都剃成了光头。还让他用泥巴、稻草灰,把一个个孩子的头脸,抹成了花子相。

族长家的千金十五六了,长了一头秀发,她舍不得剃,僵在绣楼不下来。族长说:“不剃就不剃吧,不管哪号兵,总得讲个规矩纪律吧,我族长可是从来没有人敢惹的。”

第二天,日本小队长说祠堂太冷,带了两个背长枪的住到了族长家中。一个守在门口,一个围他前后转。

这日,小队长看到剃头爷给族长理发,把族长弄得舒舒服服地睡着了。就也来了兴趣,叫剃头爷也跟他剃个头理个发,按下揉下。

剃头爷顿了顿,还是在那小队长头上捣鼓起来。

剃头时,懂中国话的小队长,得知剃头爷有一肚子中国故事,就留剃头爷吃饭,还拿出洋酒要和剃头爷对饮。

不喝白不喝,灌死你个狗日的。剃头爷想着,就和小日本对饮起来,一顿饭下场,剃头爷灌倒了小队长,自己也头晕晕的,回到家,倒头就睡了。

半夜的时候,迷迷糊糊的剃头爷被人推醒,床沿站着泪流满面的族长。

“那日本小队长的个畜生,把我女儿害,害了……”族长很愤怒。

“孩不是在楼上吗?”剃头爷追问。

“孩在楼上弄出了响动,让那日本头儿叫兵逮下了楼……还放我出来,限我明朝前给他找小姑娘,不然,就要灭我们全垸的人……”

“那畜生呢?”

“害了我女儿,就让围他前后转的兵扶他睡去了。”

“那站岗的呢?”剃头爷的眼在灯下一亮一亮地眨。

“还站在门口,迷迷糊糊的……”

两人正说着话时,门被捅开了,两个日本兵架着小队长进来了。他们指着小队长的头叽叽咕咕地朝剃头爷吼着比画着。剃头爷明白,小队长是需要快活。

剃头爷让日本兵把小队长放在椅子上。就打来一盆热水,湿了毛巾,敷在小队长头上,再拿出剃头的行头,在小队长头上动了起来,嘴里也开始流出催眠样的曲子。

小队长打起了鼾,另外两个日本兵从站着,到坐下来,慢慢地,也打起了哈欠,最后,鼾声如雷。

剃头爷招族长拢去,对他耳朵说了几句。族长打了一颤,还是挪动了筛糠一样的双腿,到门角拿起了一张锄头。

看到族长走近伏在桌子上熟睡的两个日本兵身边时,剃头爷把剃头刀从小队长喉咙上切下去,鼾声戛然而止。那一边,族长的锄头也磕到一个日本兵的头上了,另外一个震醒的日本兵，刚刚抬起头，族长的第二锄头就迎面下去了……

黑压压的族人静悄悄围拢在剃头爷和族长身边后，族长低沉的声音，让人血往上涌，“日本兵不让我们安生，大家不能坐着等死，趁天还没亮，我们得先动手，烧了祠堂，灭了那些畜生……”

“我老婆还在里头。”

“是啊，不救她们？……”有人急急地问啊说的。

“天亮后，日本兵晓得他们的人死了，不说救几个女人，全垸的人都得见阎王……”

“动手吧，再挨，就来不及了。”剃头爷说。

大家用柴火把祠堂四周封了，手脚要轻。动手吧！族长低低的吼，让黑压压的人动了起来。

“门口有站岗的。”一个抱着柴火最先到祠堂边的人对摸过来的剃头爷和族长说。

剃头爷汗毛一炸，说：“我过去看看。”

剃头爷离那个站岗的日本兵几步远的时候，被枪抵住了。剃头爷闪了过去，两个黑影就粘到了一起，一会，双双倒下。

族长带人扑过去，他摸到的是胸口中了刺刀的剃头爷，还有断了喉咙的日本兵。剃头爷手中的剃头刀黏糊糊的。

这时，让往祠堂冲的族人们惊骇的是，从祠堂里面腾起了一片火光，伴着女人的嘶吼……

“我的女人啊！你比我大老爷子还强……”怒吼中，几个人燃着了腰间的柴草，往祠堂门口填，往祠堂里扔。

那一夜，风舔着烧得“哧哧”响的大火，把祠堂变成了一个火球。

【注释】

[1] 这篇小说发表于《芳草·小说月刊》（2015 年第 10 期）。

[2] 垸（yuàn）：湖南、湖北等地，在沿江、湖地带围绕房屋田地等修建的堤坝式的防水建筑物，通称“垸子”。

【课文简解】

小说讲述剃头爷是读过书的人，回到家乡靠剃头谋生，业余时间还给族里人讲故事。他剃头有自己的原则，不给商人和女人剃头，为了坚持自己的原则，不惜得罪族长。日本人进入他们村子，侮辱并杀害妇女，族长自恃族长，日本人不会祸害自己，没有抗争，只是让剃头爷把村里的女人都剃光了头。但日本人在一天夜里把族长的女儿侮辱了，族长无法忍受了，找剃头爷说事。剃头爷利用日本兵让自己剃头的时机，和族长带动全族的人反抗日本人，为死去的族里的女性复仇。

单元练习

一、背诵《无衣》《破阵子·为陈同甫赋壮词以寄》。

二、分析中国古代社会产生战争的根源。

三、简述中国古代关于战争的文化。

四、关于战争的文学有哪些方面的主题？

五、当代大学生该如何面对现代社会的战争？

第九单元　人文关怀

人文关怀在东西方文化中都有阐释，只是早晚不同，形式略异。周易贲卦彖传："观乎人文，以化成天下。"中国之人文主义，应推孔子之学说，"孔子以'仁者爱人'为核心思想观念，并教诲弟子'一以贯之'，其实施方式是'老者安之，朋友信之，少者怀之。''文王既没，文不在兹乎？天之将丧斯文也，后死者不得与于斯文也；天之未丧斯文也，匡人其如予何？'这一种对历史文化之使命感、责任感，何以过之！"人为万物之灵，应致力于文明的进步，发扬人性，发挥人力，拥护人权，培养人格。

人文关怀是文艺复兴时期形成的思想体系、世界观或思想武器，也是这一时期进步文学的中心思想，是在反对神权为核心的价值观念下提出的。其核心在于肯定人性和人的价值。该主义倾向于对人的个性的关怀，强调维护人类的人性尊严，提倡宽容的世俗文化，反对暴力与歧视，主张自由平等和自我价值，并发展成为一种哲学思潮与世界观。它主张一切以人为本，反对神的权威，把人从中世纪的神学枷锁下解放出来。宣扬个性解放，追求现实人生幸福；追求自由平等，反对等级观念；崇尚理性，反对蒙昧。

五四时期的知识分子向西方寻找救国救民之路时，接受了人文主义思想观念，并以之为思想武器，批判封建专制和僵化的礼教旧文化，出现了鲁迅、巴金、老舍、吴组缃等现代文学大家，创作了《呐喊》《寒夜》《家》《月牙儿》《菉竹山房》等一大批作品。

文学即是人学。文学以写人、表现人为内容，作为知识者，应该理解并感受文学的核心"人"，更要以平等和关爱他人为准则指导自己的创作和言行，关注社会、关注人。

茅屋为秋风所破歌[1]

杜　甫

《茅屋为秋风所破歌》是杜甫移居四川成都草堂期间创作的一首歌行体古诗。唐肃宗乾元二年（759 年）秋天，杜甫弃官到秦州，辗转迁移；乾元三年（760 年）春天，杜甫在成都浣花溪边盖起了一座茅屋，定居于此。

八月秋高风怒号，卷我屋上三重茅。茅飞渡江洒江郊，高者挂罥[2]长林梢，下者飘转沉塘坳。

南村群童欺我老无力，忍能对面为盗贼，公然抱茅入竹去。唇焦口燥呼不得，归来倚杖自叹息。

俄顷风定云墨色，秋天漠漠向昏黑。布衾多年冷似铁，娇儿恶卧踏里裂。床头屋漏无干处，雨脚如麻未断绝。自经丧乱少睡眠，长夜沾湿何由彻？

安得广厦千万间，大庇天下寒士俱欢颜，风雨不动安如山。呜呼！何时眼前突兀见此屋，吾庐独破受冻死亦足！

【注释】

[1] 唐肃宗上元二年（761 年）八月，安史之乱尚未平息，风雨交加，诗人由自身凄苦遭遇联想到战乱以来的人生窘困，长夜难眠，感慨万千，写下了这篇脍炙人口的诗篇。

[2] 罥（juàn）：挂。

【课文简解】

杜甫这首诗表面是写自己的不幸，深层却是抒发其忧国忧民的情感。诗人首先描述了秋季的秋风秋雨，用“号”“卷”“飞”“渡”“洒”“挂”“飘”描述一个老者无奈而又无助地看着自己的家园被秋风所毁坏，这个毁坏还有人为的因素，“南村群童欺我老无力，忍能对面为盗贼。”诗人遭遇如此不幸，却无人相助，这所茅屋何尝不是唐王朝的写照。“俄顷风定云墨色”预示着暴雨将至，在栖身之所遭受破坏之下，诗人的处境何等凄苦。“布衾多年冷似铁，娇儿恶卧踏里裂”“床头屋漏无干处，雨脚如麻未断绝”写出诗人的穷困潦倒。这风雨飘摇中的茅屋同样也是残破不堪的唐王朝。诗人由此呼告“安得广厦千万间，大庇天下寒士俱欢颜，风雨不动安如山，”诗人由己及人，也想到同自己一样的天下读书人，家国动荡下的读书人都是一样的命运，诗人也进一步抒发自己内心的人文关怀：“吾庐独破受冻死亦足”，表现诗人的博大胸襟和崇高品质。

观刈[1]麦[2]

白居易

白居易出生于“世敦儒业”的中小官僚家庭，从小接受儒家以民为本的传统教育，关注民生，形成他诗歌的写实特点，成为伟大的写实诗人。

田家少闲月，五月人倍忙。夜来南风起，小麦覆陇[3]黄。
妇姑荷箪食，童稚携壶浆，相随饷田去，丁壮在南冈。
足蒸暑土气，背灼炎天光，力尽不知热，但惜夏日长。
复有贫妇人，抱子在其旁，右手秉遗穗，左臂悬敝筐。
听其相顾言，闻者为悲伤。家田输税尽，拾此充饥肠。
今我何功德？曾不事农桑。
吏禄三百石，岁晏[4]有余粮，念此私自愧，尽日不能忘。

【注释】

[1] 刈（yì）：割。

[2]《观刈麦》作于唐宪宗元和二年（807 年），是白居易任周至县县尉时所作。

[3] 陇（lǒng）：同“垄”。

[4] 岁晏（yàn）：一年将尽的时候。晏：晚。

【课文简解】

这首诗是诗人主管周至县缉捕盗贼、征收捐税等县尉事务时所作。全诗分四层：第一层前两句，总领全篇，概写农事忙，尤其是夏日；第二层承接第一层，写农家劳作的辛劳，夏日炎炎，麦田丰收，农民一家男女老幼为收割麦田奔忙；第三层接第二层来写，尽管农家辛劳忙碌，却食不果腹，生活贫困；最后写诗人自己主观的感受，自己不劳而丰衣足食，深感愧疚，侧面讽刺统治阶层对农民的盘剥，指出繁重租税是造成人民贫困之源，表达了对劳动人民的深切同情。

范县署中寄舍弟墨第四书

郑板桥

郑板桥（1693—1765），原名郑燮，字克柔，号理庵，又号板桥，人称板桥先生，江苏兴化人，祖籍苏州。郑板桥于乾隆元年（1736年）中进士，先后在山东范县、潍县任县令；乾隆十八年（1753年），郑板桥为民请命，请求赈济灾民，触怒上官，愤然辞官回乡，后客居扬州，以卖画为生。

郑板桥诗书画皆通，世称“三绝”，是清代有代表性的文人画家，被称为“扬州八怪”之一，著有《郑板桥集》。

十月二十六日得家书，知新置田获秋稼五百斛，甚喜。而今而后，堪为农夫以没世矣。要须制碓[1]制磨，制筛罗簸箕，制大小扫帚，制升斗斛。家中妇女，率诸婢妾，皆令习舂揄蹂簸[2]之事，便是一种靠田园长子孙气象。天寒冰冻时，穷亲戚朋友到门，先泡一大碗炒米送手中，佐以酱姜一小碟，最是暖老温贫之具。暇日咽碎米饼，煮糊涂粥，双手捧碗，缩颈而啜之，霜晨雪早，得此周身俱暖。嗟乎！嗟乎！吾其长为农夫以没世乎。

我想天地间第一等人，只有农夫，而士为四民[3]之末。农夫上者种地百亩，其次七八十亩，其次五六十亩，皆苦其身，勤其力，耕种收获，以养天下之人。使天下无农夫，举世皆饿死矣。

我辈读书人，入则孝，出则弟[4]，守先待后，得志[5]泽加于民，不得志修身见于世，所以又高于农夫一等。今则不然，一捧书本，便想中举，中进士，作官，如何攫取金钱，造大房屋，置多产田。起手便错走了路头，后来越做越坏，总没有个好结果。其不能发达者，乡里作恶，小头锐面[6]，更不可当。夫束修[7]自好者，岂无其人；经济自期，抗怀千古者，亦所在多有。而好人为坏人所累，遂令我辈开不得口；一开口，人便笑曰：“汝辈书生，总是会说，他日居官，便不如此说了。”所以忍气吞声，只得挨人笑骂。工人制器利用，贾人搬有运无，皆有便民之处。而士独于民大不便，无怪乎居四民之末也！且求居四民之末而亦不可得也。

愚兄平生最重农夫，新招佃地人，必须待之以礼。彼称我为主人，我称彼为客户，主客原是对待之义，我何贵而彼何贱乎？要体貌他，要怜悯他；有所借贷，要周全他；不能偿还，要宽让他。尝笑唐人《七夕》诗，咏牛郎织女，皆作会别可怜之语，殊失命名本旨。织女，衣之源也；牵牛，食之本也，在天星为最贵，天顾重之，而人反不重乎？其务本勤民，呈象昭昭可鉴矣。吾邑妇人，不能织绸织布，然而主中馈[8]，习针线，犹不失为勤谨。近日颇有听鼓儿词，以斗叶[9]为戏者，风俗荡轶[10]，亟宜戒之。

吾家业地虽有三百亩，总是典产，不可久恃。将来须买田二百亩，予兄弟二人，各得百亩足矣，亦古者一夫受田百亩之义也。若再求多，便是占人产业，莫大罪过。天下无田无业者多矣，我独何人，贪求无厌，穷民将何所措足乎！或曰：“世上连阡越陌，数百顷有余者，子将奈何？”应之曰：他自做他家事，我自做我家事，世道盛则一德遵王，风俗偷则不同为恶，亦板桥之家法也。

哥哥字。

【注释】

[1] 碓（duì）：舂米器具。

[2] 舂揄（yú）蹂（róu）簸（bǒ）：舂，用杵臼捣去谷物的皮壳；揄，舀取，即从臼中取出舂过的谷物；蹂，用手搓谷；簸，用簸箕颠动米粮，扬去糠秕和灰尘。

[3] 四民：指士、农、工、商。《汉书食货志上》：“士农工商，四民有业。”

[4] 入则孝，出则弟：《论语·学而》载，“子曰：‘弟子入则孝，出则弟。’”弟：同“悌”，敬重兄长。

[5]“得志”二句：语见《孟子尽心上》，“古之人，得志，泽加于民；不得志，修身见于世。穷则独善其身，达则兼善天下。”见：同“现”，显露。

[6] 小头锐面：谓尖头小面，形容善于经营。

[7] 束修：约束整饬。

[8] 主中馈：指主持家中饮食之事。

[9] 斗叶：玩纸牌。明清时称纸牌为叶子。

[10] 荡轶：放荡纵逸。

【课文简解】

郑板桥寄给他堂弟郑墨集共有16封家书，本文是清乾隆九年（1744年）郑板桥在山东范县任知县时所写。在这封信里，郑板桥针对当时士风日坏的现象，提出贬士为四民之末，尊重农人，以农为首的主张。提出农民“以养天下之人”应为“天地间第一等人”，强调“使天下无农夫，举世皆饿死矣”。批判读书之“士”多为鼠目寸光，蝇营狗苟，钻营名利之辈。“一捧书，便想中举、中进士、作官。如何攫取金钱，造大房屋，置多产田”，其不能发达的，“乡里作恶，小头锐面，更不可当”，不能表率乡里，不能立功于世。

菉竹山房[1]

吴组缃

吴组缃(1908—1994),原名吴祖襄,字仲华,安徽省泾县茂林人,现代著名作家,代表作品有《一千八百担》。

阴历五月初十日和阿圆到家,正是家乡所谓“火梅”天气[2]:太阳和淫雨交替迫人,那苦况非身受的不能想象。母亲说,前些日子二姑姑托人传了口信来,问我们到家没有;说“我做姑姑的命不好,连侄儿侄媳也冷淡我。”意思之间,是要我和阿圆到她老人家村上去住些时候。

二姑姑家我只于年小时去过一次,至今十多年了。我连年羁留外乡,过的是电灯电影洋装书籍柏油马路的另一世界的生活。每当想起家乡,就如记忆一个年远的传说一样。我脑中的二姑姑家,到现在更是模糊得如云如烟。那座阴森敞大的三进大屋,那间摊乱着雨蚀虫蛀的古弓的学房,以及后园中的池塘竹木,想起来都如依稀的梦境。

二姑姑的故事好似一个旧传奇的仿本。她的红颜时代我自然没有见过,但从后来我所见到的她的风度上看来:修长的身材,清癯白皙的脸庞,狭长而凄清的眼睛,以及沉默少言笑的阴暗调子,都和她的故事十分相称。

故事在这里不必说得太多。其实,我所知道的也就有限;因为家人长者都讳谈它。我所知道的一点点,都是日长月远,家人谈话中偶然流露出来,由零碎摭拾起来的。

多年以前,叔祖的学塾中有个聪明年少的门生,是个三代孤子。因为看见叔祖房里的幛幔,笔套,与一幅大云锦上的刺绣,绣的都是各种姿态的美丽蝴蝶,心里对这绣蝴蝶的人起了羡慕之情:而这绣蝴蝶的姑娘因为听叔祖常常夸说这人,心里自然也早就有了这人。这故事中的主人以后是乘一个怎样的机缘相见相识,我不知道,长辈们恐怕也少知道。在我所摭拾的零碎资料中,这以后便是这悲惨故事的顶峰:一个三春天气的午间,冷清的后园的太湖石洞中,祖母因看牡丹花,拿住了一对仓皇失措的系裤带的顽皮孩子。

这幕才子佳人的喜剧闹了出来,人人夸说的绣蝴蝶的小姐一时连丫头也要加以鄙夷。放佚风流的叔祖虽从中尽力撮合周旋,但当时究未成功。若干年后,扬子江中八月大潮,风浪陡作,少年赴南京应考,船翻身亡。绣蝴蝶的小姐那时才十九岁,闻耗后,在桂花树下自缢,为园丁所见,救活了,没死。少年家觉得这小姐尚有稍些可风之处,商得了女家同意,大吹大擂接小姐过去迎了灵柩;麻衣红绣鞋,抱着灵牌参拜家堂祖庙,做了新娘。

这故事要不是二姑姑的,并不多么有趣;二姑姑要没这故事,我们这次也就不致急于要去。

母亲自然怂恿我们去。说我们是新结婚,也难得回家一次。二姑姑家孤寂了一辈子,如今如此想念我们,这点子人情是不能不尽的。但是阿圆却有点怕我们家乡的老太太。这些老太太——举个例,就如我的大伯娘,她老人家就最喜欢搂阿圆在膝上喊宝宝,亲她的脸,咬她的肉,摩挲她的臂膊;又要我和她接吻给她老人家看。一得闲空,就托支水烟袋坐到我们房里来,盯着眼看守着我们作迷迷笑脸,满口反复地说些叫人红脸不好意思的夸羡的话。这种种罗唣,我倒不大在意;可是阿圆就老被窘得脸红耳赤,不知该往哪里躲。——因此,阿圆不愿去。

我知道弊病之所在,告诉阿圆:二姑姑不是这种善于表现的快乐天真的老太太。而且我会投年轻姑娘之所好,照二姑姑原来的故事又编上了许多的动人的穿插,说得阿圆感动得红了眼睛叹长气。听说二姑姑决不会给她那种罗唣,她的不愿去的心就完全消除;再听了二姑姑的故事,有趣得如从线装书中看下来的一样;又想到借此可以暂时躲避家下的老太太;而且又知道金燕村中风景好,菉竹山房的屋舍阴凉宽畅:于是阿圆不愿去的心,变成急于要去了。

我说金燕村,就是二姑姑的村;菉竹山房就是二姑姑的家宅。沿着荆溪的石堤走,走的七八里地,回环合抱的山峦渐渐拥挤,两岸葱翠古老的槐柳渐密,溪中暗赭色的大石渐多,哔哔的水激石块声越听越近。这段溪不叫荆溪,而是叫响潭。响潭的两岸,槐树柳树榆树更多更老更葱茏,两面缝合,荫罩着乱喷白色水沫的河面,一缕太阳光也晒不下来。沿着响潭两岸的树林中,疏疏落落点缀着二十多座白垩瓦屋。西岸上,紧临着响潭,那座白屋分外大;梅花窗的围墙上面探露着一丛竹子;竹子一半是绿色的,一半已开了花,变成槁色。——这座村子便是金燕村,这座大屋便是二姑姑的家宅菉竹山房。

阿圆是外乡生长的,从前只在中国山水画上见过的景子,一朝忽然身历其境,欣跃之情自然难言。我一时回想起平日见惯的西式房子,柏油马路,烟囱,工厂等等,也觉得是重入梦境,作了许多缥缈之想。

二姑姑多年不见,显见得老迈了。

"昨天夜里结了三颗大灯花,今朝喜鹊在屋脊上叫了三四次,我知道要来人。"

那张苍白皱褶的脸没多少表情。说话的语气,走路的步法,和她老人家的脸庞同一调子:阴暗,凄苦,迟钝。她引我们进到内屋里,自己蹒跚颤颤地到房里去张罗果盘,吩咐丫头为我们打脸水。——这丫头叫兰花,本是我家的丫头,三十多岁了。二姑姑陪嫁丫头死去后,祖父便拨了身边的这丫头来服侍姑姑,和姑姑做伴。她陪姑姑住守这所大屋子已二十多年,跟姑姑念诗念经,学姑姑绣蝴蝶,她自己说不要成家的。

二姑姑说没指望我们来得如此快,房子都没打扫。领我们参观全宅,顺便叫我们自己拣一间合意的住。四个人分作三排走,姑姑在前,我俩在次,兰花在最后。阿圆蹈着姑姑的步子走,显见得拘束不自在,不时昂头顾我,作有趣的会意之笑。我们都无话说。

屋子高大,阴森,也是和姑姑的人相谐调的。石阶,地砖,柱础,甚至板壁上,都染涂着一层深深浅浅的暗绿,是苔尘。一种与陈腐的土木之气混合的霉气扑满鼻官。每一进屋的梁上都吊有淡黄色的燕子窝,有的已剥落,只留着痕迹;有的正孵着雏儿,叫得分外响。

我们每走到一进房子,由兰花先上前开锁;因为除姑姑住的一头两间的正屋而外,其余每一间房，每一道门都是上了锁的。看完了正屋，由侧门一条巷子走到花园中。邻着花园有座雅致的房，门额上写着“邀月”两个八分字。百叶窗，古瓶式的门，门上也有明瓦纸的册叶小窗。我爱这地方近花园，较别处明朗清新得多，和姑姑说，我们就住这间房。姑姑叫兰花开了锁，两扇门一推开，就噗噗落下三只东西来：两只是壁虎，一只是蝙蝠。我们都怔了一怔。壁虎是悠悠地爬走了；兰花拾起那只大蝙蝠，轻轻放到墙隅里，呓语着似的念了一套怪话：

“福公公，你让让房，有贵客要在这里住。”

阿圆惊惶不安的样子，牵一牵我的衣角，意思大约是对着这些情景，不敢在这间屋里住。二姑姑年老还不失其敏感，不知怎样她老人家就窥知了阿圆的心事：

“不要紧。——这些房子，每年你姑爹回家时都打扫一次。停会，叫兰花再好好来收拾。福公公虎爷爷都会让出去的。”

又说：

“这间避月庐是你姑爹最喜欢的地方；去年你姑爹回来，叫我把它修葺一下。你看看，里面全是新崭崭的。”

我探身进去张看，兜了一脸蜘蛛网。里面果然是新崭崭的。墙上字画，桌上陈设，都很整齐。只是蒙上一层薄薄的尘灰罢了。

我们看兰花扎了竹叶把，拿了扫帚来打扫。二姑姑自回前进去了。阿圆用一个小孩子的神秘惊奇的表情问我说：

“怎么说姑爹？……”

兰花放下竹叶把，瞪着两只阴沉的眼睛低幽地告诉阿圆说：

“爷爷灵验得很啦！三朝两天来给奶奶托梦。我也常看见的，公子帽，宝蓝衫，常在这园里走。”

阿圆扭着我的袖口，只是向着兰花的两只眼睛瞪看。兰花打扫好屋子，又忙着抱被褥毯子席子为我们安排床铺。里墙边原有一张檀木榻，榻几上面摆着一套围棋子，一盘瓷制的大蟠桃。把棋子蟠桃连同榻几拿去，铺上被席，便是我们的床了。二姑姑蹒蹒颤颤地走来，拿着一顶蚊帐给我们看，说这是姑爹用的帐，是玻璃纱制的；问我们怕不怕招凉。我自然愿意要这顶凉快帐子；但是阿圆却望我瞪着眼，好像连这顶美丽的帐子也有可怕之处。

这屋子的陈设是非常美致的，只看墙上的点缀就知道。东墙上挂着四幅大锦屏，上面绣着“菉竹山房唱和诗”，边沿上密密齐齐地绣着各色的小蝴蝶，一眼看上去就觉得很灿烂。西墙上挂着一幅彩色的《钟馗捉鬼图》，两边有洪北江[3]的“梅雪松风清几榻，天光云影护琴书”的对子。床榻对面的南墙上有百叶窗子可以看花园，窗下一书桌，桌上一个朱砂古瓶，瓶里插着马尾云拂。

我觉得这地方好。陈设既古色古香，而窗外一丛半绿半黄的修竹，和墙外隐约可听的响潭之水，越衬托得闲适恬静。

不久吃晚饭，我们都默然无话。我和阿圆是不知在姑姑面前该说些什么好；姑姑自己呢，是不肯多说话的。偌大屋子如一大座古墓，没一丝人声；只有堂厅里的燕子啾啾地叫。

兰花向天井檐上张一张，自言自语地说："青姑娘还不回来呢！"

二姑姑也不答话，点点头。阿圆偷眼看看我。——其实我自己也正在纳罕着的。吃了饭，正洗脸，一只燕子由天井飞来，在屋里绕了一道，就钻进檐下的窝里去了。兰花停了碗，把筷子放在嘴沿上，低低地说："青姑娘，你到这时才回来。"悠悠地长叹一口气。

我释然，向阿圆笑笑；阿圆却不曾笑，只瞪着眼看兰花。

我说邀月庐清新明朗，那是指日间而言。谁知这天晚上，大雨复作，一盏三支灯草的豆油檠摇晃不定，远远正屋里二姑姑和兰花低幽地念着晚经，听来简直是"秋坟鬼唱鲍家诗"[4]；加以外面雨声虫声风弄竹声合奏起一支凄戾的交响曲，显得这周遭的确鬼气殊多。也不知是循着怎样的一个线索，很自然地便和阿圆谈起《聊斋》的故事来。谈一回，她越靠紧我一些，两眼只瞪着西墙上的《钟馗捉鬼图》，额上鼻上渐渐全渍着汗珠。钟馗手下按着的那个鬼，披着发，撕开血盆口，露出两只大獠牙，栩栩欲活。我偶然瞥一眼，也不由得一惊。这时觉得那钟馗，那恶鬼，姑姑和兰花，连同我们自己俩，都成了鬼故事中的人物了。

阿圆瑟缩地说："我想睡。"

她紧紧靠住我，我走一步，她走一步。睡到床上，自然很难睡着。不知辗转了多少时候，雨声渐止，月光透过百叶窗，映照得满屋凄幽。一阵飒飒的风摇竹声后，忽然听得窗外有脚步之声。声音虽然轻微，但是入耳十分清楚。

"你……听见了……没有？"阿圆把头钻在我的腋下，喘息地低声问。

我也不禁毛骨悚然。

那声音渐听渐近，没有了；换上的是低沉的戚戚声，如鬼低诉。阿圆已浑身汗濡。我咳了一声，那声音突然寂止；听见这突然寂止，想起兰花日间所说的话，我也不由得不怕了。

半晌没有声息，紧张的心绪稍稍平缓，但是两人的神经都过分紧张，要想到梦乡去躲身，究竟不能办到。为要解除阿圆的恐怖，我找了些快乐高兴的话和她谈说。阿圆也就渐渐敢由我的腋下伸出头来了。我说：

"你想不想你的家？"

"想。"

"怕不怕了？"

"还有点怕。"

正答着话，她突然尖起嗓子大叫一声，搂住我，号啕，震抖，迫不成声：

"你……看……门上！……"

我看门上——门上那个册叶小窗露着一个鬼脸，向我们张望；月光斜映，隔着玻璃纱帐看得分外明晰。说时迟，那时快。那个鬼脸一晃，就沉下去不见了。我不知从哪里涌上一股勇气，推开阿圆，三步跳去，拉开门。

门外是两个女鬼！

一个由通正屋的小巷窜远了；一个则因逃避不及，正在我的面前蹲着。

"是姑姑吗？"

"唔——"幽沉的一口气。

我抹着额上的冷汗，不禁轻松地笑了。我说：

“阿圆，莫怕了，是姑姑。”

1932年11月26日

【注释】

[1] 小说描述当时的中国已经经历过了辛亥革命、五四运动的20世纪30年代的社会状况，除一些大城市稍有变化之外，广大的农村一切如昨，封建礼教、封建意识依然十分沉重地压抑着人民群众。作者出生于安徽农村，自小耳闻目睹了旧传统吞噬活生生的青年男女的许多故事。到北京读书后，尽管过的是电灯电影洋装书籍柏油马路的另一世界的生活，但旧思想对女性的桎梏仍旧很严重。

[2]“火梅”天气：我国长江下游每年四、五月间，梅子黄熟，连日阴雨，被称为梅雨季节。因为太阳和淫雨交替迫人，又叫“火梅”天气。

[3] 洪北江：即洪亮吉，清乾隆时的进士，研究经史、地理的学者，善诗文，著作有《洪北江全集》。

[4]“秋坟鬼唱鲍家诗”：是唐朝诗人李贺所作《秋来》中的诗句。“鲍家诗”指南朝诗人鲍照的诗。

【课文简解】

小说《菉竹山房》讲述了一个回乡的故事。在故事里，作者追述了生活在乡村的二姑姑少女时期的恋爱、婚姻悲剧，二姑姑曾是一个生活在读书人家、心灵手巧的少女，与一个“聪明年少的门生”彼此倾慕，有了好感，但被当众捉到两个人未婚出格的事，被家里人所鄙弃。少年参加科举应试，二姑姑一心等待少年归来，不料少年“船翻身亡”。二姑姑为少年守节，被双方家长认可，得以“麻衣红绣鞋，抱着灵牌参拜家堂祖庙，做了新娘”，开始了一生的孤寂和困守。作者通过叙述二姑姑爱恋婚姻的不幸，揭示传统礼教和婚姻制度对女性的残害和不公。

善　人[1]

老　舍

老舍(1899—1966),原名舒庆春,字舍予,北京人,中国现代著名小说家、文学家、戏剧家,新中国第一位获得“人民艺术家”称号的作家,代表作品有《茶馆》《骆驼祥子》《四世同堂》《龙须沟》等。

汪太太最不喜欢人叫她汪太太;她自称穆凤贞女士,也愿意别人这样叫她。她的丈夫很有钱,她老实不客气地花着;花完他的钱,而被人称穆女士,她就觉得自己是个独立的女子,并不专指着丈夫吃饭。

穆女士一天到晚不用提多么忙了,又搭着长得富态,简直忙得喘不过气来。不用提别的,就光拿上下汽车说,穆女士——也就是穆女士!——一天得上下多少次。哪个集会没有她,哪件公益事情没有她?换个人,那么两条胖腿就够累个半死的。穆女士不怕,她的生命是献给社会的;那两条腿再胖上一圈,也得设法带到汽车里去。她永远心疼着自己,可是更爱别人,她是为救世而来的。

穆女士还没起床,丫环自由就进来回话。她嘱咐过自由们不止一次了:她没起来,不准进来回话。丫环就是丫环,叫她“自由”也没用,天生来的不知好歹。她真想抄起床旁的小桌灯向自由扔了去,可是觉得自由还不如桌灯值钱,所以没扔。

“自由,我嘱咐你多少回了!”穆女士看了看钟,已经快九点了,她消了点气,不为别的,是喜欢自己能一气睡到九点,身体定然是不错,她得为社会而心疼自己,她需要长时间的睡眠。

“不是,太太,女士!”自由想解释一下。

“说,有什么事!别磨磨蹭蹭的!”

“方先生要见女士。”

“哪个方先生?方先生可多了,你还会说话呀!”

“老师方先生。”

“他又怎样了?”

“他说他的太太死了!”自由似乎很替方先生难过。“不用说,又是要钱!”穆女士从枕头底下摸出小皮夹来:“去,给他这二十,叫他快走;告诉明白,我在吃早饭以前不见人。”

自由拿着钱要走,又被主人叫住:“叫博爱放好了洗澡水,回来你开这屋子的窗户,什么都得我现告诉,真劳人得慌!大少爷呢?”

“上学了,女士。”

“连个 kiss 都没给我就走,好的。”穆女士连连地点头,腮上的胖肉直动。

“大少爷说了,下学吃午饭再给您一个 kiss。”自由都懂得什么叫 kiss,pie 和 bath。

“快去,别废话,这个劳人劲儿!”

自由轻快地走出去,穆女士想起来:方先生家里落了丧事,二少爷怎么办呢?无缘无故的死哪门子人,又叫少爷得荒废好几天的学!穆女士是极注意子女们的教育的。博爱敲门,“水好了,女士。”

穆女士穿着睡衣到浴室去。雪白的澡盆,放了多半盆不冷不热的清水。凸花的玻璃,白瓷砖的墙,圈着一些热气与香水味。一面大镜子,几块大白毛巾;胰子盒,浴盐瓶,都擦得放着光。她觉得痛快了点。把白胖腿放在水里,她愣了一会儿;水给皮肤的那点刺激使她在舒适之中有点茫然。她想起点久已忘了的事。坐在盆中,她看着自己的白胖腿;腿在水中显着更胖,她心中也更渺茫。用一点水,她轻轻地洗脖子;洗了两把,又想起那久已忘了的事——自己的青春:二十年前,自己的身体是多么苗条,好看!她仿佛不认识了自己。想到丈夫,儿女,都显着不大清楚,他们似乎是些生人。她撩起许多水来,用力地洗,眼看着皮肤红起来。她痛快了些,不茫然了。她不只是太太,母亲;她是大家的母亲,一切女同胞的导师。她在外国读过书,知道世界大势,她的天职是在救世。

可是救世不容易!二年前,她想起来,她提倡沐浴,到处宣传:“没有澡盆,不算家庭!”有什么结果?人类的愚蠢,把舌头说掉了,他们也不了解!摸着她的胖腿,她想应当灰心,任凭世界变成个狗窝,没澡盆,没卫生!可是她灰心不得,要牺牲就得牺牲到底。她喊自由:“窗户开五分钟就得!”

“已经都关好了,女士!”自由回答。

穆女士回到卧室。五分钟的工夫屋内已然完全换了新鲜空气。她每天早上得作深呼吸。院内的空气太凉,屋里开了五分钟的窗子就满够她呼吸用的了。先弯下腰,她得意她的手还够得着脚尖,腿虽然弯着许多,可是到底手尖是碰了脚尖。俯仰了三次,她然后直立着喂了她的肺五六次。她马上觉出全身的血换了颜色,鲜红,和朝阳一样的热、艳。“自由,开饭!”

穆女士最恨一般人吃得太多,所以她的早饭很简单:一大盘火腿蛋两块黄油面包,草果果酱,一杯加乳咖啡。她曾提倡过俭食:不要吃五六个窝头,或四大碗黑面条,而多吃牛乳与黄油。没人响应;好事是得不到响应的。她只好自己实行这个主张,自己单雇了个会作西餐的厨子。吃着火腿蛋,她想起方先生来。方先生教二少爷读书,一月拿二十块钱,不算少。她就怕寒苦的人有多挣钱的机会;钱在她手里是钱,到了穷人手里是祸。她不是不能多给方先生几块,而是不肯,一来为怕自己落个冤大头的名儿,二来怕给方先生惹祸。连这么着,刚教了几个月的书,还把太太死了呢。不过,方先生到底是可怜的。她得设法安慰方先生:“自由,叫厨子把‘我’的鸡蛋给方先生送十个去;嘱咐方先生不要煮老了,嫩着吃!”

穆女士咂摸着咖啡的回味,想象着方先生吃过嫩鸡蛋必能健康起来,足以抵抗得住丧妻的悲苦。继而一想呢,方先生既丧了妻,没人给他做饭吃,以后顶好是由她供给他两顿饭。她总是给别人想得这样周到;不由她,惯了。供给他两顿饭呢,可就得少给他几块钱。他少得几块钱,可是吃得舒服呢。方先生应当感谢她这份体谅与怜爱。她永远体谅人怜爱人,可是谁体谅她怜爱她呢？想到这儿，她觉得生命无非是个空虚的东西；她不能再和谁恋爱，不能再把青春唤回来；她只能去为别人服务，可是谁感激她，同情她呢？

她不敢再想这可怕的事，这足以使她发狂。她到书房去看这一天的工作；工作，只有工作使她充实，使她疲乏，使她睡得香甜，使她觉到快活与自己的价值。

她的秘书冯女士已经在书房里等了一点多钟了。冯女士才二十三岁，长得不算难看，一月挣十二块钱。穆女士给她的名义是秘书，按说有这么个名字，不给钱也满下得去。穆女士的交际是多么广，做她的秘书当然能有机会遇上个阔人；假如嫁个阔人，一辈子有吃有喝，岂不比现在挣五六十块钱强？穆女士为别人打算老是这么周到，而且眼光很远。见了冯女士，穆女士叹了口气："哎！今儿个有什么事？说吧！"她倒在个大椅子上。

冯女士把记事簿早已预备好了："今儿个早上是，穆女士，盲哑学校展览会，十时二十分开会；十一点十分，妇女协会，您主席；十二点，张家婚礼；下午……"

"先等等，"穆女士又叹了口气，"张家的贺礼送过去没有？"

"已经送过去了，一对鲜花篮，二十八块钱，很体面。"

"啊，二十八块的礼物不太薄——"

"上次汪先生作寿，张家送的是一端寿幛，并不——"

"现在不同了，张先生的地位比原先高了，算了吧，以后再找补吧。下午一共有几件事？"

"五个会呢！"

"哼！甭告诉我，我记不住。等我由张家回来再说吧。"穆女士点了根烟吸着，还想着张家的贺礼似乎太薄了些。"冯女士，你记下来，下星期五或星期六请张家新夫妇吃饭，到星期三你再提醒我一声。"

冯女士很快地记下来。

"别忘了问我张家摆的什么酒席，别忘了。"

"是，穆女士。"

穆女士不想上盲哑学校去，可是又怕展览会照相，相片上没有自己，怪不合适。她决定晚去一会儿，顶好是正赶上照相才好。这么决定了，她很想和冯女士再说几句，倒不是因为冯女士有什么可爱的地方，而是她自己觉得空虚，愿意说点什么……解解闷儿。她想起方先生来："冯，方先生的妻子过去了，我给他送了二十块钱去，和十个鸡子，怪可怜的方先生！"穆女士的眼圈真的有点发湿了。

冯女士早知道方先生是自己来见汪太太，她不见，而给了二十块钱，可是她晓得主人的脾气："方先生真可怜！可也是遇见女士这样的人，赶着给他送了钱去！"

穆女士脸上有点笑意，"我永远这样待人；连这么着还讨不出好儿来，人世是无情的！"

"谁不知道女士的慈善与热心呢！"

"哎！也许！"穆女士脸上的笑意扩展得更宽心了些。

"二少爷的书又得荒废几天！"冯女士很关心似的。"可不是，老不叫我心静一会儿！"

"要不我先好歹的教着他？我可是不很行呀！"

"你怎么不行！我还真忘了这个办法呢！你先教着他得了，我白不了你！"

“您别又给我报酬，反正就是几天的事，方先生事完了还叫方先生教。”

穆女士想了会儿，“冯，简直这么办好不好？你就教下去，我每月一共给你二十五块钱，岂不整重？”

“就是有点对不起方先生！”

“那没什么，反正他丧了妻，家中的嚼谷[2]小了；遇机会我再给他弄个十头八块的事；那没什么！我可该走了，哎！一天一天的，真累死人！”

【注释】

[1] 这篇小说于 1935 年被发表在《新小说》，受到读者的好评。

[2] 嚼谷：生活费，口粮，常见于北京口语。

【课文简解】

在《善人》这篇小说中，老舍借秘书冯女士之口塑造了穆女士这个受过新式教育的新女性，她整天叫喊着自由、博爱、平等，忙于参加各种集会，她自命她的生命献给社会，她是为救世而来。为标榜自己，她把家里的女仆取名为“自由”“博爱”，显示自己是“博爱”的“新女性”，但她却连家庭教师和秘书的几块钱工资也要克扣，对外一套，对内一套，可见其“博爱”的虚伪。老舍以深邃的目光察觉到所谓标榜新思想的一代并没有理解所谓的自由、平等和博爱，他们在骨子里仍旧就是旧中国富家的沽名钓誉、自私伪善的剥削者。

钓鱼的医生[1]

汪曾祺

汪曾祺(1920—1997),江苏高邮人,中国当代京派作家的代表人物,被誉为“抒情的人道主义者,中国最后一个纯粹的文人,中国最后一个士大夫”。他的作品有《受戒》《晚饭花集》等。

这个医生几乎每天钓鱼。

他家挨着一条河。出门走几步,就到了河边。这条河不宽。会打水撇子(有的地方叫打水漂,有的地方叫打水片)的孩子,捡一片薄薄的破瓦,一扬手忒忒忒忒,打出二十多个,瓦片贴水飘过河面,还能蹦到对面的岸上。这条河下游淤塞了,水几乎是不流动的。河里没有船。也很少有孩子到这里来游水,因为河里淹死过人,都说有水鬼。这条河没有什么用处。因为水不流,也没有人挑来吃。只有南岸的种菜园的每天挑了浇菜。再就是有人家把鸭子赶到河里来放。河南岸都是大柳树。有的欹侧着,柳叶都拖到了水里。河里鱼不少,是个钓鱼的好地方。

你大概没有见过这样的钓鱼的。

他搬了一把小竹椅,坐着。随身带着一个白泥小炭炉子,一口小锅,提盒里葱姜作料俱全,还有一瓶酒。他钓鱼很有经验。钓竿很短,鱼线也不长,而且不用漂子,就这样把钓线甩在水里,看到线头动了,提起来就是一条。都是三四寸长的鲫鱼。——这条河里的鱼以白条子和鲫鱼为多。白条子他是不钓的,他这种钓法,是钓鲫鱼的。钓上来一条,刮刮鳞洗净了,就手就放到锅里。不大一会,鱼就熟了。他就一边吃鱼,一边喝酒,一边甩钩再钓。这种出水就烹制的鱼味美无比,叫作“起水鲜”。到听见女儿在门口喊:“爸——!”知道是有人来看病了,就把火盖上,把鱼竿插在岸边湿泥里,起身往家里走。不一会,就有一只钢蓝色的蜻蜓落在他的鱼竿上了。

这位老兄姓王,字淡人。中国以淡人为字的好像特别多,而且多半姓王。他们大都是阴历九月生的,大名里一定还带一个菊字。古人的一句“人淡如菊”的诗,造就了多少人的名字。

王淡人的家很好认。门口倒没有特别的标志。大门总是开着的,往里一看,就看到通道里挂了好几块大匾。匾上写的是“功同良相”“济世救人”“仁心仁术”“术绍岐黄”“杏林春暖”“橘井流芳”“妙手回春”“起我沉疴”……医生家的匾都是这一套。这是亲友或病家送给王淡人的祖父和父亲的。匾都有年头了,匾上的金字都已经发暗。到王淡人的时候,就不大兴送匾了。送给王淡人的只有一块,匾很新,漆得乌亮,匾字发光,是去年才送的。这块匾与医术无关,或关系不大,匾上写的是“急公好义”,字是颜体。进了过道,是一个小院子。

院里种着鸡冠、秋葵、凤仙一类既不花钱,又不费事的草花。有一架扁豆。还有一畦瓢菜。这地方不吃瓢菜,也没有人种。这一畦瓢菜是王淡人从外地找了种子,特为种来和扁豆配对的。王淡人的医室里挂着一副郑板桥写的(木板刻印的)对子:“一庭春雨瓢儿菜,满架秋风扁豆花。”他很喜欢这副对子。这点淡泊的风雅,和一个不求闻达的寒士是非常配称的。其实呢?何必一定是瓢菜,种什么别的菜也不是一样吗?王淡人花费心思去找了瓢菜的菜种来种,也可看出其天真处。自从他种了瓢菜,他的一些穷朋友在来喝酒的时候,除了吃王淡人自己钓的鱼,就还能尝到这种清苦清苦的菜蔬了。

过了小院,是三间正房,当中是堂屋,一边是卧房,一边是他的医室。

他的医室和别的医生的不一样,像一个小药铺。架子上摆着许多青花小瓷坛,坛口塞了棉纸卷紧的塞子,坛肚子上贴着浅黄蜡笺的签子,写着“九一丹”“珍珠散”“冰片散”……到处还有一些大大小小的乳钵,药碾子,药臼、嘴刀、剪子、镊子、钳子、钎子,往耳朵和喉咙里吹药用的铜鼓……他这个医生是“男妇内外大小方脉”,就是说内科、外科、妇科、儿科,什么病都看。王家三代都是如此。外科用的药,大都是“散”——药面子。“神仙难识丸散”,多有经验的医生和药铺的店伙也鉴定不出散的真假成色,都是一些粉红的或雪白的粉末。虽然每一家药铺都挂着一块小匾“修合存心”,但是王淡人还是不相信。外科散药里有许多贵重药:麝香、珍珠、冰片……哪家的药铺能用足?因此,他自己炮制。他的老婆、儿女,都是他的助手,经常看到他们抱着一个乳钵,握着乳锤,一圈一圈慢慢地磨研。另外,找他看病的多一半是乡下来的,即使是看内科,他们也不愿上药铺去抓药,希望先生开了方子就给配一副,因此,他还得预备一些常用的内科药。

城里外科医生不多,——不知道为什么,大家对外科医生都不大看得起,觉得都有点“江湖”,不如内科清高,因此,王淡人看外科的时间比较多。一年也看不了几起痈疽重症,多半是生疮长疖子,而且大都是七八岁狗都嫌的半大小子。常常看见一个大人带着生癞痢头的瘦小子,或一个长痄腮的胖小子走进王淡人家的大门;不多一会;就又看见领着出来了。生癞痢的涂了一头青黛,把一个秃光光的脑袋涂成了蓝的;生痄腮的腮帮上画着一个乌黑的大圆饼子,——是用掺了冰片研出的陈墨画的。

这些生疮长疖子的小病症,是不好意思多收钱的,——那时还没有挂号收费这一说。而且本地规矩,熟人看病,很少当下交款,都得要等“三节算账”,——端午、中秋、过年。忘倒不会忘的,多少可就“各凭良心”了。有的也许为了高雅,其实为了省钱,不送现钱,却送来一些华而不实的礼物:枇杷、扇子、月饼、莲蓬、天竺果子、蜡梅花。乡下来人看病,一般倒是当时付酬,但常常不是现钞,或是二十个鸡蛋、或一升芝麻、或一只鸡、或半布袋鹌鹑!遇有实在困难,什么也拿不出来的,就由病人的儿女趴下来磕一个头。王淡人看看病人身上盖着的破被,鼻子一酸,不但诊费免收,连药钱也白送了。王淡人家吃饭不致断顿——吃扁豆、瓢菜、小鱼、糙米——和炸鹌鹑!穿衣可就很紧了。淡人夫妇,十多年没添置过衣裳。只有儿子女儿一年一年长高,不得不给他们换换季。有人说:王淡人很傻。

王淡人是有点傻。去年、今年,就办了两件傻事。

去年闹大水。这个县的地势,四边高,当中低,像一个水壶,别名就叫作盂城。城西的运河河底,比城里的南北大街的街面还要高。站在运河堤上,可以俯瞰城中鳞次栉比的瓦屋的屋顶;城里小孩放的风筝,在河堤游人的脚底下飘着。因此,这地方常闹水灾。水灾好像有周期,十年大闹一次。去年闹了一次大水。王淡人在河边钓鱼,傍晚听见蛤蟆爬在柳树顶上叫,叫得他心惊肉跳,他知道这是不祥之兆。蛤蟆有一种特殊的灵感,水涨多高,他就在多高处叫。十年前大水灾就是这样。果然,连天暴雨,一夜西风,运河决了口,浊黄色的洪水倒灌下来,平地水深丈二,大街上成了大河。大河里流着箱子、柜子、死牛、死人。这一年死于大水的,有上万人。大水十多天未退,有很多人困在房顶、树顶和孤岛一样的高岗子上挨饿;还有许多人生病;上吐下泻,痢疾伤寒。王淡人就用了一根结结实实的撑船用的长竹篙拄着,在齐胸的大水里来往奔波,为人治病。他会水,在水特深的地方,就横执着这根竹篙,泅水过去。他听说泰山庙北边有一个被大水围着的孤村子,一村子人都病倒了。但是泰山庙那里正是洪水的出口,水流很急,不能容舟,过不去!他和四个水性极好的专在救生船上救人的水手商量,弄了一只船,在他的腰上系了四根铁链,每一根又分在一个水手的腰里,这样,即使是船翻了,他们之中也可能有一个人把他救起来。船开了,看着的人的眼睛里都蒙了一层眼泪。眼看这只船在惊涛骇浪里颠簸出没,终于靠到了那个孤村,大家发出了雷鸣一样的欢呼。这真是玩儿命的事!

水退之后,那个村里的人合送了他一块匾,就是那块“急公好义”。

拿一条命换一块匾,这是一件傻事。

另一件傻事是给汪炳治搭背,今年。

汪炳是和他小时候一块掏蛐蛐,放风筝的朋友。这人原先很阔。这一街的老人到现在还常常谈起他娶亲的时候,新娘子花鞋上缀的八颗珍珠,每一颗都有指头顶子那样大!好家伙,吃喝嫖赌抽大烟,把家业败得精光,连一片瓦都没有,最后只好在几家亲戚家寄食。这一家住三个月,那一家住两个月。就这样,他还抽鸦片!他给人家熬大烟,报酬是烟灰和一点膏子。他一天夜里觉得背上疼痛,浑身发烧,早上歪歪倒倒地来找王淡人。

王淡人一看,这是个有名有姓的外症:搭背。说:“你不用走了!”

王淡人把汪炳留在家里住,管吃、管喝,还管他抽鸦片,——他把王淡人留着配药的一块云土抽去了一半。王淡人祖上传下来的麝香、冰片也为他用去了三分之一。一个多月以后,汪炳的搭背收口生肌,好了。

有人问王淡人:“你干吗为他治病?”王淡人倒对这话有点不解,说:“我不给他治,他会死的呀。”

汪炳没有一个钱。白吃,白喝,白治病。病好后,他只能写了很多鸣谢的帖子,贴在满城的街上,为王淡人传名。帖子上的言辞倒真是淋漓尽致,充满感情。

王淡人的老婆是很贤惠的,对王淡人所做的事没有说过一个不字。但是她忍不住要问问淡人:“你给汪炳用掉的麝香、冰片,值多少钱?”王淡人笑一笑,说:“没有多少钱。——我还有。”他老婆也只好笑一笑,摇摇头。

王淡人就是这样,给人看病,看“男女内外大小方脉”,做傻事,每天钓鱼。一庭春雨,满架秋风。

你好，王淡人先生！

【注释】

[1]《钓鱼的医生》是汪曾祺创作的短篇系列小说《故乡人》中的一篇，小说最初发表于《雨花》（1981年第10期）。

【课文简解】

小说通过对乡村医生王淡人其人、其名、其家以及其行医之事讲述王淡人不分贵贱贫富，救死扶伤，以医者心，急公好义，救治病患，塑造了闲适自得、怡然其乐，而心怀天下人的高尚品质。

雁[1]

石钟山

石钟山,吉林省人,当代作家,生于1964年,著有散文集《重逢》、小说集《北京故事》。

人们先是看见那只孤雁在村头的上空盘旋,雁发出的叫声凄冷而又孤单。秋天了,正是大雁迁徙的季节,一排排一列列的雁阵,在高远清澈的天空中,鸣唱着向南方飞去。这样的雁阵已经在人们的头顶过了好一阵子了,人们不解的是,为什么这只孤雁长久的不愿离去。

人们在孤雁盘旋的地方,先是发现了一群鹅,那群鹅迷惘地瞅着天空那只孤雁,接着人们在鹅群中看见了那只受伤的母雁。她的一只翅膀垂着,翅膀的根部仍在流血。她是受伤后,没有能力飞行了,于是落到了地面。她应和着那只孤雁的凄叫。在鹅群中,她是那么地显眼,她的神态以及那身漂亮的羽毛使周围的鹅群黯然失色。她高昂着头,冲着天空中那只盘旋的孤雁哀鸣着。她的目光充满了绝望和恐惧。

天空中的雁阵一排排一列列缓缓向南方的天际飞,唯有那只孤雁在天空中盘旋着,久久不愿离去。

天色近晚了,那只孤独的雁留下最后一声哀鸣,犹豫着向南飞去。受伤的雁目送着那只孤雁远去,凄凄凉凉地叫了几声,最后垂下了那颗高贵美丽的头。

这群鹅是张家的,雁无处可去,只能夹在这群呆鹅中,她的心中装满了屈辱和哀伤。那只孤雁是她的丈夫,他们随着家族在飞往南方的途中,她中了猎人的枪弹。于是,她无力飞行了,落在了鹅群中。丈夫在一声声呼唤着她,她也在与丈夫呼应,她抖了几次翅膀,想重返到雁阵的行列中,可每次都失败了。她只能目送丈夫孤单地离去。

张家白白捡了一只大雁,他们喜出望外,人们在张家的门里门外聚满了。大雁他们并不陌生,每年的春天和秋天,大雁就会排着队在他们头顶上飞过,然而这么近地打量着一只活着的大雁,他们还是第一次。

有人说:"养起来吧,瞧她多漂亮。"

又有人说:"是只母大雁,她下蛋一定比鹅蛋大。"

人们议论着,新奇而又兴奋。

张家的男人和女人已经商量过了,要把她留下来,当成鹅来养,让她下蛋。有多少人吃过大雁蛋呢?她下的蛋一定能卖个好价钱。

张家的男人和女人齐心协力,小心仔细地为她受伤的翅膀敷了药,又喂了她几次鱼的内脏。后来又换了一次药,她的伤就好了。张家的男人和女人在她的伤好前,为了防止她再一次飞起来,剪掉了她翅膀上漂亮而又坚硬的羽毛。

肩伤不再疼痛的时候,她便开始试着飞行了。这个季节并不寒冷。如果能飞走的话,她完全可以找到自己的家族，以及丈夫。她在鹅群中抖着翅膀，做出起飞的动作，刚刚飞出一段距离，便跌落下来。她悲伤地鸣叫着。

人们看到这一幕，都笑着说："瞧，她要飞呢。"

她终于无法飞行了，只能裹挟在鹅群中去野地里寻找吃食，或接受主人的喂养。在鹅群中，她仰着头望着落雪的天空，心里空前绝后地悲凉。她遥想着天空，梦想着南方，她不知道此时此刻同伴们在干什么。她思念自己的丈夫，耳畔又依稀响起丈夫的哀鸣，她的眼里噙满了绝望的泪水。她在一天天地等，一日日地盼，盼望着自己重返天空，随着雁阵飞翔。

一天天，一日日，她在企盼和煎熬中度过。终于等来了春天。一列列雁阵又一次掠过天空，向北方飞来。

她仰着头，凝望着天空掠过的雁阵，发出兴奋的鸣叫。她终于等来了自己的丈夫。丈夫没有忘记她，当听到她的呼唤时，毅然地飞向她的头顶。丈夫又一次盘旋在空中，倾诉着呼唤着。她试着做飞翔的动作，无论她如何挣扎，最后她都在半空中掉了下来。

她彻底绝望了，也不再做徒劳的努力，她美丽的双眼里蓄满泪水，她悲伤地冲着丈夫哀鸣着。

这样的景象又引来了人们的围观，人们议论着，嬉笑着，后来就散去了。

张家的男人说："这只大雁说不定会把天上的那只招下来呢。"

女人说："那样的话，真是太好了，咱们不仅能吃到大雁蛋，还能吃大雁肉了。"

这是天黑时分张家男女主人的对话。张家已把鹅群和她赶到了自家院子里，空中的那只大雁仍在盘旋着，声音凄厉绝望。

不知过了多久，这凄厉哀伤的鸣叫消失了。

第二天一早，当张家的男人和女人推开门时，他们被眼前的景象惊呆了：两只雁头颈相交，死死地缠在一起，他们用这种方式自杀了。

僵直的头仍冲着天空，那是他们的梦想。

【注释】

[1]《雁》被编入《2001 年中国年度最佳小说》。

【课文简解】

小说讲述了两只大雁殉情而死的美丽而凄婉的故事。小说以一只雌雁在飞行途中被人类所伤，而落在一群鹅中，鹅的主人希望大雁能产蛋，收养了大雁，却又怕雌雁飞走，剪掉了雌雁翅膀上的羽毛，使它无法飞走，但这支雌雁在困厄中仍想飞走。第二年，曾经的雁群飞回来时，这支雌雁哀鸣，却无法飞走。雁主人本想能够招引雁群获利，但是雄雁与雌雁一起殉情。小说以大雁对自由的追求，对爱情的坚贞，反衬人类冷酷自私和残忍。

遗　嘱[1]

莫泊桑

莫泊桑(1850—1893)，19世纪后期法国优秀的批判现实主义作家,他一生创作了6部长篇小说、359篇中短篇小说,是法国文学史上短篇小说创作数量最大、成就最高的作家,被誉为现代文学中的“世界短篇小说之王”,与契诃夫和欧·亨利并称为“世界三大短篇小说巨匠”,他的代表作品有《我的叔叔于勒》《项链》《漂亮朋友》《米隆老爹》《羊脂球》等。

我认识勒内·德·布纳瓦尔这个高个子的年轻人。他和蔼可亲,虽然性情有点犹豫,仿佛把一切都已经看破,对什么都抱着怀疑的态度,但那是一种直率而又尖刻的怀疑态度,特别善于一句话戳穿上流社会的假仁假义。他常常说:“根本就没有什么正人君子;充其量不过是和那些坏蛋比起来,勉强算是正人君子罢了。”

他有两个哥哥,两位德·古尔西先生,他已经跟他们断绝来往。由于他们不同姓,我猜想他们不是一个父亲生的。不止一次有人告诉我,说他们家里发生过一件不寻常的事,可是谁都没有谈到详细情况。

我很喜欢这个年轻人,我们认识没有多久,就成了好朋友。一天晚上,我在他家里吃晚饭,当时只有我们两个人,我无心地问了他一句:“您是令堂第一次结婚生的,还是第二次结婚生的呢?”我看见他的脸色先是有点发白,后来又突然红起来了。他待了几秒钟,没有说话,很显然他觉得为难。过了一会儿,脸上才露出他特有的那种抑郁而温和的微笑,他说:“亲爱的朋友,您要是不怕厌烦,我就把我的奇怪身世详详细细告诉您吧。我知道您是个通情达理的人,所以我不担心您对我的友谊会因此而受到影响;万一受到影响,那我也就不必交您这个朋友了。”

我的母亲德·古尔西太太,个儿矮小,是个软弱可怜的女人。她丈夫娶她是因为看中了她的财产。她一生在世受尽了折磨。她生性温顺、懦弱、体贴,却不断地遭受那个本应做我父亲的人,一个被人称作乡绅的那种大老粗的虐待。结婚才一个月,他就跟家里的女佣人姘上了。他另外还有情妇,都是佃户的妻子或女儿;但是这并没有妨碍他跟他妻子生了两个孩子;如果算上我,那就应该说是三个。我母亲总是不声不响;在这个总是很嘈杂的家里,她就像那些躲到家具下面的小耗子一样过着日子。她缩在一边,没人理睬,战战兢兢地用她那明亮的、惊慌的,老是转动着的眼睛望着,像这样的眼睛只有一天到晚担惊受怕的人才会有。可是她长得漂亮,很漂亮,一头金黄的头发,金黄里带点灰白,带点怯生生的味道,仿佛是成天提心吊胆,连头发也褪了颜色似的。

德·古尔西先生家的那些常到古堡来作客的朋友中间,有一位死了妻子的退伍骑兵军官。他是个令人敬畏的人物,为人随和,可是性子暴躁,什么事一旦下了决心,就非干到底不可。他就是德·布纳瓦尔先生;我姓的正是他的姓。他身材瘦长,蓄着两撇很厚黑的八字胡。我长得很像他。他读过不少书,他的思想跟他那个阶级的人没有一点共同的地方。他的曾祖母是卢梭的朋友,真可以说他从他祖先的这段关系里,也多少继承了一点东西。他背得出《民约论》《新爱洛绮丝》,背得出所游那些为日后推翻我们古老习俗、偏见、陈腐法律、愚蠢道德做了准备工作的探讨哲学的书籍。

看样子,他爱我母亲,我母亲也爱他。他们的这种关系很秘密,所以一直没有引起人们的疑心。这个被人撂在一边、抑郁寡欢的可怜女人,很可能疯狂地爱着他,而且从他们的接近中接受了他的各种想法、自由思想的理论和自由恋爱的胆量;但是,她是多么懦弱,连高声说话都不敢,因此所有这一切都只好积在心里,压在心里,忍在心里,她从来没有向任何人打开心扉。

我的两个哥哥也跟他们的父亲一样对她很凶,从来不和她亲热,惯常把她看作家里的一个无足轻重的人,待她多少有点像待一个女佣人。

在她的儿子中间,只有我真心地爱她,她也只爱我。

我一八岁那年,她死了。为了便于您了解以后发生的事情,我得在这儿补充几句:她丈夫花钱受到监护人的监管,他们夫妻之间宣告过一次分产,这次分产对我母亲是有利的。多亏法律条文的巧妙作用和一位公证人的机灵忠诚,她保留了按自己意愿立遗嘱的权利。

因此,我们得到通知,知道有一份遗嘱存在这位公证人手里,并且被邀请去参加宣读。

我现在还记得清清楚楚,就像是昨天的事。那是个伟大的戏剧性的,而又滑稽可笑、令人惊奇的场面;造成这个场面的是这个女人死后的反抗,是从这个受难者的坟墓里发出的要求自由的呼声;她在活着的时候,受尽了我们的习俗的压迫,却从钉死了的棺材里发出要求独立自主的绝望的呼声。

那个自以为是我父亲的人,是个满面红光的大胖子,看上去活像个卖肉的;我那两个哥哥都身强力壮,一个二十岁,一个二十二岁。他们都静静地坐在座位上等候。德·布纳瓦尔先生也被邀请出席。他走进来,坐在我背后。他穿一件紧腰身的礼服,脸色煞白,时常轻轻地咬他那两撇已经有点灰白的八字胡。毫无疑问,他已经料到了即将发生的事。

公证人锁上门,当着我们的面拆开那个用红火漆封口的封套,开始宣读连他也不知道内容的遗嘱。

我的朋友突然不说了。他站起来,走到书桌跟前,从抽屉里取出一张旧纸,打开来吻了好一会儿,才接着说下去:"这就是我心爱的母亲的遗嘱。"

我,立遗嘱人,安娜 - 卡特琳娜 - 热纳维埃芙 - 玛蒂尔德·德·克鲁瓦吕斯,让 - 莱奥波德 - 约瑟夫 - 贡特朗·德·古尔西的合法妻子,身心健康,表示我最后愿望如下:

我首先请求天主饶恕,其次请求我心爱的儿子勒内饶恕,饶恕我即将要做的事。我相信我的孩子胸怀宽阔,能够了解我,饶恕我。我一生历尽痛苦。我丈夫娶我有他个人打算,娶到手后就轻蔑我,冷淡我,压迫我,一再欺骗我。

我现在原谅他,但是我什么情也不欠他的。

我的两个大儿子根本不爱我,不孝顺我,可以说不把我当母亲看待。

我活着的时候,对他们尽了我应尽的责任;我死后也就什么情也不欠他们的了。既然没有那种经久不渝的、神圣的每日每时爱,血统关系也就无所谓了。一个忘恩负义的儿子还不如一个外人;应该说他是个罪人,因为他没有权利对自己的母亲漠不关心。

在男人们面前,在他们极不公平的法律、毫无人道的礼教、可耻的偏见面前,我总是发抖害怕。在天主面前,我就再也不怕什么了。我死了,我可以丢开可耻的假仁假义;我可以大胆地说出我的思想,承认心中的秘密,并且签字画押。

因此,我把法律允许我支配的那一部分财产,全部留给我心爱的情人皮埃尔-热尔梅-西蒙·德·布纳瓦尔保管,以后再归还我们亲爱的儿子勒内。

(这个遗愿在另外一份公证书上有较详细的说明。)

在俯听我申诉的最高审判者面前,我宣告:如果我没有遇见我情人的深厚、忠诚、温暖、坚贞的爱情,如果我没有在他的怀抱中懂得了造物主造人就是为了叫他们互敬互爱、互相扶助、互相安慰,遇到悲伤的时刻一起哭泣的道理,我一定会诅咒上苍和人生。

我两个大儿子的父亲是德·古尔西先生,只有勒内是德·布纳瓦尔先生的儿子。我乞求人类及其命运的主宰帮助他们父子俩不受社会偏见的影响,使他们终生相爱,并继续爱九泉之下的我。

以上是我最后的思想和最后的愿望。

玛蒂尔德·德·克鲁瓦吕斯

德·古尔西先生站起来,嚷道:"这简直是疯子立的遗嘱!"德·布纳瓦尔先生往前走了一步,声色俱厉地大声说:"我,西蒙·德·布纳瓦尔声明,遗嘱里说的完全是事实,无论在什么人面前,我都可以这样说,甚至可以用我手里信件做证明。"

德·古尔西先生听到这儿,朝他走去。我以为他们要当场打起来了。他们这两个高个子,一胖,一瘦,都浑身发抖地站在那儿。我母亲的丈夫结结巴巴地说:"你是个坏蛋!"对方照旧用冷酷有力的声调说:"先生,咱们约一个地方见面好了。这个受尽你折磨的可怜女人,当她在世的时候,我首先要顾全的是她的安宁,否则我早就打你一个嘴巴,找你决斗了。"

接着,他转过身对我说:"你是我的儿子。你愿意跟我走吗?我没有权利拉你走,不过,如果你真心愿意同我一块走,我也就取得这个权利了。"

我握了握他的手没有回答。我们一同走了。说真的,我当时差点疯了。

两天以后,德·布纳瓦尔先生在决斗中打死了德·古尔西先生。我的两个哥哥怕事情传出去太丢脸,所以没有声张。我把母亲留给我的财产分了一半给他们,他们也接受了。

我抛弃了法律给我的、实际并不是我的那个姓,采用了我真正的父亲的姓。

德·布纳瓦尔先生去世已经五年了。我现在心里还感到十分悲痛。

他站起来走了几步,停在我面前说:"怎么样,我母亲立的遗嘱,我说是一个女人所能做到的最美好、最忠诚、最伟大的事情。您的意见是不是也是这样?"

我向他伸出双手,说:"是的,朋友,当然是的。"

【注释】

[1] 课文选自《莫泊桑中短篇小说全集》(上海译文出版社，2019 年第 1 版)。小说《遗嘱》发表于 1882 年，被收入莫泊桑短篇小说集《山鹬的故事》。

【课文简解】

小说《遗嘱》讲述一个 19 世纪法国底层的女性遭受丈夫的虐待和背叛，又被她和丈夫所生育的两个儿子冷落和轻视，而与一个退伍骑兵军官有了情感，并生育一子。在这名女子去世后，她的丈夫和儿子们都来了，想知道她的财产怎么分配，但这名女子在遗嘱中把财产都给了她与退伍骑兵军官所生育的儿子。小说通过这个女子所遭受的不幸人生深刻揭示揭露金钱对那个时代人与人之间的关系所造成的影响。

单元练习

一、背诵《茅屋为秋风所破歌》。

二、试分析中国古代的人文关怀的核心思想。

三、试分析充满人文关怀的文学作品与作家的思想关系。

四、现当代文学作品中的人文关怀的核心思想是什么？

五、人文关怀精神在文学作品的作用是什么？

第十单元　自由平等

中国古代早有庄子的《逍遥游》等名篇为“自由”奠定了思想理论基础。在《汉书·五行志》中就有“自由飞翔”“自由”一词；汉朝郑玄《周礼》注有“去止不敢自由”之说。到宋朝时，“自由”已成为流行俗语。“自由”在中国古文里的意思是“由于自己”，就是不由于外力，自己做主。然而，中国长期处于封建君主专制统治之下，广大人民是少有自由的。

在西方，最初意义上的自由，主要是指自主、自立、摆脱强制，意味着人身依附关系的解除和人格上的独立。在古希腊、古罗马时期，“自由”与“解放”同义。

“自由”的实现直到意大利文艺复兴争取自由的斗争才再度开始，自由城市国家的支持者和教宗的支持者产生了冲突。到了18世纪晚期，自由主义几乎成了西方国家的主要意识形态。美国独立战争使美国制定了第一套根基于自由政府概念上的宪法，在法国大革命中较温和的资产阶级也试图建立一个根基于自由概念上的政府。1816年英国的托利党人则首先用带有蔑视的口吻使用“自由主义”一词来贬低对手。1822年，英国文学家和诗人拜伦和雪莱等创办了名为《自由主义》的杂志，但影响甚微。直到19世纪30年代，“自由主义”才被广泛应用。虽然“自由主义”一词直到19世纪初才出现，到19世纪将近中叶才被广泛接纳，但自由主义作为一种人类思想和理论，则有更长的历史。

现代中国的自由平等观念是在五四运动后。随着新文学运动的发起，自由平等观念被思想家和革命家们传播开来，文学家们创作出一系列反对封建专制，解放人的思想，表达自由平等追求的文学作品。

江上吟[1]

李　白

李白是集儒道思想于一身的诗人，他作为士人想成就功业，但傲岸不屈的性格使他不愿屈尊于权贵，在政治理想实现不了的情况下，李白走向人生追求的另一面，遨游山水，自由生活。

木兰之枻[2]沙棠[3]舟，玉箫金管坐两头。
美酒樽中置千斛[4]，载妓随波任去留。
仙人有待乘黄鹤，海客无心随白鸥。
屈平辞赋悬日月，楚王台榭[5]空山丘。
兴酣落笔摇五岳，诗成笑傲凌沧洲[6]。
功名富贵若长在，汉水[7]亦应西北流。

【注释】

[1]《江上吟》一作《江上游》，是李白自创之歌行体。一般认为是李白于唐玄宗开元二十二年（734 年）游江夏时所作，是李白因有感于仕途无望的现实而写的诗歌。

[2] 枻（yì）：同“楫”，船桨。

[3] 沙棠：木名。南朝梁任昉的《述异记》载：“其木出昆仑山，人食其实，入水不溺。”

[4] 千斛（hú）：形容船中置酒极多。古时十斗为一斛。

[5] 台榭：台上建有房屋叫榭。泛指楼台亭阁。

[6] 沧洲：江海。古时称隐士居处。

[7] 汉水：发源于今陕西省宁强县，东南流经湖北襄阳，至汉口汇入长江。

【课文简解】

《江上吟》这首诗以江上遨游起兴。描述诗人乘坐沙棠舟，摇荡木兰枻，笙歌伴酒，自由任意游荡。自己将像仙人或海客一样驾鹤远游，随鸥而飞。作为一个自信的诗情者，诗人相信自己将像屈原一样，与世永存，随时可写出摇动五岳，傲视一切诗人的诗歌。而富贵者则成为历史的荒丘，转瞬即逝。诗歌抒发了诗人在仕途无门之时，自我超然脱俗，对庸俗、局促的现实的蔑弃和对自由、美好的生活理想的追求。

凤凰涅槃[1]

郭沫若

郭沫若（1892—1978），原名郭开贞，字鼎堂，号尚武，笔名沫若，四川乐山沙湾镇人，现代文学家、历史学家，中国新诗奠基人之一。1921年，他发表第一本新诗集《女神》。他的代表作有《女神》《星空》《屈原》《虎符》等。

序曲

除夕将近的空中，
飞来飞去的一对凤凰[2]，
唱着哀哀的歌声飞去，
衔着枝枝的香木飞来，
飞来在丹穴山上。

山右有枯槁了的梧桐，
山左有消歇了的醴泉，
山前有浩茫茫的大海，
山后有阴莽莽的平原，
山上是寒风凛冽的冰天。

天色昏黄了，
香木集高了，
凤已飞倦了，
凰已飞倦了，
他们的死期将近了。
凤啄香木，
一星星的火点迸飞。
凰扇火星，
一缕缕的香烟上腾，
凤又啄，
凰又扇，
山上的香烟弥散，
山上的火光弥满。
夜色已深了，
香木已燃了，
凤已啄倦了，
凰已扇倦了，
他们的死期已近了！

啊啊！
哀哀的凤凰！
凤起舞、低昂！
凰唱歌，悲壮！
凤又舞，
凰又唱，
一群的凡鸟，
自天外飞来观葬。

凤歌

即即！即即！即即！
即即！即即！即即！
茫茫的宇宙，冷酷如铁！
茫茫的宇宙，黑暗如漆！
茫茫的宇宙，腥秽如血！
宇宙呀，宇宙，
你为什么存在？
你自从哪儿来？
你坐在哪儿在？
你是个有限大的空球？

你是个无限大的整块？
你若是有限大的空球，
那拥抱着你的空间
他从哪儿来？
你的外边还有些什么存在？
你若是无限大的整块，
这被你拥抱着的空间
他从哪儿来？
你的当中为什么又有生命存在？
你到底还是个有生命的交流？
你到底是个无生命的机械？

昂头，我问天，
天徒矜高，莫有点儿知识。
低头，我问地，
地已经死了，莫有点儿呼吸。
伸头我问海，
海正扬声而呜咽。

啊啊！
生在这个阴秽的世界当中，
便是把金钢石的宝刀也会生锈！
宇宙啊，宇宙，
我要努力地把你诅咒：
你脓血污秽着的屠场呀！
你悲哀充塞着的囚牢呀！
你群鬼叫号着的坟墓呀！
你群魔跳梁着的地狱呀！
你到底为什么存在？
我们飞向西方，
西方同是一座屠场。
我们飞向东方，
东方同是一座囚牢。
我们飞向南方，
南方同是一座坟墓。
我们飞向北方，
北方同是一座地狱。
我们生在这样个世界当中，
只好学着海洋哀哭。

凰歌

足足！足足！足足！
足足！足足！足足！
五百年来的眼泪倾泻如瀑。
五百年来的眼泪淋漓如烛。
流不尽的眼泪，
洗不净的污浊，
浇不熄的情炎，
荡不去的羞辱，
我们这缥缈的浮生，
到底要向哪儿安宿？
啊啊！
我们这缥缈的浮生
好像那大海的孤舟。
左也是漶漫，
右也是漶漫，
前不见灯台，
后不见海岸，
帆已破，
樯已断，
楫已飘流，
柁已腐烂，
倦了的舟子只是在舟中呻唤，
怒了的海涛还是在海中泛滥。
啊啊！
我们这缥缈的浮生。
好像这黑夜里的酣梦。
前也是睡眠，
后也是睡眠，
来得如飘风，
去得如轻烟，
来如风，
去如烟，

眠在后，
睡在前，
我们只是这睡眠当中的
一刹那的风烟。

啊啊！
有甚么意思？
有甚么意思？
痴！痴！痴！
只剩些悲哀，烦恼，寂寥，衰败，
环绕着我们活动着的死尸，
贯串着我们活动着的死尸。
啊啊！
我们年青时候的新鲜哪儿去了？
我们青年时候的甘美哪儿去了？
我们青年时候的光华哪儿去了？
我们年青时候的欢爱哪儿去了？
去了！去了！去了！
一切都已去了，
一切都要去了。
我们也要去了，
你们也要去了，
悲哀呀！烦恼呀！寂寥呀！衰败呀！

凤凰同歌

啊啊！
火光熊熊了。
香气蓬蓬了。
时期已到了。
死期已到了。
身外的一切！
身内的一切！
一切的一切！
请了！请了！

群鸟歌

岩鹰
哈哈，凤凰！凤凰！
你们枉为这禽中灵长！
你们死了吗？你们死了吗？
从今后该我为空界的霸王！
孔雀
哈哈，凤凰！凤凰！
你们枉为这禽中的灵长！
你们死了吗？你们死了吗？
从今后请看我花翎上的威光！
鸱枭[3]
哈哈，凤凰！凤凰！
你们枉为这禽中的灵长！
你们死了吗？你们死了吗？
哦！是哪儿来的鼠肉的馨香！
家鸽
哈哈，凤凰！凤凰！
你们枉为这禽中的灵长！
你们死了吗？你们死了吗？
从今后请看我们驯良百姓的安康！
鹦鹉
哈哈，凤凰！凤凰！
你们枉为这禽中的灵长！
你们死了吗？你们死了吗？
从今后请听我们雄辩家的主张！
白鹤
哈哈，凤凰！凤凰！
你们枉为这禽中的灵长！
你们死了吗？你们死了吗？
从今后请看我们高蹈派的徜徉！

凤凰更生歌

鸡鸣
听潮涨了，

昕潮涨了，
死了的光明更生了。
春潮涨了，
春潮涨了，
死了的宇宙更生了。
生潮涨了，
生潮涨了，
死了的凤凰更生了。

凤凰和鸣

我们更生了。
我们更生了。
一切的一，更生了。
一的一切，更生了。
我们便是他，他们便是我。
我中也有你，你中也有我。
我便是你，
你便是我。
火便是凰。
凤便是火。
翱翔！翱翔！
欢唱！欢唱！
我们新鲜，我们净朗，
我们华美，我们芬芳，
一切的一，芬芳。
一的一切，芬芳。
芬芳便是你，芬芳便是我。
芬芳便是他，芬芳便是火。
火便是你。
火便是我。
火便是他。
火便是火。
翱翔！翱翔！
欢唱！欢唱！
我们热诚，我们挚爱。
我们欢乐，我们和谐。
一切的一，和谐。
一的一切，和谐。
和谐便是你，和谐便是我。
和谐便是他，和谐便是火。
火便是你。
火便是我。
火便是他。
火便是火。
翱翔！翱翔！
欢唱！欢唱！
我们生动，我们自由，
我们雄浑，我们悠久。
一切的一，悠久。
一的一切，悠久。
悠久便是你，悠久便是我。
悠久便是他，悠久便是火。
火便是你。
火便是我。
火便是他。
火便是火。
翱翔！翱翔！
欢唱！欢唱！
我们欢唱，我们翱翔。
我们翱翔，我们欢唱。
一切的一，常在欢唱。
一的一切，常在欢唱。
是你在欢唱？是我在欢唱？
是他在欢唱？是火在欢唱？
欢唱在欢唱！
欢唱在欢唱！
只有欢唱！
只有欢唱！
欢唱！
欢唱！
欢唱！

1920年1月20日初稿

【注解】

[1]《凤凰涅槃》选自《女神》，是一首现代诗歌，发表于 1920 年的《时事新报·学灯》，是现代诗歌史上具有重要历史地位的诗篇。

[2] 凤凰：天方国古有神鸟名“菲尼克司”（Phoenix），满 500 岁后，集香木自焚，复从死灰中更生，鲜美异常，不再死。按此鸟殆即中国所谓凤凰；雄为凤，雌为凰。《孔演图》云：“凤凰火精，生丹穴。”《广雅》云：“凤凰……雄鸣曰即即，雌鸣曰足足。”

[3] 鸱（chī）枭（xiāo）：鸟名。鸱：古书上指鹞鹰。枭：猫头鹰，中国古代不吉祥的鸟。

【课文简解】

《凤凰涅槃》这首诗以凤凰的传说为素材，采用象征的艺术形式，以凤凰涅槃象征中国现代社会，通过凤凰集香木自焚，从烈焰中更生的故事，象征中国现代知识分子的蜕变过程。诗人以凤凰象征五四时代精神和诗人自我，以群鸟象征反动势力和旧文人。作者借助凤凰的传说，书写大地、自然、万物与宇宙，并赋予他们生命，把自我融于其中，歌咏凤凰、歌咏宇宙、歌咏万物、歌咏宇宙，也是歌咏诗人自我，表达了彻底埋葬旧社会的决心，对黑暗社会的深恶痛绝、势不两立，和对现实强烈的反抗精神，表现了对新的理想社会热烈的追求和对新生活的积极创造精神，歌颂富有叛逆精神的自我形象，体现了五四时代个性解放的鲜明特征。

娜拉走后怎样[1]

鲁　迅

鲁迅(1881—1936),原名周树人,字豫山、豫亭,后改名为豫才,浙江绍兴人,中国现代文学的奠基者。1918年5月,他首次以“鲁迅”为笔名,发表中国文学史上第一篇白话小说《狂人日记》。他的著作以小说、杂文为主,代表作有小说集《呐喊》《彷徨》《故事新编》,散文集《朝花夕拾》,散文诗集《野草》,杂文集《坟》《热风集》《华盖集》,文学论著《中国小说史略》。他被称为“民族魂”。毛泽东评价他是伟大的无产阶级文学家、思想家、革命家,是中国文化革命的主将。

我今天要讲的是“娜拉走后怎样?”

伊孛生[2]是十九世纪后半的瑙威[3]的一个文人。他的著作,除了几十首诗之外,其余都是剧本。这些剧本里面,有一时期是大抵含有社会问题的,世间也称作“社会剧”,其中有一篇就是《娜拉》。

《娜拉》一名Ein Puppenheim,中国译作《傀儡家庭》。但Puppe不单是牵线的傀儡,孩子抱着玩的人形[4]也是;引申开去,别人怎么指挥,他便怎么做的人也是。娜拉当初是满足地生活在所谓幸福的家庭里的,但是她竟觉悟了:自己是丈夫的傀儡,孩子们又是她的傀儡。她于是走了,只听得关门声,接着就是闭幕。这想来大家都知道,不必细说了。

娜拉要怎样才不走呢?或者说伊孛生自己有解答,就是Die Frau vom Meer,《海的女人》中国友人译作《海上夫人》的。这女人是已经结婚的了,然而先前有一个爱人在海的彼岸,一日突然寻来,叫她一同去。她便告知她的丈夫,要和那外来人会面。临末,她的丈夫说,“现在放你完全自由。(走与不走)你能够自己选择,并且还要自己负责任。”于是什么事全都改变,她就不走了。这样看来,娜拉倘也得到这样的自由,或者也便可以安住。

但娜拉毕竟是走了的。走了以后怎样?伊孛生并无解答;而且他已经死了。即使不死,他也不负解答的责任。因为伊孛生是在做诗,不是为社会提出问题来而且代为解答。就如黄莺一样,因为他自己要歌唱,所以他歌唱,不是要唱给人们听得有趣,有益。伊孛生是很不通世故的,相传在许多妇女们一同招待他的筵宴上,代表者起来致谢他作了《傀儡家庭》,将女性的自觉,解放这些事,给人心以新的启示的时候,他却答道,“我写那篇却并不是这意思,我不过是做诗。”

娜拉走后怎样?——别人可是也发表过意见的。一个英国人曾作一篇戏剧,说一个新式的女子走出家庭,再也没有路走,终于堕落,进了妓院了。还有一个中国人,——我称他什么呢?上海的文学家罢,——说他所见的《娜拉》是和现译本不同,娜拉终于回来了。这样的本子可惜没有第二人看见,除非是伊孛生自己寄给他的。但从事理上推想起来,娜拉或者也实在只有两条路：不是堕落，就是回来。因为如果是一匹小鸟，则笼子里固然不自由，而一出笼门，外面便又有鹰，有猫，以及别的什么东西之类；倘使已经关得麻痹了翅子，忘却了飞翔，也诚然是无路可以走。还有一条，就是饿死了，但饿死已经离开了生活，更无所谓问题，所以也不是什么路。

人生最苦痛的是梦醒了无路可以走。做梦的人是幸福的；倘没有看出可走的路，最要紧的是不要去惊醒他。你看，唐朝的诗人李贺，不是困顿了一世的么？而他临死的时候，却对他的母亲说，“阿妈，上帝造成了白玉楼，叫我做文章落成去了。”这岂非明明是一个诳，一个梦？然而一个小的和一个老的，一个死的和一个活的，死的高兴地死去，活的放心地活着。说诳和做梦，在这些时候便见得伟大。所以我想，假使寻不出路，我们所要的倒是梦。

但是，万不可做将来的梦。阿尔志跋绥夫[5]曾经借了他所做的小说，质问过梦想将来的黄金世界的理想家，因为要造那世界，先唤起许多人们来受苦。他说，“你们将黄金世界预约给他们的子孙了，可是有什么给他们自己呢？”有是有的，就是将来的希望。但代价也太大了，为了这希望，要使人练敏了感觉来更深切地感到自己的苦痛，叫起灵魂来目睹他自己的腐烂的尸骸。惟有说诳和做梦，这些时候便见得伟大。所以我想，假使寻不出路，我们所要的就是梦；但不要将来的梦，只要目前的梦。

然而娜拉既然醒了，是很不容易回到梦境的，因此只得走；可是走了以后，有时却也免不掉堕落或回来。否则，就得问：她除了觉醒的心以外，还带了什么去？倘只有一条像诸君一样的紫红的绒绳的围巾，那可是无论宽到二尺或三尺，也完全是不中用。她还须更富有，提包里有准备，直白地说，就是要有钱。

梦是好的；否则，钱是要紧的。

钱这个字很难听，或者要被高尚的君子们所非笑，但我总觉得人们的议论是不但昨天和今天，即使饭前和饭后，也往往有些差别。凡承认饭需钱买，而以说钱为卑鄙者，倘能按一按他的胃，那里面怕总还有鱼肉没有消化完，须得饿他一天之后，再来听他发议论。

所以为娜拉计，钱，——高雅的说罢，就是经济，是最要紧的了。自由固不是钱所能买到的，但能够为钱而卖掉。人类有一个大缺点，就是常常要饥饿。为补救这缺点起见，为准备不做傀儡起见，在目下的社会里，经济权就见得最要紧了。第一，在家应该先获得男女平均的分配；第二，在社会应该获得男女相等的势力。可惜我不知道这权柄如何取得，单知道仍然要战斗；或者也许比要求参政权更要用剧烈的战斗。

要求经济权固然是很平凡的事，然而也许比要求高尚的参政权以及博大的女子解放之类更烦难。天下事尽有小作为比大作为更烦难的。譬如现在似的冬天，我们只有这一件棉袄，然而必须救助一个将要冻死的苦人，否则便须坐在菩提树下冥想普度一切人类的方法去。普度一切人类和救活一人，大小实在相去太远了，然而倘叫我挑选，我就立刻到菩提树下去坐着，因为免得脱下唯一的棉袄来冻杀自己。所以在家里说要参政权，是不至于大遭反对的，一说到经济的平均分配，或不免面前就遇见敌人，这就当然要有剧烈的战斗。

战斗不算好事情，我们也不能责成人人都是战士，那么，平和的方法也就可贵了，这就是将来利用了亲权来解放自己的子女。中国的亲权是无上的，那时候，就可以将财产平均地分配子女们，使他们平和而没有冲突地都得到相等的经济权，此后或者去读书，或者去生发，或者为自己去享用，或者为社会去做事，或者去花完，都请便，自己负责任。这虽然也是颇远的梦，可是比黄金世界的梦近得不少了。但第一需要记性。记性不佳，是有益于己而有害于子孙的。人们因为能忘却，所以自己能渐渐地脱离了受过的苦痛，也因为能忘却，所以往往照样地再犯前人的错误。被虐待的儿媳做了婆婆，仍然虐待儿媳；嫌恶学生的官吏，每是先前痛骂官吏的学生；现在压迫子女的，有时也就是十年前的家庭革命者。这也许与年龄和地位都有关系罢，但记性不佳也是一个很大的原因。救济法就是各人去买一本 note-book 来，将自己现在的思想举动都记上，作为将来年龄和地位都改变了之后的参考。假如憎恶孩子要到公园去的时候，取来一翻，看见上面有一条道，"我想到中央公园去"，那就即刻心平气和了。别的事也一样。

世间有一种无赖精神，那要义就是韧性。听说拳匪乱后，天津的青皮，就是所谓无赖者很跋扈，譬如给人搬一件行李，他就要两元，对他说这行李小，他说要两元，对他说道路近，他说要两元，对他说不要搬了，他说也仍然要两元。青皮固然是不足为法的，而那韧性却大可以佩服。要求经济权也一样，有人说这事情太陈腐了，就答道要经济权；说是太卑鄙了，就答道要经济权；说是经济制度就要改变了，用不着再操心，也仍然答道要经济权。

其实，在现在，一个娜拉的出走，或者也许不至于感到困难的，因为这人物很特别，举动也新鲜，能得到若干人们的同情，帮助着生活。生活在人们的同情之下，已经是不自由了，然而倘有一百个娜拉出走，便连同情也减少，有一千一万个出走，就得到厌恶了，断不如自己握着经济权之为可靠。

在经济方面得到自由，就不是傀儡了么？也还是傀儡。无非被人所牵的事可以减少，而自己能牵的傀儡可以增多罢了。因为在现在的社会里，不但女人常作男人的傀儡，就是男人和男人，女人和女人，也相互地作傀儡，男人也常作女人的傀儡，这决不是几个女人取得经济权所能救的。但人不能饿着静候理想世界的到来，至少也得留一点残喘，正如涸辙之鲋[6]，急谋升斗之水一样，就要这较为切近的经济权，一面再想别的法。

如果经济制度竟改革了，那上文当然完全是废话。

然而上文，是又将娜拉当作一个普通的人物而说的，假使她很特别，自己情愿闯出去做牺牲，那就又另是一回事。我们无权去劝诱人做牺牲，也无权去阻止人做牺牲。况且世上也尽有乐于牺牲，乐于受苦的人物。欧洲有一个传说，耶稣去钉十字架时，休息在 Ahasvar[7] 的檐下，Ahasvar 不准他，于是被了咒诅，使他永世不得休息，直到末日裁判的时候。Ahasvar 从此就歇不下，只是走，现在还在走。走是苦的，安息乐的，他何以不安息呢？虽说背着咒诅，可是大约总该是觉得走比安息还适意，所以始终狂走的罢。

只是这牺牲的适意是属于自己的，与志士们之所谓为社会者无涉。群众，——尤其是中国的，——永远是戏剧的看客。牺牲上场，如果显得慷慨。他们就看了悲壮剧；如果显得觳觫，他们就看了滑稽剧。北京的羊肉铺前常有几个人张着嘴看剥羊，仿佛颇愉快，人的牺牲能给与他们的益处，也不过如此。而况事后走不几步，他们并这一点愉快也就忘却了。

对于这样的群众没有法，只好使他们无戏可看倒是疗救，正无需乎震骇一时的牺牲，不如深沉的韧性的战斗。

可惜中国太难改变了，即使搬动一张桌子，改装一个火炉，几乎也要血；而且即使有了血，也未必一定能搬动，能改装。不是很大的鞭子打在背上，中国自己是不肯动弹的，我想这鞭子总要来，好坏是别一问题，然而总要打到的。但是从那里来，怎么地来，我也是不能确切地知道。

我这讲演也就此完结了。

【注释】

[1] 本篇最初发表于1924年北京女子高等师范学校《文艺会刊》第六期。1923年7月，鲁迅受好友许寿裳邀请在北京女子高等师范学校兼课国文；同年12月，鲁迅受邀在北京女子高等师范学校文艺会为该校的学生做了题为“娜拉走后怎样”的主题演讲。

[2] 伊孛生：通译易卜生。

[3] 瑙威：通译挪威。

[4] 人形：日语，即人形的玩具。

[5] 阿尔志跋绥夫（1878—1927）：俄国小说家，十月革命后逃亡国外，死于华沙。

[6] 涸辙之鲋：战国时庄周的一个寓言，见《庄子·外物》。

[7]Ahasvar：阿哈斯瓦尔，欧洲传说中的一个补鞋匠，被称为“流浪的犹太人”。

【课文简解】

课文内容选自鲁迅杂文集《坟》（人民文学出版社，1951年第1版）中的一篇杂文，是一篇关于妇女问题的主题讲演。受五四新文学的影响，受高等教育的女性首先觉醒了，提出反对封建包办婚姻，争取自由平等，争取妇女解放等要求，一些知识青年为自我的解放而离家出走。面对北京女子高等师范学校的学生，鲁迅以易卜生的名剧《娜拉》中的女主人公娜拉为例，谈女性在当时争取自由解放和平等时所需要思考的问题，冷静客观地告诫当时的女性，冲出封建家庭的束缚，获取自由需要物质保障，社会的平等和足够的坚韧精神，否则结局是“堕落”，或是如鲁迅在小说《伤逝》中的更为形象的描述——失败的“回去”。

分[1]

冰　心

冰心（1900—1999），原名谢婉莹，福建省福州市长乐人，现代作家、翻译家，笔名冰心取自“一片冰心在玉壶”。她著有诗集《春水》《繁星》，小说集《超人》《去国》《往事》《分》等，散文集《寄小读者》《南归》等。

一个巨灵之掌，将我从忧闷痛楚的密网中打破了出来，我呱的哭出了第一声悲哀的哭。

睁开眼，我的一只腿仍在那巨灵的掌中倒提着，我看见自己的红到玲珑的两只小手，在我头上的空中摇舞着。

另一个巨灵之掌轻轻的托住我的腰，他笑着回头，向仰卧在白色床车上的一个女人说：“大喜呵，好一个胖小子！”一面轻轻的放我在一个铺着白布的小筐里。

我挣扎着向外看：看见许多白衣白帽的护士乱哄哄的，无声的围住那个女人。她苍白着脸，脸上满了汗。她微呻着，仿佛刚从恶梦中醒来。眼皮红肿着，眼睛失神的半开着。她听见了医生的话，眼珠一转，眼泪涌了出来。放下一百个心似的，疲乏的微笑的闭上眼睛，嘴里说：“真辛苦了你们了！”

我便大哭起来：“母亲呀，辛苦的是我们呀，我们刚才都从死中挣扎出来的呀！”

白衣的护士们乱哄哄的，无声的将母亲的床车推了出去。我也被举了起来，出到门外。医生一招手，甬道的那端，走过一个男人来。他也是刚从恶梦中醒来的脸色与欢欣，两只手要抱又不敢抱似的，用着怜惜惊奇的眼光，向我注视，医生笑了：“这孩子好罢？”他不好意思似的，嚅嗫着：“这孩子脑袋真长。”这时我猛然觉得我的头痛极了，我又哭起来了：“父亲呀，您不知道呀，我的脑壳挤得真痛呀。”

医生笑了：“可了不得，这么大的声音！”一个护士站在旁边，微笑的将我接了过去。

进到一间充满了阳光的大屋子里。四周壁下，挨排的放着许多的小白筐床，里面卧着小朋友。有的两手举到头边，安稳的睡着；有的哭着说：“我渴了呀！”“我饿了呀！”“我太热了呀！”“我湿了呀！”抱着我的护士，仿佛都不曾听见似的，只飘速的，安详的，从他们床边走过，进到里间浴室去，将我头朝着水管，平放在水盆边的石桌上。

莲蓬管头里的温水，喷淋在我的头上，粘粘（黏黏）的血液全冲了下去。我打了一个寒噤，神志立刻清爽了。眼睛向上一看，隔着水盆，对面的那张石桌上，也躺着一个小朋友，另一个护士，也在替他洗着。他圆圆的头，大大的眼睛，黑黑的皮肤，结实的挺起的胸膛。他也在醒着，一声不响的望着窗外的天空。这时我已被举起，护士轻轻的托着我的肩背，替我穿起白白长长的衣裳。小朋友也穿着好了，我们欠着身隔着水盆相对着。洗我的护士笑着对她的同伴说：“你的那个孩子真壮真大呵，可不如我的这个白净秀气！”这时小朋友抬起头来注视着我，似轻似怜的微笑着。

我羞怯的轻轻的说：“好呀，小朋友。”他也谦和的说：“小朋友好呀。”这时我们已被放在相挨的两个小筐床里，护士们都走了。

我说：“我的周身好疼呀，最后四个钟头的挣扎，真不容易，你呢？”

他笑了，握着小拳：“我不，我只闷了半个钟头呢。我没有受苦，我母亲也没有受苦。”

我默然，无聊的叹一口气，四下里望着。他安慰我说：“你乏了，睡罢，我也要养一会儿神呢。”

我从浓睡中被抱了起来，直抱到大玻璃门边。门外甬道里站着好几个少年男女，鼻尖和两手都抵住门上玻璃，如同一群孩子，站在陈列圣诞节礼物的窗外，那种贪馋羡慕的样子。他们喜笑的互相指点谈论，说我的眉毛像姑姑，眼睛像舅舅，鼻子像叔叔，嘴像姨，仿佛要将我零碎吞并了去似的。

我闭上眼，使劲的想摇头，却发觉了脖子在痛着，我大哭了，说：“我只是我自己呀，我谁都不像呀，快让我休息去呀！”

护士笑了，抱着我转身回来，我还望见他们三步两回头的，彼此笑着推着出去。

小朋友也醒了，对我招呼说：“你起来了，谁来看你？”我一面被放下，一面说：“不知道，也许是姑姑舅舅们，好些个年轻人，他们似乎都很爱我。”

小朋友不言语，又微笑了：“你好福气，我们到此已是第二天了，连我的父亲我还没有看见呢。”

我竟不知道昏昏沉沉之中，我已睡了这许久。这时觉得浑身痛得好些，底下却又湿了，我也学着断断续续的哭着说：“我湿了呀！我湿了呀！”果然不久有个护士过来，抱起我。我十分欢喜，不想她却先给我水喝。

大约是黄昏时候，乱哄哄的三四个护士进来，硬白的衣裙哗哗的响着。她们将我们纷纷抱起，一一的换过尿布。小朋友很欢喜，说：“我们都要看见我们的母亲了，再见呀。”

小朋友是和大家在一起，在大床车上推出去的。我是被抱起出去的。过了玻璃门，便走入甬道右边的第一个屋子。母亲正在很高的白床上躺着，用着渴望惊喜的眼光来迎接我。护士放我在她的臂上，她很羞涩的解开怀。她年纪仿佛很轻，很黑的秀发向后拢着，眉毛弯弯的淡淡的像新月。没有血色的淡白的脸，衬着很大很黑的眼珠，在床侧暗淡的一圈灯影下，如同一个石像！

我开口吮咂着奶。母亲用面颊偎着我的头发，又摩弄我的指头，仔细的端详我，似乎有无限的快慰与惊奇。——

二十分钟过去了，我还没有吃到什么。我又饿，舌尖又痛，就张开嘴让奶头脱落出来，烦恼的哭着。母亲很恐惶的，不住的摇拍我，说：“小宝贝，别哭，别哭！”一面又赶紧按了铃，一个护士走了进来。母亲笑说：“没有别的事，我没有奶，小孩子直哭，怎么办？”护士也笑着说：“不要紧的，早晚会有，孩子还小，他还不在乎呢。”一面便来抱我，母亲恋恋的放了手。

我回到我的床上时，小朋友已先在他的床上了，他睡得很香，梦中时时微笑，似乎很满足，很快乐。我四下里望着。许多小朋友都快乐的睡着了。有几个在半醒着，哼着玩似的，哭了几声。我饿极了，想到母亲的奶不知何时才来，我是很在乎的，但是没有人知道。看着大家都饱足的睡着，觉得又嫉妒，又羞愧，就大声的哭起来，希望引起人们的注意。我哭了有半点多钟，才有个护士过来，娇痴的撅着嘴，抚拍着我，说："真的！你妈妈不给你饱吃呵，喝点水罢！"她将水瓶的奶头塞在我嘴里，我哼哼的呜咽的含着，一面慢慢的也睡着了。

第二天洗澡的时候，小朋友和我又躺在水盆的两边谈话。他精神很饱满。在被按洗之下，他摇着头，半闭着眼，笑着说："我昨天吃了一顿饱奶！我母亲黑黑圆圆的脸，很好看的。我是她的第五个孩子呢。她和护士说她是第一次进医院生孩子，是慈幼会介绍来的，我父亲很穷，是个屠户，宰猪的。"——这时一滴硼酸水忽然洒上他的眼睛，他厌烦的喊了几声，挣扎着又睁开眼，说："宰猪的！多痛快，白刀子进去，红刀子出来！我大了，也学我父亲，宰猪，——不但宰猪，也宰那些猪一般的尽吃不做的人！"

我静静的听着，到了这里赶紧闭上眼，不言语。

小朋友问说："你呢？吃饱了罢？你母亲怎样？"

我也兴奋了："我没有吃到什么，母亲的奶没有下来呢，护士说一两天就会有的。我母亲真好，她会看书，床边桌上堆着许多书，屋里四面也摆满了花。"

"你父亲呢？"

"父亲没有来，屋里只她一个人。她也没有和人谈话，我不知道关于父亲的事。"

"那是头等室，"小朋友肯定的说，"一个人一间屋子吗！

我母亲那里却热闹，放着十几张床呢。许多小朋友的母亲都在那里，小朋友们也都吃得饱。"

明天过来，看见父亲了。在我吃奶的时候，他侧着身，倚在母亲的枕旁。他们的脸紧挨着，注视着我。父亲很清癯的脸。皮色淡黄。很长的睫毛，眼神很好。仿佛常爱思索似的，额上常有微微的皱纹。

父亲说："这回看得细，这孩子美得很呢，像你！"

母亲微笑着，轻轻的摩我的脸："也像你呢，这么大的眼睛。"

父亲立起来，坐到床边的椅上，牵着母亲的手，轻轻的拍着："这下子，我们可不寂寞了，我下课回来，就帮助你照顾他，同他玩；放假的时候，就带他游山玩水去。——这孩子一定要注意身体，不要像我。我虽不病，却不是强壮……"

母亲点头说："是的——他也要早早的学音乐，绘画，我自已不会这些，总觉得生活不圆满呢！还有……"

父亲笑了："你将来要他成个什么'家'？文学家？音乐家？"

母亲说："随便什么都好——他是个男孩子呢。中国需要科学，恐怕科学家最好。"

这时我正咂不出奶来，心里烦躁得想哭。可是听他们谈的那么津津有味，我也就不言语。

父亲说："我们应当替他储蓄教育费了，这笔款越早预备越好。"

母亲说："忘了告诉你，弟弟昨天说，等孩子到了六岁，他送孩子一辆小自行车呢！"

父亲笑说："这孩子算是什么都有了，他的摇监，不是妹妹送的么？"

母亲紧紧的搂着我，亲我的头发，说："小宝贝呵，你多好，这么些个人疼你！你大了，要做个好孩子……"

挟带着满怀的喜气，我回到床上，也顾不得饥饿了，抬头看小朋友，他却又在深思呢。

我笑着招呼说："小朋友，我看见我的父亲了。他也极好。他是个教员。他和母亲正在商量我将来教育的事。父亲说凡他所能做到的，对于我有益的事，他都努力。母亲说我没有奶吃不要紧，回家去就吃奶粉，以后还吃桔子汁，还吃……"我一口气说了下去。

小朋友微笑了，似怜悯又似鄙夷："你好幸福呵，我是回家以后，就没有吃奶了。今天我父亲来了，对母亲说有人找她当奶妈去。一两天内我们就得走了！我回去跟着六十多岁的祖母。我吃米汤，糕干……但是我不在乎！"

我默然，满心的高兴都消失了，我觉得惭愧。

小朋友的眼里，放出了骄傲勇敢的光："你将永远是花房里的一盆小花，风雨不侵的在划一的温度之下，娇嫩的开放着。我呢，是道旁的小草。人们的践踏和狂风暴雨，我都须忍受。你从玻璃窗里，遥遥的外望，也许会可怜我。然而在我的头上，有无限阔大的天空；在我的四周，有呼吸不尽的空气。有自由的蝴蝶和蟋蟀在我的旁边歌唱飞翔。我的勇敢的卑微的同伴，是烧不尽割不完的。在人们脚下，青青的点缀遍了全世界！"

我窘得要哭，"我自己也不愿意这样的娇嫩呀！……"我说。

小朋友惊醒了似的，缓和了下来，温慰我说："是呀，我们谁也不愿意和谁不一样，可是一切种种把我们分开了，——看后来罢！"

窗外的雪不住的在下，扯棉搓絮一般，绿瓦上匀整的堆砌上几道雪沟。母亲和我是要回家过年的。小朋友因为他母亲要去上工，也要年前回去。我们只有半天的聚首了，茫茫的人海，我们从此要分头消失在一片纷乱的城市叫嚣之中，何时再能在同一的屋瓦之下，抵足而眠？

我们恋恋的互视着。暮色昏黄里，小朋友的脸，在我微晕的眼光中渐渐的放大了。紧闭的嘴唇，紧锁的眉峰，远望的眼神，微微突出的下颏，处处显出刚决和勇毅。"他宰猪——宰人？"我想着，小手在衾底伸缩着，感出自己的渺小！

从母亲那里回来，互相报告的消息，是我们都改成明天——一月一日——回去了！我的父亲怕除夕事情太多，母亲回去不得休息。小朋友的父亲却因为除夕自己出去躲债，怕他母亲回去被债主包围，也不叫她离院。我们平空又多出一天来！

自夜半起便听见爆竹，远远近近的连续不断。绵绵的雪中，几声寒犬，似乎告诉我们说人生的一段恩仇，至此又告一小小结束。在明天重戴起谦虚欢乐的假面具之先，这一夜，要尽量的吞噬，怨詈，哭泣。万千的爆竹声里，阴沉沉的大街小巷之中，不知隐伏着几千百种可怖的情感的激荡……

我栗然，回顾小朋友。他咬住下唇，一声儿不言语。——这一夜，缓流的水一般，细细的流将过去。将到天明，朦胧里我听见小朋友在他的床上叹息。

天色大明了。两个护士脸上堆着新年的笑，走了进来，替我们洗了澡。一个护士打开了我的小提箱，替我穿上小白绒紧子，套上白绒布长背心和睡衣。外面又穿戴上一色的豆青绒线褂子、帽子和袜子。穿着完了，她抱起我，笑说："你多美呵，看你妈妈多会打扮你！"我觉得很软适，却又很热，我暴躁得想哭。

小朋友也被举了起来。我愣然，我几乎不认识他了！他外面穿着大厚蓝布棉袄，袖子很大很长，上面还有拆改补缀的线迹；底下也是洗得褪色的蓝布的围裙。他两臂直伸着，头面埋在青棉的大风帽之内，臃肿得像一只风筝！我低头看着地上堆着的，从我们身上脱下的两套同样的白衣，我忽然打了一个寒噤。我们从此分开了，我们精神上、物质上的一切都永远分开了！

小朋友也看见我了，似骄似惭的笑了一笑说："你真美呀，这身美丽温软的衣服！我的身上，是我的铠甲，我要到社会的战场上，同人家争饭吃呀！"

护士们匆匆的捡起地上的白衣，扔入筐内。又匆匆的抱我们出去。走到玻璃门边，我不禁大哭起来。小朋友也忍不住哭了，我们乱招着手说："小朋友呀！再见呀！再见呀！"一路走着，我们的哭声，便在甬道的两端消失了。

母亲已经打扮好了，站在屋门口。父亲提着小箱子，站在她旁边。看见我来，母亲连忙伸手接过我，仔细看我的脸，拭去我的眼泪，偎着我，说："小宝贝，别哭！我们回家去了，一个快乐的家，妈妈也爱你，爸爸也爱你！"

一个轮车推了过来，母亲替我围上小豆青绒毯，抱我坐上去。父亲跟在后面。和相送的医生护士们道过谢，说过再见，便一齐从电梯下去。

从两扇半截的玻璃门里，看见一辆汽车停在门口。父亲上前开了门，吹进一阵雪花，母亲赶紧遮上我的脸。似乎我们又从轮车中下来，出了门，上了汽车，车门砰的一声关上了。母亲掀起我脸上的毯子，我看见满车的花朵。我自己在母亲怀里，父亲和母亲的脸夹偎着我。

这时车已徐徐的转出大门。门外许多洋车拥挤着，在他们纷纷让路的当儿，猛抬头我看见我的十日来朝夕相亲的小朋友！他在他父亲的臂里。他母亲提着青布的包袱。两人一同侧身站在门口，背向着我们。他父亲头上是一顶宽檐的青毡帽，身上是一件大青布棉袍。就在这宽大的帽檐下，小朋友伏在他的肩上，面向着我，雪花落在他的眉间，落在他颊上。他紧闭着眼，脸上是凄傲的笑容……他已开始享乐他的奋斗！……

车开出门外，便一直的飞驰。路上雪花飘舞着。隐隐的听得见新年的锣鼓。母亲在我耳旁，紧偎着说："宝贝呀，看这一个平坦洁白的世界呀！"

我哭了。

一九三一年八月五日，海淀。

【注释】

[1] 课文选自《冰心作品选》（中国少年儿童出版社，1982 年第 1 版）。

【课文简解】

小说《分》创作于 1931 年。小说以在医院刚刚出生的两个婴儿的视角描述他们所看到的社会，讲述同样地点出生的孩童，父母不同，所在家庭贫富不同，这种家庭贫富差异决定两种不同命运的人生，进而揭示社会不平等的根源。

风筝的回忆[1]

李国文

李国文，1930 年出生于上海，当代著名作家，1957 年开始发表作品，作品长篇小说《冬天里的春天》获第一届茅盾文学奖。李国文的作品集有短篇小说集《第一杯苦酒》，随笔散文集《骂人的艺术》《淡之美》《大雅村言》《中国文人的活法》等。

又到了放风筝的五月阳春天气了。

看到别人扯线拉绳，风筝远飞，心就由不得地激动了。于是，那个在空中飘曳着裙衫的美人风筝，和那个聪慧的扎风筝的女孩，这些儿时的回忆便像永远的梦，立刻涌现在眼前。

也许因为人们的脚总是踩在土地上的缘故，想象的翅膀无论怎样展开，怎样腾飞，也离不开我们的这个地球，所以才做出了那扶摇直上的风筝吧？也许那飘飘然的风筝，多少象征着思想和感情的飞越，于是随着它的翱翔，自己的心也仿佛飞上了蓝天，能够暂时摆脱人间的烦恼，这才使大家对风筝总怀着盎然的兴味吧？

在城市里长大的孩子，特别像我童年时生活在上海闹市区的环境里，是与风筝无缘的。顶多在石库门的弄堂里，用一根细线，扯一张薄纸，跑十几步罢了。只是偶尔随大人到了乡下串亲访友，才知道世界并不总那么拥挤。空旷的地方多了，游玩的地方大了，加之那蔚蓝的天、洁白的云、醉人的风、遍地的油菜花，自然也就轻松了。尤其看到别的同龄孩子，赤着脚在田野里奔跑着、欢笑着把风筝送上天的时候，我除了羡慕外，真留恋那个我们来作客的、有个小姐姐的家。

我看他们手中的绳轴吱扭吱扭地响着，线绳一阵紧一阵松地扯动着，于是，风筝便愈飞愈远，也愈来愈分不清是蝴蝶，还是彩燕？是飞龙，还是蜈蚣？一直到成为高空里的黑点，定在那儿，便是放风筝的人的至高境界了。他们便躺在堤岸上、田埂上，唱一些小调。我多么盼望碰一下那绷得像琴弦似的线绳，让自己也能像他们一样快活而自在啊！

这时，那个在河边洗衣服的，我应该叫作小姐姐，其实比我大不了多少的女孩，向我招手。也许，她从我失落的眼神里看出了我的愿望，放下手中捶衣的木杵，带着我去放风筝。她抬着自己亲手做的一人来高的漂亮风筝，那些放风筝的孩子都跑了过来，一起帮忙才把这个月份牌式的大美人送上了天。

我对她说："小姐姐，你给我做一个风筝吧！"没想到她把绳轴交给了我，我有点不相信我的眼睛："小姐姐，你这风筝归我啦？"她笑吟吟地点点头。

那是我第一次正经放风筝，而且是放一个属于我的风筝。因为那美人似乎很想乘风飞去，我得拼命拉住，才能使她停在空中，在那里仪态万方地飞舞着。所以，这也是我第一次尝试到把握住的快乐和可能一去不归的威胁交织在一起的紧张心情。

我拉着小姐姐因劳动而粗糙的手，跑啊跳啊笑啊，一直到天色黄昏。

但是，临走的时候，大人不让我带回那个美人风筝，倒不是考虑在闹市区没有可放的空间，而是想到他们不可能有时间和工夫，陪我把这大风筝送上天去。小姐姐看到我泪汪汪的样子，便说："我替你留着，下回来的时候，再一起放好吗？"

我点了点头，答应了。她本是小孩子，和我拉了拉钩，算是说准了的事。

好容易等到第二年的春天，我和家里人又到乡下去的时候，在那条小河边，再也不见那位小姐姐的秀美影子。当我听说这个心灵手巧的小姐姐，因为家中人口多，为了省一个饭碗，她爹娘把她嫁到了外乡，给人家当童养媳去的时候，我有生以来第一次感受到失去心爱的一切，是怎样一个苦涩滋味了。

我屋里屋外地寻觅着，问了她的弟弟妹妹，连她要送我的那个风筝，也好像被人们遗忘了。也许，她带走了这只美人风筝，那当然不可能，但我打心眼里愿意小姐姐永远珍藏着，因为这风筝也许是这个没有童年的女孩在童年时代唯一的精神寄托了。

此后，真像断了线的风筝一样，我再也没见过她。只是每年春风和煦，风筝上天的时刻，就会想起倒映在小河里那张童稚的女孩面孔。而且，从那以后，我再也没有放过风筝。往事如烟，夫复何言，不过是对那个没有童年的童年时代，一种无奈的抗争罢了。愿现在的孩子珍惜每一天，这幸福是并非每个人都能享有的。

【注释】

[1] 课文选自《钱江晚报创刊二十周年文粹·艺文卷》（浙江教育出版社，2006 年第 1 版）。

【课文简解】

作者在这篇散文里讲述了自己作为城市的孩子到了乡下看到别的孩子放风筝，内心充满了羡慕，亲戚家的小姐姐送给自己一个大风筝，并约定下一次一起放风筝，但是第二年小姐姐已经作为童养媳被嫁出去了，风筝也不在了。作者通过童年的放风筝的回忆，抒发了对小姐姐的怀念，侧面反映了城乡二元结构和男女性别等所造成的不平等。

小公务员之死[1]

契诃夫

安东·巴甫洛维奇·契诃夫(1860—1904),俄国小说家、戏剧家,被认为是19世纪末俄国现实主义文学的杰出代表,与法国作家莫泊桑和美国作家欧·亨利并称为“世界三大短篇小说家”。著名的作品有《小公务员之死》《变色龙》《凡卡》《草原》《第六病室》《带阁楼的房子》《带小狗的女人》等,戏剧《三姊妹》和《樱桃园》等。

在一个挺好的傍晚,有一个同样挺好的庶务员,名叫伊凡·德米特里奇·切尔维亚科夫,坐在剧院正厅第二排,用望远镜看戏《哥纳维勒的钟》。他凝神瞧着,觉得幸福极了。可是忽然间……在小说里,常常遇见这个“可是忽然间”。作家是对的:生活里充满多少意外的事啊!可是忽然间,他的脸皱起来,他的眼睛不见了,他的呼吸止住了……他从眼睛上摘掉望远镜,弯下腰去,于是……“阿嚏!”诸君看得明白,他打喷嚏了。不管是谁,也不管是在什么地方,打喷嚏总归是不犯禁的。乡下人固然打喷嚏,警官也一样打喷嚏,就连枢密顾问官有时也要打喷嚏。大家都打喷嚏。

切尔维亚科夫一点也不慌,他拿手绢擦了擦脸,而且照有礼貌的人那样,往四下里看一看:他的喷嚏究竟搅扰别人没有。可是这一看,他却慌起来了。他看见坐在他前面正厅第一排的一个小老头正在拿手套使劲擦自己的秃顶和脖子,嘴里嘟哝着。切尔维亚科夫认出那个小老头是布里斯哈洛夫,是交通部任职的一位退伍的将军。

“我把唾沫星子喷在他身上了,”切尔维亚科夫想,“他不是我的上司,不过那也还是很难为情。我得道个歉才对。”

切尔维亚科夫咳了一声,把整个身子向前探出去,凑着将军的耳根小声说话:“对不起,大人,我把唾沫星子溅在您身上……我一不小心……”

“不要紧,不要紧。……”

“看在上帝的面上,原谅我。我……我不是故意要这样。”

“唉,请您坐好吧!让我听戏!”

切尔维亚科夫窘了,他傻头傻脑地微笑,接着看戏。

他看着演出,可是不再觉得幸福了。他开始凄凄惶惶,定不下心来。在休息时间,他走到布里斯哈洛夫跟前,克制住自己的胆怯,喃喃地说:

“我把唾沫星子喷在您身上了,大人。……原谅我。……您明白……我原本无意……”

“唉,够啦……我已经忘了,您却说个没完!”将军说,不耐烦地撇了撇下嘴唇。

“他已经忘了,可是他的眼神是那么凶,”切尔维亚科夫怀疑地瞧着将军,暗想。“而且他不愿意多话。我应当对他解说一番,说明我真无意……说明打喷嚏是自然的法则,要不然他就会认为我有意唾他了。现在他固然没这么想,以后他一定会这么想!"

一回到家,切尔维亚科夫就把自己的失态告诉他妻子。

他觉得他妻子对这件不幸的事全不在意;她先是有点惊吓,可是等到听明白布里斯哈洛夫是在"别的部里"任职以后,就放心了。

"不过呢,你还是去道个歉更好,"她说,"要不然他就会认为您在大庭广众中举动不得体了。"

"说的就是啊! 我已经道过歉了,可是不知怎么他那样子挺古怪。……一句话也没有。不过那会儿也没有工夫说话。"

第二天切尔维亚科夫穿上新制服,理了发,上布里斯哈洛夫家里去解释。……他一走进将军的接待室,就看见那儿有很多来拜访的人,将军本人夹在他们当中,正在跟他们交谈。

将军接见了几个人以后,抬起眼睛来看着切尔维亚科夫。

"昨天在阿尔嘉戏院,要是您记得的话,大人,"庶务员开口谈起来,"我打了个喷嚏……不小心喷了您……请原……"

"真是胡闹……这也太不像话啦! 您有什么事要我效劳吗?"将军对下一个来访者说。

"他不肯多话,"切尔维亚科夫暗想,脸白了;"这是说:他生气了。不行,不能照这样了事。…… 我要跟他说明白才行。"

等到将军跟最后一个来访者人谈完话,正要走进内室去,切尔维亚科夫就走过去,跟在他后面,喃喃地说:

"大人,要是我斗胆麻烦大人,那只是出于一种我可以说是抱歉的感觉!……那件事不是故意做出来的,请你开恩相信我的话才好。"

将军做出愁眉苦脸,摆了摆手。

"哎呀,您简直是跟我开玩笑,先生,"他说完,就走进去关上他身后的门。

"这怎么会是开玩笑?"切尔维亚科夫想,"根本就没开玩笑的意思呀! 他是将军,可是他竟不懂。既是这样,我也不愿意再对这个摆架子的人道歉了! 滚他的! 我给他写信好了,我再也不来了。皇天在上,我说什么也不来了。"

切尔维亚科夫这么想着,回到家里。想给将军的信他却没写成,他怎么也想不出来该写些什么话好。他只好第二天再亲自去解释。

"昨天我来打搅大人,"他喃喃地说,这时候将军抬起询问的眼睛来望着他,"可不是照您所说的那样是为了开您的玩笑。我是来赔罪,因为我在打喷嚏的时候喷了您一身唾沫星子……我做梦也没想到过拿您开玩笑。我哪儿敢拿您开玩笑? 要是我们沾染了开玩笑的习气,那就会……失去对别人的尊敬。……"

"滚出去!"将军大叫一声,脸色发青,浑身发抖。

"什么?"切尔维亚科夫低声问道,他被将军的怒吼吓呆了。

"滚出去!"将军顿着脚,又吼一声。

切尔维亚科夫的肚子里好像有个什么东西翻腾起来,他什么也看不见,什么也听不见,退到门口,出去,到了街上,一路步履蹒跚地走着。……走到家里,他也没脱掉制服,往沙发上一躺,就……死了。

【注释】

[1]《小公务员之死》是契诃夫 1883 年作为《花絮》的专栏作家发表的重要作品。

【课文简解】

《小公务员之死》讲述了庶务官伊凡·德米特里奇·切尔维亚科夫在剧院里看戏剧时,打了个喷嚏,唾沫溅到了坐在前排一个退休的将军身上,他非常惶恐,疑心自己冒犯了将军,他绅士地道了歉,但担心将军认为自己的道歉不够诚恳,又在看戏前后不停地道歉,他的啰唆引起将军的反感,呵斥了切尔维亚科夫。在遭遇将军表现出的不耐烦与怒斥后,切尔维亚科夫担惊受怕,竟一命呜呼。小说用夸张讽刺的笔调反映了当时俄国社会的极端恐怖所造成的人们扭曲的性格及变态的心理。

我有一个梦想[1]

马丁·路德·金

马丁·路德·金(1929—1968),非裔美国人,出生于美国佐治亚州亚特兰大,美国社会活动家、民权主义者、民权运动领袖。他于1964年获得诺贝尔和平奖,他的思想对20世纪60年代美国黑人民权运动产生了重大影响。

100年前,一位伟大的美国人——今天我们就站在他的雕像前——签署了《解放黑奴宣言》。这项重要法令的颁布,对于千百万灼烤于非正义残焰中的黑奴,犹如带来希望之光的硕大灯塔,恰似结束漫漫长夜禁锢的欢畅黎明。

然而100年后的今天,我们必须正视黑人还没有得到自由这一悲惨的事实。100年后的今天,在种族隔离的镣铐和种族歧视的枷锁下,黑人的生活备受压榨。100年后的今天,黑人仍生活在物质充裕的海洋中一个穷困的孤岛上。100年后的今天,黑人仍然蜷缩在美国社会的角落里,并且意识到自己是故土家园中的流亡者。今天我们在这里集会,就是要把这种骇人听闻的情况公诸世人。

就某种意义而言,今天我们是为了要求兑现诺言而会集到我们国家的首都来的。我们共和国的缔造者草拟宪法和《独立宣言》的气壮山河的词句时,曾向每一个美国人许下了诺言,他们承诺所有人——不论白人还是黑人——都享有不可剥夺的生存权、自由权和追求幸福权。

就有色公民而论,美国显然没有实践她的诺言。美国没有履行这项神圣的义务,只是给黑人开了一张空头支票,支票上盖着"资金不足"的戳子后便退了回来。但是我们不相信正义的银行已经破产,我们不相信,在这个国家巨大的机会之库里已没有足够的储备。因此今天我们要求将支票兑现——这张支票将给予我们宝贵的自由和正义保障。

我们来到这个圣地也是为了提醒美国,现在是非常急迫的时刻。现在绝非奢谈冷静下来或服用渐进主义的镇静剂的时候。现在是实现民主的诺言时候。现在是从种族隔离的荒凉阴暗的深谷攀登种族平等的光明大道的时候,现在是向上帝所有的儿女开放机会之门的时候,现在是把我们的国家从种族不平等的流沙中拯救出来,置于兄弟情谊的磐石上的时候。

如果美国忽视时间的迫切性和低估黑人的决心,那么,这对美国来说,将是致命伤。自由和平等的爽朗秋天如不到来,黑人义愤填膺的酷暑就不会过去。1963年并不意味着斗争的结束,而是开始。有人希望,黑人只要撒撒气就会满足;如果国家安之若素,毫无反应,这些人必会大失所望的。黑人得不到公民的基本权利,美国就不可能有安宁或平静,正义的光明的一天不到来,叛乱的旋风就将继续动摇这个国家的基础。

但是对于等候在正义之宫门口的心急如焚的人们,有些话我是必须说的。在争取合法地位的过程中,我们不要采取错误的做法。我们不要为了满足对自由的渴望而抱着敌对和仇恨之杯痛饮。我们斗争时必须永远举止得体,纪律严明。我们不能容许我们的具有崭新内容的抗议蜕变为暴力行动。我们要不断地升华到以精神力量对付物质力量的崇高境界中去。

现在黑人社会充满着了不起的新的战斗精神,但是不能因此而不信任所有的白人。因为我们的许多白人兄弟已经认识到,他们的命运与我们的命运是紧密相连的,他们今天参加游行集会就是明证。他们的自由与我们的自由是息息相关的。我们不能单独行动。

当我们行动时,我们必须保证向前进。我们不能倒退。现在有人问热心民权运动的人,“你们什么时候才能满足?”

我们的回答是:只要黑人仍然遭受警察难以形容的野蛮迫害,我们就绝不会满足。

只要我们在外奔波而疲乏的身躯不能在公路旁的汽车旅馆和城里的旅馆找到住宿之所,我们就绝不会满足。

只要黑人的基本活动范围只是从少数民族聚居的小贫民区转移到大贫民区,我们就绝不会满足。

只要我们的孩子被“仅限白人”的标语剥夺自我和尊严,我们就绝不会满足。

只要密西西比州仍然有一个黑人不能参加选举,只要纽约有一个黑人认为他投票无济于事,我们就绝不会满足。

不!我们现在并不满足,我们将来也不满足,除非正义和公正犹如江海之波涛,汹涌澎湃,滚滚而来。

我并非没有注意到,参加今天集会的人中,有些受尽苦难和折磨,有些刚刚走出窄小的牢房,有些由于寻求自由,曾在居住地惨遭疯狂迫害的打击,并在警察暴行的旋风中摇摇欲坠。你们是人为痛苦的长期受难者。坚持下去吧,要坚决相信,忍受不应得的痛苦是一种赎罪。

让我们回到密西西比去,回到亚拉巴马去,回到南卡罗来纳去,回到佐治亚去,回到路易斯安那去,回到我们北方城市中的贫民区和少数民族居住区去,要心中有数,这种状况是能够也必将改变的。

我们不要陷入绝望而不可自拔。朋友们,今天我对你们说,在此时此刻,我们虽然遭受种种困难和挫折,我仍然有一个梦想,这个梦想深深扎根于美国的梦想之中。

我梦想有一天,这个国家会站立起来,真正实现其信条的真谛:“我们认为真理是不言而喻,人人生而平等。”

我梦想有一天,在佐治亚的红山上,昔日奴隶的儿子将能够和昔日奴隶主的儿子坐在一起,共叙兄弟情谊。

我梦想有一天,甚至连密西西比州这个正义匿迹,压迫成风,如同沙漠般的地方,也将变成自由和正义的绿洲。

我梦想有一天,我的四个孩子将在一个不是以他们的肤色,而是以他们的品格优劣来评价他们的国度里生活。

今天，我有一个梦想。我梦想有一天，亚拉巴马州能够有所转变，尽管该州州长现在仍然满口异议，反对联邦法令，但有朝一日，那里的黑人男孩和女孩将能与白人男孩和女孩情同骨肉，携手并进。

今天，我有一个梦想。我梦想有一天，幽谷上升，高山下降；坎坷曲折之路成坦途，圣光披露，满照人间。

这就是我们的希望。我怀着这种信念回到南方。有了这个信念，我们将能从绝望之岭劈出一块希望之石。有了这个信念，我们将能把这个国家刺耳的争吵声，改变成为一支洋溢手足之情的优美交响曲。有了这个信念，我们将能一起工作，一起祈祷，一起斗争，一起坐牢，一起维护自由；因为我们知道，终有一天，我们是会自由的。

在自由到来的那一天，上帝的所有儿女们将以新的含义高唱这支歌："我的祖国，美丽的自由之乡，我为您歌唱。您是父辈逝去的地方，您是最初移民的骄傲，让自由之声响彻每个山岗。"

如果美国要成为一个伟大的国家，这个梦想必须实现！

让自由之声从新罕布什尔州的巍峨的崇山峻岭响起来！

让自由之声从纽约州的崇山峻岭响起来！

让自由之声从宾夕法尼亚州的阿勒格尼山响起来！

让自由之声从科罗拉多州冰雪覆盖的落基山响起来！

让自由之声从加利福尼亚州蜿蜒的群峰响起来！

不仅如此，还要让自由之声从佐治亚州的石岭响起来！

让自由之声从田纳西州的瞭望山响起来！

让自由之声从密西西比的每一座丘陵响起来！

让自由之声从每一片山坡响起来！

当我们让自由之声响起，让自由之声从每一个大小村庄、每一个州和每一个城市响起来时，我们将能够加速这一天的到来，那时，上帝的所有儿女，黑人和白人，犹太教徒和非犹太教徒，耶稣教徒和天主教徒，都将手携手，合唱一首古老的黑人灵歌：

"自由啦！自由啦！感谢全能上帝，我们终于自由啦！"

【注释】

[1]《我有一个梦想》是马丁·路德·金于1963年8月28日在华盛顿林肯纪念堂发表的著名演讲，内容主要关于民族平等，对美国甚至世界影响很大。1774年，美国的建国者们把奴隶纳入不予进口的商品之列，并直到1783年才废除了奴隶贸易。从1830年后，美国北方广泛要求全面废除奴隶制。1861年，11个南方州成立南部邦联，脱离主张废奴的美利坚合众国。南方和北方间的南北战争随之爆发。1865年，北方获得胜利，通过了《解放宣言》，奴隶终于获得了自由。战争已过了100多年，南方诸州仍抵制给予黑人平等权。1870年，确立给予所有美国公民以选举权，无论他们的"种族、肤色或是否曾是奴隶"。在20世纪50

年代，当马丁·路德·金接掌黑人民权运动的领导权时，大多数黑人仍受种族歧视，没有真正平等权。

【课文简解】

马丁·路德·金的演讲从一百年前林肯签署《解放黑奴宣言》讲起，美国政府是承诺给予黑人自由和平等的，但现实是黑人还没有得到平等的自由。“美国显然没有实践她的诺言。美国没有履行这项神圣的义务，只是给黑人开了一张空头支票。”进而提出美国政府应该兑现诺言了。强调黑人争取自由平等的意愿是非常强烈的，黑人的这种权利如果得不到，“美国就不可能有安宁或平静，正义的光明的一天不到来，叛乱的旋风就将继续动摇这个国家的基础。”

作者最后畅想自由平等下的国家将是怎样的幸福，号召大家为这个幸福携手一起努力。

让自由战胜一切[1]

曼德拉

纳尔逊·罗利赫拉赫拉·曼德拉，1918 年出生于南非，先后就读于南非大学和威特沃特斯兰德大学。曼德拉在青年时代就走上了追求民族解放的道路；1962 年，曼德拉被捕入狱，备受折磨和迫害，但他始终坚持斗争；1990 年，南非当局被迫宣布无条件释放曼德拉；1993 年，他被授予诺贝尔和平奖；1994 年 5 月，曼德拉成为南非第一位黑人总统。

曼德拉在监狱中不断创作，鼓励南非黑人为自由平等斗争，创作了《走向自由之路不会平坦》《斗争就是生活》《争取世界自由宣言》和自传《自由路漫漫》。

陛下，殿下，尊贵的嘉宾，同胞们，朋友们：

今天，我们会聚于此，与我国和世界其他地方前来庆贺的人士一起，对新生的自由赋予光辉和希望。

这异常的人类悲剧太过漫长了，这经验孕育出一个令全人类引以为自豪的社会。作为南非的一介平民，我们日常的一举一动，都要为南非创造现实条件，去巩固人类对正义的信念，增强人类对心灵深处高尚品德的信心，以及让所有人保持对美好生活的期望。

对我的同胞，我可以毫不犹疑地说，我们每一个人都跟这美丽祖国的大地亲密地牢不可分，就如红木树之于比勒陀利亚，含羞草之于灌木林。我们对这共同的家乡在精神上和肉体上有共同的感觉，当目睹国家因可怕的冲突而变得四分五裂，遭全球人民唾弃、孤立，特别是它成为恶毒的意识形态时，我们的内心如此地痛苦。

我们南非人民，对全人类将我们再度纳入怀抱，感到非常高兴。不久之前，我们还遭全世界摒弃，而现在却能在自己的土地上，招待各国的嘉宾。我们非常感谢我国广大人民，以及各方民主政治、宗教、妇女、青年、商业及其他方面领袖所作的贡献，使我们取得了上述的成就。特别功不可没的，是我的第二副总统——德克勒克先生。

治愈创伤的时候已经来临。消除分隔我们的鸿沟的时刻已经来临。创建的时机就在眼前。

我们终于取得了政治解放。我们承诺，会将依然陷于贫穷、剥削、苦难、受着性别及其他歧视的国人解放出来。

我们已成功地让我们千千万万的国人的心中燃起希望。我们立下誓约，要建立一个让所有南非人，不论是黑人还是白人，都可以昂首阔步的社会。他们心中不再有恐惧，他们可以肯定自己拥有不可剥夺的人类尊严——这是一个在国内及与其他各国之间都保持和平的美好国度。

作为我国致力更新的证明，新的全国统一过渡政府的当务之急是处理目前在狱中服刑囚犯的特赦问题。

我们将今天献给为我们的自由而献出生命和作出牺牲的我国以至世界其他地方的英雄。

他们的理想现已成真，自由就是他们的报酬。

作为一个统一、民主、非种族主义和非性别主义的南非首任总统，负责带领国家脱离黑暗的深谷。我们怀着既谦恭又欣喜的心情接受你们给予我们的这份荣誉与权利。

我们深信，自由之路从来都不易走。我们很清楚，没有任何一个人可以单独取得成功。

因此，为了全国和解，建设国家，为了一个新世界的诞生，我们必须团结成为一个民族，共同行动。

让所有人得享正义。让所有人得享和平。让所有人得享工作、面包、水、盐分。让每个人都明白，每个人的身体、思想和灵魂都获得了解放，从属于自己。这片美丽的土地永远、永远、永远再不会经历人对人的压迫，以及遭全球唾弃的屈辱。对于如此光辉的成就，太阳永不会停止照耀。

让自由战胜一切。愿上帝保佑南非！

【注释】

[1] 课文摘选自《100年26篇最原声名家励志演讲》（海豚出版社，2012年第1版），原文是曼德拉1994年总统就职的演说。

【课文简解】

曼德拉在这篇演讲稿中阐述了南非人民经过斗争取得了解放和自由，获得了平等，这是人类的正义事业的胜利。但新的南非还要面临很多问题，作为一个新的国家必须团结，在平等基础上，建设人民幸福的国家。

单元练习

一、如何看待中国古代文化中的自由观念？

二、如何看待中国古代文化中的平等观念？

三、中国现当代的自由平等思想对文学的影响和作用是什么？

四、当代大学生应如何思辨文学作品中与现实中的自由平等观念？

第十一单元　正义正气

“正义”一词，在中国最早见于《荀子》：“不学问，无正义，以富利为隆，是俗人者也。”正义观念萌于原始人的平等观，形成于私有财产出现后的社会，属于伦理学、政治学的基本范畴。在伦理学中，正义通常指人们按一定道德标准应当做的事，也指一种道德评价，即公正。不同的社会或阶级的人们对“正义”有着不同的解释：古希腊哲学家柏拉图认为，人们按自己的等级做应当做的事就是正义；基督教伦理学家则认为，肉体归顺于灵魂就是正义。整体看来大多数的观点认为公平即是正义。简单来说是同样的人同等对待。

中华文化内在动力不乏正义主张。孔子说：“见义不为，无勇也。”孟子专有篇章论述“义”，强调义是人的基本的品德和行为，“羞恶之心，义之端也。”孟子提出舍生取义之说，人有正义感，便会努力实现种种可达到平等的社会理想，甚至以牺牲生命来表现仁义。

《楚辞·远游》：“内惟省以端操兮，求正气之所由。”《韩诗外传·卷五》：“耳不闻学，行无正义。”《史记·游侠列传》：“今游侠，其行虽不轨于正义，然其言必信，其行必果。”

正义与邪恶的斗争始终相伴。秉持正义，维护正义，树立正气，弘扬正气是每一代知识分子所应有的人格。

本单元以古今中外名篇阐述文学中的正义与正气。

孟子·公孙丑(节选)

《孟子·公孙丑》是儒家经典著作《孟子》中的一篇,该篇分上下卷,上卷9章,下卷14章。

公孙丑问曰:“夫子加齐之卿相,得行道焉,虽由此霸王不异矣。如此,则动心否乎?”

孟子曰:“否。我四十不动心。”

曰:“若是,则夫子过孟贲[1]远矣。”

曰:“是不难,告子[2]先我不动心。”

曰:“不动心有道乎?”

曰:“有。北宫黝[3]之养勇也,不肤桡[4],不目逃,思以一豪挫[5]于人,若挞之于市朝。不受于褐宽博[6],亦不受于万乘之君。视刺万乘之君,若刺褐夫。无严[7]诸侯。恶声至,必反之。孟施舍[8]之所养勇也,曰:‘视不胜犹胜也。量敌而后进,虑胜而后会,是畏三军者也。舍岂能为必胜哉?能无惧而已矣。’孟施舍似曾子,北宫黝似子夏[9]。夫二子之勇,未知其孰贤,然而孟施舍守约也。昔者曾子谓子襄[10]曰:‘子好勇乎?吾尝闻大勇于夫子矣:自反而不缩[11],虽褐宽博,吾不惴焉;自反而缩,虽千万人,吾往矣。’孟施舍之守气,又不如曾子之守约也。”

曰:“敢问夫子之不动心,与告子之不动心,可得闻与?”

“告子曰:‘不得于言,勿求于心;不得于心,勿求于气。’不得于心,勿求于气,可;不得于言,勿求于心,不可。夫志,气之帅也;气,体之充也。夫志至焉,气次焉。故曰:‘持其志,无暴其气。’”

“既曰‘志至焉,气次焉’,又曰‘持其志无暴其气’者,何也?”

曰:“志壹则动气,气壹则动志也。今夫蹶者[12]趋者,是气也,而反动其心。”

“敢问夫子恶乎长?”

曰:“我知言,我善养吾浩然之气。”

“敢问何谓浩然之气?”

曰:“难言也。其为气也,至大至刚,以直养而无害,则塞于天地之间。其为气也,配义与道;无是,馁也。是集义所生者,非义袭[13]而取之也。行有不慊[14]于心,则馁矣。我故曰,告子未尝知义,以其外之也。必有事焉,而勿正[15],心勿忘,勿助长也。无若宋人然:宋人有闵[16]其苗之不长而揠之者,芒芒然归。谓其人曰:‘今日病[17]矣,予助苗长矣。’其子趋而往视之,苗则槁矣。天下之不助苗长者寡矣。以为无益而舍之者,不耘苗者也;助之长者,揠苗者也。非徒无益,而又害之。”

【注释】

[1] 孟贲（bēn）：古时勇士。

[2] 告子：名不害，兼治儒墨之道，尝学于孟子。

[3] 北宫黝（yǒu）：人名，齐勇士，其事不可考。

[4] 桡（náo）：退。

[5] 挫：拔。

[6] 褐宽博：即下文的褐夫，地位低下的人。褐：粗布。

[7] 严：畏。

[8] 孟施舍：人名，事无可考。

[9] 子夏：孔子的学生，姓卜名商，春秋时晋国人。

[10] 子襄：曾子弟子。

[11] 缩：直。

[12] 蹶（jué）者：失足跌倒的人。

[13] 袭：朱熹注，"袭，掩取也，如齐侯袭莒之袭"。

[14] 慊（qiè）：满足。

[15] 正：止。

[16] 闵：忧。

[17] 病：疲倦。

【课文简解】

选文是《孟子·公孙丑上》中的第2章。孟子居齐国卿相之位，公孙丑认为可以实现孟子的王道治国了，孟子却能做到"不动心"。公孙丑认为孟子超过孟贲，孟子先阐述"勇气"，进而阐述如何有勇气，"我善养吾浩然之气"。这种浩然之气"是集义所生者，非义袭而取之也。行有不慊于心，则馁矣"。

苏武传

班　固

班固（32—92），字孟坚，东汉扶风安陵（今陕西咸阳东北）人，东汉著名的史学家、文学家。班固继承父志，撰写《汉书》，“潜精积思二十余年”，51岁基本完成《汉书》。

《汉书》是我国第一部纪传体断代史，与《后汉书》《史记》《三国志》并称为“前四史”。

武，字子卿。少以父[1]任，兄弟并为郎[2]。稍迁至栘中厩[3]监[4]。时汉连伐胡，数通使相窥观。匈奴留汉使郭吉[5]、路充国[6]等，前后十余辈。匈奴使来，汉亦留之以相当。天汉元年，且鞮侯[7]单于初立，恐汉袭之，乃曰：“汉天子我丈人行也。”尽归汉使路充国等。武帝嘉其义，乃遣武以中郎将使持节[8]送匈奴使留在汉者，因厚赂单于，答其善意。武与副中郎将张胜及假吏[9]常惠等募士斥候[10]百余人俱。

既至匈奴，置币遗单于；单于益骄，非汉所望也。方欲发使送武等，会缑王[11]与长水[12]虞常[13]等谋反匈奴中。缑王者，昆邪王[14]姊子也，与昆邪王俱降汉；后随浞野侯[15]没胡中。及卫律[16]所将降者，阴相与谋劫单于母阏氏[17]归汉。会武等至匈奴，虞常在汉时，素与副张胜相知，私候胜曰：“闻汉天子甚怨卫律，常能为汉伏弩射杀之，吾母与弟在汉，幸蒙其赏赐。”张胜许之，以货物与常。后月余，单于出猎，独阏氏子弟在。虞常等七十余人欲发，其一人夜亡，告之。单于子弟发兵与战。缑王等皆死，虞常生得。单于使卫律治其事。张胜闻之，恐前语发，以状语武。武曰：“事如此，此必及我。见犯乃死，重负国。”欲自杀，胜、惠共止之。虞常果引张胜。单于怒，召诸贵人议，欲杀汉使者。左伊秩訾[18]曰：“即谋单于，何以复加？宜皆降之。”

单于使卫律召武受辞[19]，武谓惠等：“屈节辱命，虽生，何面目以归汉！”引佩刀自刺。卫律惊，自抱持武，驰召医。凿地为坎，置煴火[20]，覆武其上，蹈其背以出血。武气绝，半日复息。惠等哭，舆归营。单于壮其节，朝夕遣人候问武，而收系张胜。

武益愈，单于使使晓武。会论虞常，欲因此时降武。剑斩虞常已，律曰：“汉使张胜谋杀单于近臣，当死。单于募降者赦罪。”举剑欲击之，胜请降。律谓武曰：“副有罪，当相坐。”武曰：“本无谋，又非亲属，何谓相坐？”复举剑拟之，武不动。律曰：“苏君，律前负汉归匈奴，幸蒙大恩，赐号称王，拥众数万，马畜弥山，富贵如此。苏君今日降，明日复然。空以身膏草野，谁复知之！”武不应。律曰：“君因我降，与君为兄弟，今不听吾计，后虽欲复见我，尚可得乎？”武骂律曰：“女[21]为人臣子，不顾恩义，畔主背亲，为降虏于蛮夷，何以汝为见？且单于信汝，使决人死生，不平心持正，反欲斗两主，观祸败。南越[22]杀汉使者，屠为九郡；宛王[23]杀汉使者，头县北阙；朝鲜[24]杀汉使者，即时诛灭。独匈奴未耳。若知我不降明，欲令两国相攻，匈奴之祸，从我始矣。”

律知武终不可胁，白单于。单于愈益欲降之，乃幽武置大窖中，绝不饮食。天雨雪，武卧啮雪，与旃[25]毛并咽之，数日不死。匈奴以为神。乃徙武北海[26]上无人处，使牧羝[27]，羝乳乃得归[28]。别其官属常惠等各置他所。

武既至海上，廪食不至，掘野鼠去[29]草实而食之。杖汉节牧羊，卧起操持，节旄尽落。积五六年，单于弟於靬王[30]弋射[31]海上。武能网纺缴[32]，檠[33]弓弩，於靬王爱之，给其衣食。三岁余，王病，赐武马畜、服匿[34]、穹庐[35]。王死后，人众徙去。其冬，丁令[36]盗武牛羊，武复穷厄。

初，武与李陵[37]俱为侍中。武使匈奴，明年，陵降，不敢求武。久之，单于使陵至海上，为武置酒设乐，因谓武曰："单于闻陵与子卿素厚，故使陵来说足下，虚心欲相待。终不得归汉，空自苦亡人之地，信义安所见乎？前长君[38]为奉车[39]，从至雍[40]棫阳宫[41]，扶辇下除，触柱折辕，劾大不敬，伏剑自刎，赐钱二百万以葬。孺卿[42]从祠河东[43]后土[44]，宦骑与黄门驸马[45]争船，推堕驸马河中溺死，宦骑亡，诏使孺卿逐捕，不得，惶恐饮药而死。来时太夫人[46]已不幸，陵送葬至阳陵[47]。子卿妇年少，闻已更嫁矣。独有女弟[48]二人，两女一男，今复十余年，存亡不可知。人生如朝露，何久自苦如此！陵始降时，忽忽如狂，自痛负汉，加以老母系保宫[49]，子卿不欲降，何以过陵？且陛下春秋高，法令亡常，大臣亡罪夷灭者数十家，安危不可知，子卿尚复谁为乎？愿听陵计，勿复有云。"武曰："武父子亡功德，皆为陛下所成就，位列将，爵通侯[50]，兄弟亲近，常愿肝脑涂地。今得杀身自效，虽蒙斧钺[51]汤镬[52]，诚甘乐之。臣事君，犹子事父也，子为父死，亡所恨，愿勿复再言！"陵与武饮数日，复曰："子卿壹听陵言。"武曰："自分已死久矣！"王必欲降武，请毕今日之驩，效死于前！"陵见其至诚，喟然叹曰："嗟乎，义士！陵与卫律之罪上通于天！"因泣下沾衿，与武决去。

陵恶自赐武，使其妻赐武牛羊数十头。后陵复至北海上，语武："区脱[53]捕得云中[54]生口[55]，言太守以下吏民皆白服，曰上崩[56]。"武闻之，南乡号哭，欧血，旦夕临数月。

昭帝[57]即位。数年，匈奴与汉和亲。汉求武等，匈奴诡言武死。后汉使复至匈奴，常惠请其守者与俱，得夜见汉使。具自陈道。教使者谓单于，言"天子射上林[58]中，得雁，足有系帛书，言武等在某泽中。"使者大喜，如惠语以让单于。单于视左右而惊，谢汉使曰："武等实在。"

于是李陵置酒贺武曰："今足下还归，扬名于匈奴，功显于汉室，虽古竹帛所载，丹青所画，何以过子卿！陵虽驽怯，令汉且贳[59]陵罪，全其老母，使得奋大辱之积志，庶几乎曹柯之盟[60]，此陵宿昔之所不忘也。收族陵家，为世大戮，陵尚复何顾乎？已矣！令子卿知吾心耳。异域之人，壹别长绝！陵起舞，歌曰："径万里兮度沙幕，为君将兮奋匈奴。路穷绝兮矢刃摧，士众灭兮名已聩。老母已死，虽欲报恩将安归！"陵泣下数行，因与武决。

单于召会武官属，前以降及物故，凡随武还者九人。

武以始元六年春至京师。诏武奉一太牢[61]谒武帝园庙，拜为典属国[62]，秩[63]中二千石[64]，赐钱二百万，公田二顷，宅一区。常惠、徐圣、赵终根皆拜为中郎，赐帛各二百匹。其余六人老，归家，赐钱人十万，复终身。常惠后至右将军，封列侯，自有传。武留匈奴凡十九岁，始以强壮出，及还，须发尽白[65]。

赞曰：孔子称“志士仁人，有杀身以成仁，无求生以害仁”，“使于四方，不辱君命”，苏武有之矣。

【注释】

[1] 父：指苏武的父亲苏建，有功封平陵侯，做过代郡太守。

[2] 兄弟并为郎：汉制年俸二千石以上，可保举其子弟为郎。兄弟：指苏武和他的兄苏嘉，弟苏贤。郎：官名，汉代专指职位较低的皇帝侍从。

[3] 栘（yí）中厩（jiù）：汉宫中有栘园，园中有马厩（马棚），故称。

[4] 监：此指管马厩的官，掌鞍马、鹰犬等。

[5] 郭吉：元封元年（前 110 年），汉武帝亲统大军十八万到北地，派郭吉到匈奴，晓谕单于归顺。单于大怒，扣留了郭吉。

[6] 路充国：元封四年（前 107 年），匈奴派遣使者至汉，病故。汉派路充国送丧到匈奴，单于以为使者是被汉杀死，扣留了路充国。

[7] 且（jū）鞮（dī）侯：单于嗣位前的封号。

[8] 节：使臣所持信物，以竹为杆，柄长八尺，拴上旄牛尾，共三层，故又称“旄节”。

[9] 假吏：临时委任的使臣属官。

[10] 斥候：军中担任警卫的侦察人员。

[11] 缑王：匈奴的一个亲王。

[12] 长水：水名，在今陕西省蓝田县西北。

[13] 虞常：长水人，后投降匈奴。

[14] 昆（hún）邪（yé）王：匈奴一个部落的王，其地在河西。昆邪王于汉武帝元狩二年（前 121 年）降汉。

[15] 浞（zhuō）野侯：汉将赵破奴的封号。汉武帝太初二年（前 103 年）率二万骑击匈奴，兵败而降，全军沦没。

[16] 卫律：本为长水胡人，但长于汉，被协律都尉李延年荐为汉使出使匈奴。回汉后，正值延年因罪全家被捕，卫律怕受牵连，又逃奔匈奴，被封为丁零王。

[17] 阏（yān）氏（zhī）：匈奴王后封号。

[18] 左伊秩訾（zī）：匈奴的王号，有“左”“右”之分。

[19] 受辞：受审讯。

[20] 煴（yūn）火：无焰的火。

[21] 女（rǔ）：即“汝”。

[22] 南越：国名，今广东、广西南部一带。《史记·南越列传》载，武帝元鼎五年（前 112 年），南越王相吕嘉杀其国王及汉使者，叛汉。武帝发兵讨伐，活捉吕嘉，因将其地改为珠崖、南海等九郡。

[23] 宛王：指大宛国王毋寡。《史记·大宛列传》载，汉武帝太初元年（前 104 年），宛王毋寡派人杀前来求良马的汉使。武帝即命李广利讨伐大宛，大宛诸贵族乃杀毋寡而降汉。

[24] 朝鲜:《史记·朝鲜列传》载,武帝元封二年(前109年)派遣涉何出使朝鲜,涉何暗害了伴送他的朝鲜人,谎报为杀了朝鲜武将,因而被封为辽东东部都尉。朝鲜王右渠枭杀涉何。于是武帝发兵讨伐。朝鲜相杀王右渠降汉。

[25] 旃(zhān):通“毡”,毛毡。

[26] 北海:当时在匈奴北境,即今贝加尔湖。

[27] 羝(dī):公羊。

[28] 羝乳乃得归:公羊不可能生小羊,故此句是说苏武永远没有归汉的希望。乳:用作动词,生育,指生小羊。

[29] 去:通“弆”(jǔ),收藏。

[30] 於(wū)靬(jiān)王:且鞮单于之弟,为匈奴的一个亲王。

[31] 弋射:射猎。

[32] 缴:系在箭上的丝绳。

[33] 檠(qíng):矫正弓箭的工具。

[34] 服匿:盛酒酪的容器,类似今天的坛子。

[35] 穹庐:圆顶大篷帐,犹今之蒙古包。

[36] 丁令:即丁灵,匈奴北边的一个部族。

[37] 李陵:字少卿,西汉陇西成纪人,李广之孙,武帝时曾为侍中;天汉二年(前99年)出征匈奴,兵败投降,后病死匈奴。

[38] 长君:指苏武的长兄苏嘉。

[39] 奉车:官名,即“奉车都尉”,皇帝出巡时,负责车马的侍从官。

[40] 雍:汉代县名,在今陕西凤翔县南。

[41] 棫(yù)阳宫:秦时所建宫殿,在雍东北。

[42] 孺卿:苏武弟苏贤的字。

[43] 河东:郡名,在今山西夏县北。

[44] 后土:地神。

[45] 黄门驸马:宫中掌管车辇马匹的官。

[46] 太夫人:指苏武的母亲。

[47] 阳陵:汉时有阳陵县,在今陕西咸阳东。

[48] 女弟:妹妹。

[49] 保宫:囚禁犯罪大臣及其眷属之处。

[50] 通侯:苏武父苏建曾封为平陵侯。

[51] 钺(yuè):大斧。

[52] 汤镬:指把人投入开水锅煮死。镬(huò):大锅。

[53] 区(ōu)脱:接近汉地的一个匈奴部落名。

[54] 云中:郡名,在今山西省北部和内蒙古自治区南部一带地区。

[55] 生口:活口,即俘虏。

[56] 上崩：指后元二年（前 87 年）汉武帝死。

[57] 昭帝：武帝少子，名弗陵。公元前 87 年，武帝死，昭帝即位。

[58] 上林：即上林苑。故址在今陕西省西安市附近。汉朝皇帝游玩射猎的园林。

[59] 贳（shì）：赦免。

[60] 曹柯之盟：《史记·刺客列传》载，春秋时，曹沫鲁将，与齐作战，三战三败，鲁庄公割地求和，但仍用曹沫为将。后齐桓公与鲁庄公会盟于柯邑（时为齐邑，在今山东省阳谷县东北），曹沫持匕首胁迫齐桓公，齐桓公只得归还鲁地。李陵引此以自比，表示要立功赎罪。

[61] 太牢：祭品，即牛、羊、豕三牲。

[62] 典属国：官名，掌管依附汉朝的各属国事务。

[63] 秩：官俸。

[64] 中（zhòng）二千石：官俸的等级之一，即每月一百八十石，一年合计二千一百六十石。此处举整数而言。

[65]“武留”句：苏武汉武帝天汉元年（前 100 年）出使，至汉昭帝始元六年（前 81 年）还，共十九年。

【课文简解】

文章选自《汉书·苏武传》。叙写了苏武出使匈奴被扣留期间的事迹，赞颂苏武在死亡面前富贵不能淫、贫贱不使移、威武不能屈、饥寒压不倒、私情无所动的浩然正气，充分肯定了他坚毅忠贞、大义凛然、视死如归的民族气节。

文章首先介绍苏武的身世及出使匈奴的背景，交代苏武出使凶多吉少；文章第二部分介绍苏武出使匈奴被扣留，把苏武与张胜、卫律、李陵等对比，突出苏武出使不辱使命而自杀，不畏惧死亡，拒绝卫律诱降，不怕艰辛困苦，始终捍卫自己不屈服的汉朝使臣身份。最后介绍苏武归汉，再次对比李陵，突出苏武的民族气节。

段太尉逸事状[1]

柳宗元

柳宗元(773—819),字子厚,河东(今山西省永济市)人,唐代文学家、哲学家、散文家、思想家,唐宋八大家之一,世称“柳河东”“河东先生”。柳宗元因官终柳州刺史,又称“柳柳州”;他与韩愈并称“韩柳”;与刘禹锡并称“刘柳”;与王维、孟浩然、韦应物并称“王孟韦柳”。柳宗元的著作有《河东先生集》。

太尉[2]始为泾州刺史时,汾阳王[3]以副元帅居蒲。王子晞[4]为尚书,领行营节度使,寓军邠州[5],纵士卒无赖。邠人偷嗜暴恶者,率以货窜名军伍中,则肆志,吏不得问。日群行丐取于市,不嗛[6],辄奋击折人手足,椎釜鬲[7]瓮盎盈道上,袒臂徐去,至撞杀孕妇人。邠宁节度使白孝德[8]以王故,戚不敢言。

太尉自州以状白府,愿计事。至则曰:“天子以生人付公理,公见人被暴害,因恬然。且大乱,若何?”孝德曰:“愿奉教。”太尉曰:“某为泾州,甚适,少事;今不忍人无寇暴死,以乱天子边事。公诚以都虞候命某者,能为公已乱,使公之人不得害。”孝德曰:“幸甚!”如太尉请。

既署一月,晞军士十七人入市取酒,又以刃刺酒翁,坏酿器,酒流沟中。太尉列卒取十七人,皆断头注槊上,植市门外。晞一营大噪,尽甲。孝德震恐,召太尉曰:“将奈何?”太尉曰:“无伤也!请辞于军。”孝德使数十人从太尉,太尉尽辞去。解佩刀,选老躄[9]者一人持马,至晞门下。甲者出,太尉笑且入曰:“杀一老卒,何甲也?吾戴吾头来矣!”甲者愕。因谕曰:“尚书固负若属耶?副元帅固负若属耶?奈何欲以乱败郭氏?为白尚书,出听我言。”晞出见太尉。太尉曰:“副元帅勋塞天地,当务始终。今尚书恣卒为暴,暴且乱,乱天子边,欲谁归罪?罪且及副元帅。今邠人恶子弟以货窜名军籍中,杀害人,如是不止,几日不大乱?大乱由尚书出,人皆曰尚书倚副元帅,不戢[10]士。然则郭氏功名,其与存者几何?”言未毕,晞再拜曰:“公幸教晞以道,恩甚大,愿奉军以从。”顾叱左右曰:“皆解甲散还火伍中,敢哗者死!”太尉曰:“吾未晡食[11],请假设草具。”既食,曰:“吾疾作,愿留宿门下。”命持马者去,旦日来。遂卧军中。晞不解衣,戒候卒击柝卫太尉。旦,俱至孝德所,谢不能,请改过。邠州由是无祸。

先是,太尉在泾州为营田官。泾大将焦令谌取人田,自占数十顷,给与农,曰:“且熟,归我半。”是岁大旱,野无草,农以告谌。谌曰:“我知入数而已,不知旱也。”督责益急,农且饥死,无以偿,即告太尉。太尉判状,辞甚巽[12],使人求谕谌。谌盛怒,召农者曰:“我畏段某耶?何敢言我!”取判铺背上,以大杖击二十,垂死,舆来庭中。太尉大泣,曰:“乃我困汝!”即自取水洗去血,裂裳衣疮,手注善药,旦夕自哺农者,然后食。取骑马卖,市谷代偿,使勿知。淮西寓军帅尹少荣,刚直士也。入见谌,大骂曰:“汝诚人耶?泾州野如赭[13],人且饥死；而必得谷，又用大杖击无罪者。段公，仁信大人也，而汝不知敬。今段公唯一马，贱卖市谷入汝，汝又取不耻。凡为人傲天灾、犯大人、击无罪者，又取仁者谷，使主人出无马，汝将何以视天地，尚不愧奴隶耶！”谌虽暴抗，然闻言则大愧流汗，不能食，曰：“吾终不可以见段公！”一夕，自恨死。

及太尉自泾州以司农征，戒其族：“过岐，朱泚[14]幸致货币，慎勿纳。”及过，泚固致大绫三百匹。太尉婿韦晤坚拒，不得命。至都，太尉怒曰：“果不用吾言！”晤谢曰：“处贱无以拒也。”太尉曰：“然终不以在吾第。”以如司农治事堂，栖之梁木上。泚反，太尉终，吏以告泚，泚取视，其故封识具存。

太尉逸事如右。元和九年月日，永州司马员外置同正员柳宗元谨上史馆。

今之称太尉大节者，出入以为武人一时奋不虑死，以取名天下，不知太尉之所立如是。宗元尝出入岐、周、邠、斄[15]间，过真定，北上马岭，历亭障堡戍，窃好问老校退卒，能言其事。太尉为人姁姁[16]，常低首拱手行步，言气卑弱，未尝以色待物；人视之，儒者也。遇不可，必达其志，决非偶然者。会州刺史崔公来，言信行直，备得太尉遗事，覆校无疑，或恐尚逸坠，未集太史氏，敢以状私于执事。谨状。

【注释】

[1] 状是旧时详记死者世系、名字、爵里、行治、寿年的一种文体。逸事状专录人物逸事，是状的一种变体。

[2] 太尉：指段太尉（719—783），名秀实，字成公。唐汧阳人。官至泾州刺史兼泾原郑颍节度使。唐德宗建中四年（783 年），泾原士兵在京哗变，德宗仓皇出奔，叛军遂拥戴原卢龙节度使朱泚为帝。当时段太尉在朝中，以狂贼斥之，并以朝笏廷出朱泚面额，被害，追赠太尉。

[3] 汾阳王：即郭子仪。郭子仪平定安史之乱有功，于唐肃宗宝应元年（762 年）进封汾阳王。唐代宗广德二年（764 年）正月，郭子仪以司徒兼中书令的身份，充任单于镇北大都护、朔方节度大使、河中节度观察使、河中尹、关内河东副元帅，出镇河中。

[4] 晞：汾阳王郭子仪第三子，随父征伐，屡建战功。广德二年（764 年），吐蕃侵边，郭晞奉命率朔方军支援邠州。时任御史中丞，与马璘合势，大破吐蕃，以战功加御史大夫。又任朔方行营节度使。于唐德宗贞元年间去世，追赠兵部尚书。

[5] 邠（bīn）州：指所在今陕西省郴州市。

[6] 嗛（qiè）：通“慊”，满足，快意。

[7] 鬲（lì）：一种像鼎一样的烹饪器。

[8] 白孝德：安西人，李光弼部将，广德二年（764 年）任邠宁节度使。

[9] 躄（bì）：跛脚。

[10] 戢（jí）：管束。

[11] 晡（bū）食：晚餐。

[12] 巽（xùn）：通“逊”。

[13] 赭(zhě):赤褐色。

[14] 朱泚(cǐ):今北京昌平人,时为凤翔府尹。

[15] 邰(tái):同“邰”,在今陕西省武功县西。

[16] 姁(xǔ)姁:和善的样子。

【课文简解】

《段太尉逸事状》是唐代文学家柳宗元的一篇传记文。此文作于唐宪宗元和九年(814年)柳宗元贬居永州时,是作者给当时在史馆任职的韩愈修史作参考的。唐德宗建中四年(783年)十月,泾原节度使姚令言的部队在京师哗变,德宗仓皇出奔,原卢龙节度使朱泚被叛军拥立为帝。段秀实在朝中,一次被召议事之时,他突然用笏猛击朱泚的头部,同时唾面大骂朱泚“狂贼”,终被杀害。柳宗元对段秀实的忠勇行为深表敬仰。然而朝中也有人散布流言,说段秀实的这一举动是“武人一时奋不虑死,以取名天下”。柳宗元听后极为愤慨,他深知段秀实为人刚直,“遇不可,必达其志”,于是写下这篇文章。

文章首先写豪门权贵郭晞在邠州放纵士卒危害地方,段秀实挺身而出为地方除害,对郭晞晓之以理,通过对比手法写出段秀实不畏权贵和强权暴力,敢以死为民请命;再写段秀实处理强权者焦令谌横征暴敛,为农民卖马敷药,表现段秀实爱民如子情怀;最后写段秀实清廉,拒收朱泚财务贿赂。

正气歌[1]

文天祥

文天祥（1236—1283），初名云孙，字宋瑞，又字履善，道号浮休道人、文山，江西吉州庐陵（今江西省吉安市青原区）人，南宋末政治家、文学家，爱国诗人，抗元名臣、民族英雄，与陆秀夫、张世杰并称为“宋末三杰”，著有《文山诗集》《指南录》《指南后录》《正气歌》等。

余囚北庭，坐一土室。室广八尺，深可四寻。单扉低小，白间短窄，污下而幽暗。当此夏日，诸气萃然：雨潦四集，浮动床几，时则为水气；涂泥半朝，蒸沤历澜，时则为土气；乍晴暴热，风道四塞，时则为日气；檐阴薪爨[2]，助长炎虐，时则为火气；仓腐寄顿，陈陈逼人，时则为米气；骈肩杂遝[3]，腥臊污垢，时则为人气；或圊溷[4]，或毁尸，或腐鼠，恶气杂出，时则为秽气。叠是数气，当浸沴[5]鲜不为厉。而予以孱弱，俯仰其间，于兹二年矣，无恙，是殆有养致然尔。然亦安知所养何哉？孟子曰：“吾善养吾浩然之气。”彼气有七，吾气有一，以一敌七，吾何患焉！况浩然者，乃天地之正气也，作《正气歌》一首。

天地有正气，杂然赋流形。下则为河岳，上则为日星。
于人曰浩然，沛乎塞苍冥。皇路当清夷，含和吐明庭。
时穷节乃见，一一垂丹青。
在齐太史简，在晋董狐笔。在秦张良椎，在汉苏武节。
为严将军头，为嵇侍中血。为张睢阳齿，为颜常山舌。
或为辽东帽，清操厉冰雪。或为出师表，鬼神泣壮烈。
或为渡江楫，慷慨吞胡羯。或为击贼笏，逆竖头破裂。
是气所磅礴，凛烈万古存。当其贯日月，生死安足论。
地维赖以立，天柱赖以尊。三纲实系命，道义为之根。
嗟予遘[6]阳九[7]，隶也实不力。楚囚缨其冠，传车送穷北。
鼎镬甘如饴，求之不可得。阴房阒[8]鬼火，春院閟[9]天黑。
牛骥同一皂，鸡栖凤凰食。一朝蒙雾露，分作沟中瘠。
如此再寒暑，百沴自辟易。嗟哉沮洳场[10]，为我安乐国。
岂有他缪巧，阴阳不能贼。顾此耿耿在，仰视浮云白。
悠悠我心悲，苍天曷有极。
哲人日已远，典刑在夙昔。风檐展书读，古道照颜色。

【注释】

[1]《正气歌》是南宋诗人文天祥在狱中写的一首五言古诗。文天祥于祥兴元年(1278年)十月因叛徒的出卖被元军所俘。翌年十月被解至燕京。元朝统治者对他软硬兼施,威逼利诱,许以高位,文天祥都誓死不屈,决心以身报国,丝毫不为所动,因而被囚三年,至元十九年十二月九日(1283年1月9日)慷慨就义。这首诗是他死前一年在狱中所作。

[2] 爨(cuàn):烧柴做饭。

[3] 遝(tà):拥挤杂乱的样子。

[4] 圊(qīng)溷(hún):厕所。

[5] 沴(lì):恶气。

[6] 遘(gòu):遭逢。

[7] 阳九:厄运,古代迷信认为阳九是灾难年。

[8] 阒(qù):寂静。

[9] 閟(bì):关闭。

[10] 沮(jù)洳(rú)场:低下阴湿的地方。

【课文简解】

诗歌开篇明示天地人都存在浩然正气,紧要时穷显现,诗人纵述历史,连用12个典故歌颂这些人不畏生死,浩然正气长扬。诗人分析浩然正气是天地人之本,道义存在之根。最后诗人抒写自己兵败被俘,处在极其恶劣的牢狱之中,自己以前人为榜样,秉持一身正气,不惧怕各种邪气和疾病,视死如归、大义凛然的气节。

水浒传[1]（节选）

《水浒传》是中国古代四大名著之一，创作于元末明初。全书通过描写梁山好汉反抗欺压，被迫上梁山反抗官军，最终接受宋朝招安，在宋朝征战辽国和方腊起义军中为国尽忠而死的悲剧故事。一般认为这部小说是元末明初人施耐庵所创作。

且说李逵和燕青两个，在路行到一个去处，地名唤做四柳村。不觉天晚，两个便投一个大庄院来，敲开门，直进到草厅上。庄主狄太公出来迎接，看见李逵绾着两个丫髻，却不见穿道袍，面貌生得又丑，正不知是甚么人。太公随口问燕青道："这位是那里来的师父？"燕青笑道："这师父是个跷蹊人，你们都不省得他。胡乱趁些晚饭吃，借宿一夜，明日早行。"李逵只不做声。太公听得这话，倒地便拜李逵，说道："师父可救弟子则个！"李逵道："你要我救你甚事？实对我说。"那太公道："我家一百余口，夫妻两个，嫡亲止有一个女儿，年二十余岁。半年之前，着了一个邪祟，只在房中茶饭，并不出来讨吃。若还有人去叫他，砖石乱打出来，家中人多被他打伤了。累累请将法官来，也捉他不得。"李逵道："太公，我是蓟州罗真人的徒弟，会得腾云驾雾，专能捉鬼。你若舍得东西，我与你今夜捉鬼。如今先要一猪一羊，祭祀神将。"太公道："猪羊我家尽有，酒自不必得说。"李逵道："你拣得膘肥的宰了，烂煮将来。好酒更要几瓶，便可安排。今夜三更，与你捉鬼。"太公道："师父如要书符纸札，老汉家中也有。"李逵道："我的法只是一样，都没甚么鸟符，身到房里，便揪出鬼来。"燕青忍笑不住。老儿只道他是好话，安排了半夜，猪羊都煮得熟了，摆在厅前。李逵叫讨大碗，滚热酒十瓶价做一巡筛。明晃晃点着两枝蜡烛，焰腾腾烧着一炉好香。李逵掇条凳子，坐在当中，并不念甚言语。腰间拔出大斧，砍开猪羊，大块价扯将下来吃。又叫燕青道："小乙哥，你也来吃些。"燕青冷笑，那里肯来吃。李逵吃得饱了，饮过五六碗好酒，惊得太公呆了。李逵便叫众庄客："恁们都来散福。"捻指间，散了残肉。李逵道："快舀桶汤来，与我们洗手洗脚。"无移时，洗了手脚，问太公讨茶吃了。又问燕青道："你曾吃饭也不曾？"燕青道："吃得饱了。"李逵对太公道："酒又醉，肉又饱，明日要走路程。老爷们去睡。"太公道："却是苦也！这鬼几时捉得？"有诗为证：

绿酒乌猪尽力噇，奸夫淫女正同床。
山翁谬认为邪祟，断送绸缪两命亡。

李逵道："你真个要我捉鬼？着人引我去你女儿房里去。"太公道："便是神道如今在房中，砖石乱打出来，谁人敢去！"李逵拔两把板斧在手，叫人将火把远远照着。李逵大踏步直抢到房边，只见房内隐隐的有灯。李逵把眼看时，见一个后生搂着一个妇人，在那里说话。李逵一脚踢开了房门，斧到处，只见砍得火光爆散，霹雳交加。定睛打一看时，原来把灯盏砍翻了。那后生却待要走，被李逵大喝一声，斧起处早把后生砍翻。这婆娘便钻入床底下躲了。李逵把那汉子先一斧砍下头来，提在床上。把斧敲着床边喝道："婆娘，你快出来。若不钻出来时，和床都剁的粉碎。”婆娘连声叫道：“你饶我性命，我出来！”却才攒出头来，被李逵揪住头发，直拖到死尸边问道：“我杀的这厮是谁？”婆娘道：“是我奸夫王小二。”李逵又问道：“砖头饭食，那里得来？”婆娘道：“这是我把金银头面与他，三二更从墙上运将入来。”李逵道：“这等腌臜婆娘，要你何用！”揪倒床边，一斧砍下头来。把两个头拴做一处，再提婆娘尸首，和汉子身尸相并。李逵道：“吃得饱，正没消食处。”就解下上半截衣裳，拿起双斧，看着两个死尸，一上一下，恰似发擂的乱剁了一阵。李逵笑道：“眼见这两个不得活了。”插起大斧，提着人头，大叫出厅前来。“两个鬼我都捉了。”撇下人头，满庄里人都吃一惊。都来看时，认得这个是太公的女儿，那个人头无人认得。数内一个庄客，相了一回，认出道：“有些像东村头会粘雀儿的王小二。”李逵道：“这个庄客到眼乖。”太公道：“师父怎生得知？”李逵道：“你女儿躲在床底下，被我揪出来问时，说道：‘他是奸夫王小二。吃的饮食，都是他运来。’问了备细，方才下手。”太公哭道：“师父，留得我女儿也罢。”李逵骂道：“打脊老牛！女儿偷了汉子，兀自要留他！你恁地哭时，倒要赖我，不谢将我。明日却和你说话。”燕青寻了个房，和李逵自去歇息。

太公却引人点着灯烛，入房里去看时，照见两个没头尸首，剁做十来段，丢在地下。太公、太婆烦恼啼哭。便叫人扛出后面去烧化了。李逵睡到天明，跳将起来，对太公道：“昨夜与你捉了鬼，你如何不谢将？”太公只得收拾酒食相待。李逵、燕青吃了便行。狄太公自理家事，除却奸淫。有诗为证：

恶性掀腾不自由，房中剁却两人头。

痴翁犹自伤情切，独立西风哭未休。

且说李逵和燕青离了四柳村，依前上路。此时草枯地阔，木落山空。于路无话。两个因大宽转梁山泊北，到寨尚有七八十里，巴不到山，离荆门镇不远。当日天晚，两个奔到一个大庄院敲门。燕青道：“俺们寻客店中歇去。”李逵道：“这大户人家，却不强似客店多少！”说犹未了，庄客出来回话道：“我主太公正烦恼哩，你两个别处去歇。”李逵直走入去。燕青拖扯不住，直到草厅上。李逵口里叫道：“过往客人，借宿一宵，打甚鸟紧！便道太公烦恼！我正要和烦恼的说话。”里面太公张时，看见李逵生得凶恶，暗地教人出来接纳，请去厅外侧首，有间耳房，叫他两个安歇，造些饭食，与他两个吃，着他里面去睡。多样时，搬出饭来，两个吃了，就便歇息。

李逵当夜没些酒，在土炕子上翻来覆去睡不着，只听得太公、太婆在里面哽哽咽咽的哭。李逵心焦，那双眼怎地得合。巴到天明，跳将起来，便向厅前问道：“你家甚么人哭这一夜，搅得老爷睡不着？”太公听了，只得出来答道：“我家有个女儿，年方一十八岁，吃人抢了去，以此烦恼。”李逵骂道：“打脊老牛！男大须婚，女大须嫁，烦恼做甚么？”太公道：“不是与他，强夺了去。”李逵道：“又来作怪！夺你女儿的是谁？”太公道：“我与你说他姓名，惊得你屁滚尿流。他是梁山泊头领宋江，有一百单八个好汉，不算小军。”李逵道：“我且问你，他是几个来？”太公道：“两日前，他和一个小后生，各骑着一匹马来。”李逵便叫：“燕小乙哥，你来听这老儿说的话，俺哥哥原来口是心非，不是好人了也。”燕青道：“大哥莫要造次，定没这事。”李逵道：“他在东京兀自去李师师家去，到这里怕不做出来！”李逵道：“你庄里有饭，讨些我们吃。”对太公说道：“我便是梁山泊黑旋风李逵，这个便是浪子燕青。既是宋江夺了你的女儿，我去讨来还你。”太公拜谢了。

李逵、燕青迳望梁山泊来，路上无话，直到忠义堂上。宋江见了李逵、燕青回来，便问道：“兄弟，你两个那里来？错了许多路，如今方到。”李逵那里应答，睁圆怪眼，拔出大斧，先砍倒了杏黄旗，把“替天行道”四个字扯做粉碎。众人都吃一惊。宋江喝道：“黑厮又做甚么！”李逵拿了双斧，抢上堂来，径奔宋江。当有关胜、林冲、秦明、呼延灼、董平五虎将，慌忙拦住，夺了大斧，揪下堂来。宋江大怒喝道：“这厮又来作怪！你且说我的过失！”李逵气做一团，那里说得出。有诗为证：

依草凶徒假姓名，花颜闺女强抬行。

李逵不细穷来历，浪说公明有此情。

且说燕青向前道：“哥哥听禀一路上备细。他在东京城外客店里跳将出来，拿着双斧，要去劈门。被我一交攧翻，拖将起来，说与他：‘哥哥已自去了，独自一个风甚么？’恰才信小弟说。不敢从大路走。他又没了头巾，把头发绾做两个丫髻。正来到四柳村狄太公庄上，他去做法官捉鬼。正拿了他女儿并奸夫两个，都剁做肉酱。后来却从大路西边上山，他定要大宽转。将近荆门镇，当日天晚了，便去刘太公庄上投宿。只听得太公两口儿一夜啼哭。他睡不着，巴得天明，起去问他。刘太公说道：‘两日前梁山泊宋江，和一个年纪小的后生，骑着两匹马，来庄上来。老儿听得说是替天行道的人，因此叫这十八岁的女儿出来把酒。吃到半夜，两个把他女儿夺了去。’李逵大哥听了这话，便道是实，我再三解说道：‘俺哥哥不是这般的人。多有依草附木，假名托姓的，在外头胡做。’李大哥道：‘我见他在东京时，兀自恋着唱的李师师，不肯放，不是他是谁？’因此来发作。”宋江听罢，便道：“这般屈事，怎地得知！如何不说？”李逵道：“我闲常把你做好汉，你原来却是畜生！你做得这等好事！”宋江喝道：“你且听我说。我和三二千军马回来，两匹马落路时，须瞒不得众人。若还抢得一个妇人，必然只在寨旦。你却去我房里搜看！”李逵道：“哥哥，你说甚么鸟闲话！山寨里都是你手下的人，护你的多。那里不藏过了。我当初敬你是个不贪色欲的好汉，你原正是酒色之徒。杀了阎婆惜便是小样；去东京养李师师便是大样。你不要赖，早早把女儿送还老刘，倒有个商量。你若不把女儿还他时，我早做早杀了你，晚做晚杀了你。”宋江道：“你且不要闹攘。那刘太公不死，主客都在，俺们同去面对。若还对番了，就那里舒着脖子，受你板斧；如若对不番，你这厮没上下，当得何罪？”李逵道：“我若还拿你不着，便输这颗头与你。”宋江道：“最好。你众兄弟都是证见。”便叫铁面孔目裴宣写了赌赛军令状二纸，两个各书了字。宋江的把与李逵收了，李逵的把与宋江收了。李逵又道：“这后生不是别人，只是柴进。”柴进道：“我便同去。”李逵道：“不怕你不来。若到那里对番了之时，不怕你柴大官人，是米大官人，也吃我几斧！”柴进道：“这个不妨。你先去那里等。我们前去时，又怕有跷蹊。”李逵道：“正是。”便唤了燕青：“俺两个依前先去。他若不来，便是心虚，回来罢休不得！”有诗为证：

李逵闹攘没干休，要砍梁山寨主头。

欲辨是非分彼此，刘家庄上问来由。

【注释】

[1] 课文选自《水浒传》的第七十三回《黑旋风乔捉鬼 梁山泊双献头》。

【课文简解】

小说这一部分主要是承接上回宋江、柴进、燕青等人到东京元宵节赏灯后，宋江等人回了梁山，燕青和李逵走散。李逵在四柳村为狄太公“捉妖”，又在刘太公庄上听说宋江和柴进强抢民女之事，李逵怒发冲冠回梁山，砍了“替天行道”的大旗。尽管宋江平日对李逵好，李逵对宋江俯首听命，但当听闻宋江强抢民女，李逵也要举斧砍宋江。小说表现了李逵虽是粗鲁莽撞之人，却有其正义之举。

傅山传[1]

傅　山

傅山(1607—1684),初名鼎臣,字青竹,改字青主,又有浊翁、观化等别名,山西太原人,明清时期道家思想家、书法家、医学家,是明末清初保持民族气节的人物典范,与顾炎武、黄宗羲、王夫之、李颙、颜元一起被梁启超称为“清初六大师”,著有《霜红龛集》等。

傅山,字青主,阳曲人。六岁,啖黄精[2],不谷食,强之,乃饭。读书过目成诵。明季天下将乱,诸号为搢绅[3]先生者,多迂腐不足道,愤之,乃坚苦持气节,不少媕婴[4]。提学袁继咸[5]为巡按张孙振所诬。孙振,阉党也。山约同学曹良直等诣通政使,三上书讼之,巡抚吴甡亦直袁,遂得雪。山以此名闻天下。甲申后,山改黄冠装,衣朱衣,居土穴,以养母。继咸自九江执归燕邸,以难中诗遗山,且曰:“不敢媿[6]友生也!”山省书,恸哭,曰:“呜呼!吾亦安敢负公哉!”

顺治十一年,以河南狱牵连被逮,抗词不屈,绝粒九日,几死。门人中有以奇计救之,得免。然山深自咤恨,谓不若速死为安,而其仰视天、俯视地者,未尝一日止。比天下大定,始出与人接。

康熙十七年,诏举鸿博,给事中李宗孔荐,固辞。有司强迫,至令役夫舁其床以行。至京师二十里,誓死不入。大学士冯溥首过之,公卿毕至,山卧床不具迎送礼。魏象枢以老病上闻,诏免试,加内阁中书以宠之。冯溥强其入谢,使人舁以入,望见大清门,泪涔涔下,仆於地。魏象枢进曰:“止,止,是即谢矣!”翼日归,溥以下皆出城送之。山叹曰:“今而后其脱然无累哉!”既而曰:“使后世或妄以许衡[7]、刘因[8]辈贤我,且死不瞑目矣!”闻者咋舌。至家,大吏咸造庐请谒。山冬夏著一布衣,自称曰“民”。或曰:“君非舍人乎?”不应也。卒,以朱衣、黄冠敛。

山工书画,谓:“书宁拙毋巧,宁丑毋媚,宁支离毋轻滑,宁真率毋安排。”人谓此言非止言书也。诗文初学韩昌黎,崛强自喜,后信笔抒写,俳[9]调俗语,皆入笔端,不愿以此名家矣。著有《霜红龛集》十二卷。子眉,先卒,诗亦附焉。

眉,字寿髦。每日出樵,置书担上,休则把读。山常卖药四方,与眉共挽一车,暮抵逆旅,篝灯课经,力学,继父志。与客谈中州文献,滔滔不尽。山喜苦酒,自称老蘖禅,眉乃称小蘖禅。

【注释】

[1] 课文选自《傅山全书》(山西人民出版社,2016年第1版)。

[2] 黄精:百合科、黄精属植物。

[3] 搢(jìn)绅：同“缙绅”。

[4] 媕(ān)娿(ē)：无主见。

[5] 袁继咸(1593—1646)，字季通，号临侯，江西宜春人，明代大臣，因拒绝降清，以身殉国。

[6] 媿(kuì)：同“愧”。

[7] 许衡(1209—1281)，字仲平，号鲁斋，世称“鲁斋先生”，河南沁阳人，金末元初理学家、教育家、政治家，元世祖忽必烈多次重用他，他也多次辞官回乡。

[8] 刘因(1249—1293)，字梦吉，一字梦骥，号静修，河北徐水人，金元时期理学家、诗人，多次出仕而又归隐。

[9] 俳(pái)：诙谐；滑稽。

【课文简解】

这篇史传讲述明末清初人傅山在明亡后始终以明的遗民自居，拒绝清王朝的高官名禄收买，不像其他士人一样为了科举功名而变节，跪拜于清朝的皇帝。傅山始终保持自己的气节和品格。

正　义[1]

朱自清

朱自清（1898—1948），原名自华，号秋实，后改名自清，字佩弦，出生于江苏省东海县（今连云港市东海县），现代杰出的散文家、诗人、学者、民主战士，著有《朱自清全集》。

人间的正义是在哪里呢？

正义是在我们的心里！从明哲的教训和见闻的意义中，我们不是得着大批的正义么？但白白的搁在心里，谁也不去取用，却至少是可惜的事。两石白米堆在屋里，总要吃它干净，两箱衣服堆在屋里，总要轮流穿换，一大堆正义却扔在一旁，满不理会，我们真大方，真舍得！看来正义这东西也真贱，竟抵不上白米的一个尖儿，衣服的一个扣儿。——爽性用它不着，倒也罢了，谁都又装出一副发急的样子，张张皇皇的寻觅着。这个葫芦里卖的什么药？我的聪明的同伴呀，我真想不通了！

我不曾见过正义的面，只见过它的弯曲的影儿——在"自我"的唇边，在"威权"的面前，在"他人"的背后。

正义可以做幌子，一个漂亮的幌子，所以谁都愿意念着它的名字。"我是正经人，我要做正经事，"谁都向他的同伴这样隐隐的自诩着。但是除了用以"自诩"之外，正义对于他还有什么作用呢？他独自一个时，在生人中间时，早忘了它的名字，而去创造"自己的正义"了！他所给予正义的，只是让它的影儿在他的唇边闪烁一番而已。但是，这毕竟不算十分辜负正义，比那凭着正义的名字以行罪恶的，还胜一筹。可怕的正是这种假名行恶的人。他嘴里唱着正义的名字，手里却满满的握着罪恶；他将这些罪恶送给社会，粘上金碧辉煌的正义的签条送了去。社会凭着他所唱的名字和所粘的签条，欣然受了这份礼；就是明知道是罪恶，也还是欣然受了这份礼！易卜生《社会栋梁》一出戏，就是这种情形。这种人的唇边，虽更频繁的闪烁着正义的弯曲的影儿，但是深藏在他们心底的正义，只怕早已霉了，烂了，且将毁灭了。在这些人里，我见不着正义！

在亲子之间，师傅学徒之间，军官兵士之间，上司属僚之间，似乎有正义可见了，但是也不然。卑幼大抵顺从他们长上的，长上要施行正义于他们，他们诚然是不"能"违抗的——甚至"父教子死，子不得不死"一类话也说出来了。他们发见有形的扑鞭和无形的赏罚在长上们的背后，怎敢去违抗呢？长上们凭着威权的名字施行正义，他们怎敢不遵呢？但是你私下问他们，"信么？服么？"他们必摇摇他们的头，甚至还奋起他们的双拳呢！这正是因为长上们不凭着正义的名字而施行正义的缘故了。这种正义只能由长上行于卑幼，卑幼是不能行于长上的，所以是偏颇的；这种正义只能施于卑幼，而不能施于他人，所以是破碎的；这种正义受着威权的鼓弄，有时不免要扩大到它的应有的轮廓之外，那时它又是肥大的。这些仍旧只是正义的弯曲的影儿。不凭着正义的名字而施行正义，我在这等人里，仍旧见不着它！

在没有威权的地方，正义的影儿更弯曲了。名位与金钱的面前，正义只剩淡如水的微痕了。你瞧现在一班大人先生见了所谓督军等人的劲儿！他们未必愿意如此的，但是一当了面，估量着对手的名位，就不免心里一软，自然要给他一些面子——于是不知不觉的就敷衍起来了。至于平常的人，偶然见了所谓名流，也不免要吃一惊，那时就是心里有一百二十个不以为然，也只好姑且放下，另做出一番“足恭”的样子，以表倾慕之诚。所以一班达官通人，差不多是正义的化外之民，他们所做的都是合于正义的，乃至他们所做的就是正义了！——在他们实在无所谓正义与否了。呀！这样，正义岂不已经沦亡了？却又不然。须知我只说“面前”是无正义的，“背后”的正义却幸而还保留着。社会的维持，大部分或者就靠着这背后的正义罢。但是背后的正义，力量究竟是有限的，因为隔开一层，不由得就单弱了。一个为富不仁的人，背后虽然免不了人们的指谪，面前却只有恭敬。一个华服翩翩的人，犯了违警律，就是警察也要让他五分。这就是我们的正义了！我们的正义百分之九十九是在背后的，而在极亲近的人间，有时连这个背后的正义也没有！因为太亲近了，什么也可以原谅了，什么也可以马虎了，正义就任怎么弯曲也可以了。背后的正义只有存生疏的人们间。生疏的`人们间，没有什么密切的关系，自然可以用上正义这个幌子。至于一定要到背后才叫出正义来，那全是为了情面的缘故。情面的根柢大概也是一种同情，一种廉价的同情。现在的人们只喜欢廉价的东西，在正义与情面两者中，就尽先取了情面，而将正义放在背后。在极亲近的人间，情面的优先权到了最大限度，正义就几乎等于零，就是在背后也没有了。背后的正义虽也有相当的力量，但是比起面前的正义就大大的不同，启发与戒惧的功能都如搀了水的薄薄的牛乳似的——于是仍旧只算是一个弯曲的影儿。在这些人里，我更见不着正义！

人间的正义究竟是在哪里呢？满藏在我们心里！为什么不取出来呢？它没有优先权！在我们心里，第一个尖儿是自私，其余就是威权、势力、亲疏、情面等等；等到这些角色一一演毕，才轮得到我们可怜的正义。你想，时候已经晚了，它还有出台的机会么？没有！所以你要正义出台，你就得排除一切，让它做第一个尖儿。你得凭着它自己的名字叫它出台。你还得抖擞精神，准备一副好身手，因为它是初出台的角儿，捣乱的人必多，你得准备着打——不打不成相识呀！打得站住了脚携住了手，那时我们就能从容的瞻仰正义的面目了。

1924 年 5 月 14 日作。

【注释】

[1] 课文选自《朱自清散文》（浙江文艺出版社，2019 年第 1 版）。文章最初载于《我们的七月》。

【课文简解】

朱自清先生开篇提出正义在哪里，然后阐述正义在人的心里，而不是挂在嘴边，正义是现实中敢于抗争，不能屈从于物质，畏惧权威、长辈、亲疏、关系和名家，要让正义得以实施，必须排除威权、势力、亲疏、情面等，还要有力量斗争。

论正义[1]

季羡林

季羡林(1911—2009),字希逋,又字齐奘,山东省聊城市临清人。他在中国文学、比较文学、文艺理论研究等方面造诣丰厚,与饶宗颐并称为“南饶北季”,其著作有《季羡林文集》。

我先说一件小事情:我到德国以后,不久就定居在一个小城里,住在一座临街的三层楼上。街上平常很寂静,几乎一点声音都没有,只有一排树寂寞地站在那里。但有一天的下午,下面街上却有了骚动。我从窗子里往下一看,原来是两个孩子在打架。一个大约有十四五岁,另外一个顶多也不过八九岁,两个孩子平立着,小孩子的头只达到大孩子的胸部。无论谁也一看就知道,这两个孩子真是势力悬殊,不是对手。果然刚一交手,小孩子已经被打倒在地上,大孩子就骑在他身上,前面是一团散乱的金发,背后是两只舞动着的穿了短裤的腿,大孩子的身躯仿佛一座山似的镇在中间。清脆的手掌打到脸上的声音就拂过繁茂的树枝飘上楼来。

几分钟后,大孩子似乎打得疲倦了,就站了起来,小孩子也随着站起来。大孩子忽然放声大笑,这当然是胜利的笑声。但小孩子也不甘示弱,他也大笑起来,笑声超过了大孩子。

这似乎又伤了大孩子的自尊心,跳上去,一把抓住小孩子的金发,把他按在地上,自己又骑他身上。面前仍然又是一团散乱的金发,背后是两只舞动的腿。清脆的手掌打到脸上的声音又拂过繁茂的树枝飘上楼来。

这时观众愈来愈多,大半都是大人,有的把自行车放在路边也来观战,战场四周围满了人。但却没有一个人来劝解。等大孩子第二次站起来再放声大笑的时候,小孩子虽然还勉强奉陪;但眼睛里却已经充满了泪。他仿佛是一只遇到狼的小羊,用哀求的目光看周围的人;但看到的却是一张张含有轻蔑讥讽的脸。他知道从他们那里绝对得不到援助了。抬头猛然看到一辆自行车上有打气的铁管,他跑过去,把铁管抢在手里,预备回来再战。但在这时候却有见义勇为的人们出来干涉了。他们从他手里把铁管夺走,把他申斥了一顿,说他没有勇气,大孩子手里没有武器,他也不许用。结果他又被大孩子按在地上。

我开头就注意到住在对面的一位胖太太在用水擦窗子上的玻璃。大战剧烈的时候,我就把她忘记了。其间她做了些什么事情,我丝毫没看到。等小孩子第三次被按到地上,我正在注视着抓在大孩子手里的小孩子的散乱的金发和在大孩子背后舞动着的双腿,蓦地有一条白光从对面窗子里流出来,我连吃惊都没来得及,再一看,两个孩子身上已经满了水,观众也有的沾了光。大孩子立刻就起来,抖掉身上的水,小孩子也跟着爬起来,用手不停地摸头,想把水挤出来。大孩子笑了两声,小孩子也放声狂笑。观众也都大笑着,走散了。

我开头就说到这是一件小事情，但我十几年来多少大事情都忘记了，却偏不能忘记这小事情，而且有时候还从这小事情想了开去，想到许多国家大事。日本占领东北的时候，我正在北平的一个大学里做学生。当时政府对日本一点办法都没有，尽管学生怎样请愿，怎样卧轨绝食，政府却只能搪塞。无论嘴上说得多强硬，事实上却把一切希望都放在国际联盟上，梦想欧美强国能挺身出来主持“正义”。我当时虽然对政府的举措一点都不满意；但我也很天真地相信世界上有“正义”这一种东西，而且是可以由人来主持的。我其实并没有思索，究竟什么是“正义”，我只是直觉地觉得这东西很是具体，一点也不抽象神秘。这东西既然有，有人来主持也自然是应当的。中国是弱国，日本是强国，以强国欺侮弱国，我们虽然丢了几省的地方，但有谁会说“正义”不是在我们这边呢？当然会有人替我们出来说话了。

但我很失望，我们的政府也同样失望。我当然很愤慨，觉得欧美列强太不够朋友，明知道“正义”是在我们这边，却只顾打算自己的利害，不来帮忙。我想我们的政府当道诸公也大概有同样的想法，而且一直到现在，事情已经过去十几年了，他们还似乎没有改变想法，他们对所谓“正义”还没有失掉信心。虽然屡次希望别人出来主持“正义”而碰了钉子，他们还仍然在那里做梦，梦到在虚无缥缈的神山那里有那么一件东西叫作“正义”。最近大连问题就是个好例子。

对政府这种坚忍不拔的精神和毅力，我非常佩服。但我更佩服的是政府诸公的固执。我自己现在却似乎比以前聪明点了，我现在已经确切知道了，世界上，除了在中国人的心里以外，并没有“正义”这一种东西，我仿佛学佛的人蓦地悟到最高的智慧，心里的快乐没有法子形容。让我得到这样一个奇迹似的“顿悟”的，就是上面说的那一件小事情。

那一件小事情虽然发生在德国，但从那里演绎出来的教训却对欧美各国都适用。说明白点就是，欧美各国所崇拜的都是强者，他们只对强者有同情，物质方面的强同精神方面的强都一样，而且他们也不管这“强”是怎样造成的。譬如上面说到的那两个孩子，大孩子明明比小孩子大很多岁，身体也高得多，力量当然也强。相形之下，小孩子当然是弱小者，而且对这弱小他自己一点都不能负责任；但德国人却不管这许多。只要大孩子能把小孩子打倒，在他们眼里，大孩子就成了英雄。他们能容许一个大孩子打一个小孩子；但却不容许小孩子利用武器，这是不是因为他们认为倘用武器就不算好汉？或者认为这样就不 fairplay？这一点我还不十分清楚。

我不是哲学家，但我却想这样谈一个有点近于哲学的问题，我想把上面说的话引申一下，来谈一谈欧洲文明的特点。据我看欧洲文明一个最显著的特点就是力的崇拜，身体的力和智慧的力都在内。这当然不自今日始，在很早的时候，他们已经有了这个倾向，所以他们要征服自然，要到各处去探险，要做别人不敢做的事情。在中世纪的时候，一个法官判决一个罪犯，倘若罪犯不服，他不必像现在这样麻烦，要请律师上诉，他只要求同法官决斗，倘若他胜了，一切判决就都失掉了效用。现在罪犯虽然不允许同法官决斗了；但决斗的风气仍然流行在民间。一提到决斗，他们千余年来制定的很完整的法律就再没有说话的权利，代替法律的是手枪利剑。另外还可以从一件小事情上看出这种倾向。在德国骂人，倘若应用我们的“国骂”，即便是从妈开始一直骂到三十六代的祖宗，他们也只摇摇头，一点不了解。倘若骂他们是猪、是狗，他们也许会红脸。但倘若骂他们是懦夫，他们立刻就会跳起来同你拼命。可见他们认为没有勇气，没有力量是最可耻的事情。反过来说，无论谁，只要有勇气，有力量，他们就崇拜，根本不问这勇气这力量用得是不是合理。谁有力量，“正义”就在谁那里。力量就等于“正义”。

我以前每次读俄国历史，总有那一个问题：为什么那几个比较软弱而温和的皇帝都给人民杀掉，而那几个刚猛暴戾而残酷的皇帝，虽然当时人民怕他们，或者甚至恨他们，然而时代一过就成了人民崇拜的对象？最好的例子就是伊凡四世。他当时残暴无道，拿杀人当儿戏，是一个在心理和生理方面都不正常的人。所以人民给他送了一个外号叫作“可怕的伊凡”。可见当时人民对他的感情并不怎样好。但时间一久，这坏感情全变了，民间产生了许多歌来歌咏甚至赞美这“可怕的伊凡”。在这些歌里，他已经不是“可怕的”，而是为人民所爱戴的人物了。这情形并不限于俄国，在别的地方也可以遇到。譬如希特勒，在他生前固然为人民所爱戴拥护，当他把整个的德国带向毁灭，自己也毁灭了以后，成千万的人没有房子住，没有东西吃；几百年以来宏伟的建筑都烧成了断瓦颓垣；一切文化精华都荡然无存；论理德国人应该怎样恨他，但事实却正相反，我简直没有遇到多少真正恨他的人，这不是有点不可解么？但倘若我们从上面说到的观点来看，就会觉得这一点都不奇怪了，可怕的伊凡更可怕的希特勒都是强者，都有力量，力量就等于“正义”。

回来再看我们中国，就立刻可以看出来，我们对“正义”的看法同欧洲人不大相同。我虽然在任何书里还没有找到关于“正义”的定义；但一般人却对“正义”都有一个不成文法的共同看法，只要有正义感的人绝不许一个十四五岁的大孩子打一个八九岁的小孩子。在小说里我们常看到一个豪杰或剑客走遍天下，专打抱不平，替弱者帮忙。虽然一般人未必都能做到这一步；但却没有人不崇拜这样的英雄。中国人因为世故太深，所以弄到“各扫门前雪，不管他人瓦上霜”，有时候不敢公然出来替一个弱者说话；但他们心里却仍然给弱者表同情。这就是他们的正义感。

这正义感当然是好的；但可惜时代变了，我们被拖到现代的以白人为中心的世界舞台上去，又适逢我们自己泄气，处处受人欺侮。我们自己承认是弱者，希望强者能主持“正义”来帮我们的忙。却没有注意，我们心里的“正义”同别人的“正义”完全不是一回事，我们自己虽然觉得“正义”就在我们这里；但在别人眼里，我们却只是可怜的丑角，低能儿。欧美人之所以不帮助我们，并不像我们普通想到的，这是他们的国策。事实上他们看了我们这种委委琐琐不争气的样子，从心里感到厌恶。一个敢打欧美人耳光的中国人在欧美心目中的地位比一个只会向他们谄笑鞠躬的高等华人高得多。只有这种人他们才从心里佩服。可惜我们中国人很少有勇气打一个外国人的耳光，只会谄笑鞠躬，虽然心被填满了“正义”，也一点用都没有。仍然是左碰一个钉子，右碰一个钉子，一直碰到现在，还有人在那里做梦，梦到在虚无缥缈的神山那里有那么一件东西叫作“正义”。

我希望我们赶快从这梦里走出来。

一九四八年四月十六日

【注释】

[1] 选文是季羡林先生1948年在北平时所写。

【课文简解】

作者以自己在德国看到孩童打架联想到一战后,日本占领中国,中国找国联申诉的历史事件。作者进一步分析西方文化里没有正义可言,他们推崇的是"强力",中国是把正义装在心里,或是书本上,总是希望别人能主持正义,使自己成为被可怜的对象。作者认为正义的实现,需要自身的强大。

单元练习

一、配乐朗诵《正气歌》。

二、中国古代文学作品中的正义观念的基础是什么?

三、中国古代文学作品中的正义观念是什么?

四、中国古代文学作品中的正气观念是什么?

五、当代大学生如何看待武侠小说里的侠义思想?

第十二单元　美丽人生

“诗意地栖居”，源自德国19世纪浪漫派诗人荷尔德林的一首诗：“人应该诗意地栖居在大地上”。是的，诗意地栖居是人所追求，它体现人对内在精神与物质的渴求。

现实生活中有铁路、柏油马路、水泥路、土路，有些地方甚至没有路。每个人在人生路上行走时，各有不同的选择，选择好走的路，是人所共愿。

人来到世界，是为了感受生活、享受生活的。在路上行走，不仅仅是为了走得方便、走得顺，更重要的是体会在人生路上的感受。“年年岁岁花相似，岁岁年年人不同”。每一年，每一段路，春花秋月各异，夏雨冬雪别样。我们在走这条人生路的时候不能总是低头，或总是昂首阔步、目不斜视……遇到志同道合者，可以抵足共宇；遇到心灵相通者，可以携手漫步；遇到负重担责者，助一臂之力；遇到老弱残病者，施与温情关怀……

快乐与苦难是人生路上不可或缺的，缺少了其中之一，似乎人生都不那么完美。我们经常感叹快乐太短暂，苦难太长久。没有谁想与苦难陪伴，都想拥有快乐的人生，但没有苦难的付出，得到的快乐也是瞬间而已。回头看走过的路，耕耘过的路总是留下深刻的脚印，轻快走过地方，如春梦无痕，终究是索然无味。人生是苦难与快乐的交织，快乐时，我们享受眼前所有；困惑时，我们去争取、抗争，在奋斗中释然，翻越过去最好，退一步说，中途无路，也无愧于己。未来人生的苦难有多少，我们不知道，苦难越少越好，但如果苦难多了，就需要我们用强大的内心去面对，需要我们在人生之初就在心中充实美丽的“诗意”和坚强的意志。

美丽的人生是奋斗的人生、奉献的人生，是内心充实的人生，是审美愉悦的人生。

第十二章节 美丽人生

子路、曾皙、冉有、公西华侍坐[1]

孔子在政治上主张“仁政”，实施“礼治”，“教化”于民，《论语》记录并阐述了孔子的这一思想和主张。

子路[2]、曾皙[3]、冉有[4]、公西华[5]侍坐。子曰：“以吾一日长乎尔，毋吾以也。居则曰‘不吾知也！’如或知尔，则何以哉？”子路率尔而对曰：“千乘之国，摄乎大国之间，加之以师旅，因之以饥馑，由也为之，比及三年，可使有勇，且知方也。”夫子哂之。“求，尔何如？”对曰：“方六七十，如五六十，求也为之，比及三年，可使足民。如其礼乐，以俟君子。”“赤！尔何如？”对曰：“非曰能之，愿学焉。宗庙之事，如会同，端[6]章甫[7]，愿为小相[8]焉。”“点，尔何如？”鼓瑟希[9]，铿尔，舍瑟而作，对曰：“异乎三子者之撰。”子曰：“何伤乎？亦各言其志也。”曰：“莫春[10]者，春服既成，冠者五六人，童子六七人，浴乎沂，风乎舞雩[11]，咏而归。”夫子喟然叹曰：“吾与点也！”三子者出，曾皙后。曾皙曰：“夫三子者之言何如？”子曰：“亦各言其志也已矣。”曰：“夫子何哂由也？”曰：“为国以礼，其言不让，是故哂之。”“唯求则非邦也与？”“安见方六七十如五六十而非邦也者？”“唯赤则非邦也与？”“宗庙会同，非诸侯而何？赤也为之小，孰能为之大？”

【注释】

[1]《子路、曾皙、冉有、公西华侍坐》选自《论语·先进》篇，标题为后人所加。

[2] 子路：姓仲名由，字子路，即文中的“由”。

[3] 曾皙：名点，字子皙，即文中的“点”。

[4] 冉有：姓冉，名求，字子有，即文中的“求”。

[5] 公西华：姓公西，名赤，字子华，即文中的“赤”。

[6] 端：古代的一种礼服。

[7] 章甫：古代的一种礼帽，这里作动词。

[8] 相：在祭祀、会盟或朝见天子时主持赞礼和司仪的人。

[9] 希：同“稀”，稀疏，这里指鼓瑟的声音已接近尾声。

[10] 莫春：莫，通“暮”。

[11] 雩（yú）：地名，原是祭天求雨的地方，在今山东曲阜。

【课文简解】

文章写的是孔子与四个弟子谈自己的人生志向。在孔子看来，子路“武力”治国；冉有治国六七十里，公西华的理想是在诸侯国从事宗庙会同等，三个人都是谈“为政”理想。曾皙的理想是礼乐教化下人们怡然自得的生活，体现了孔子礼乐教化思想。

黄州新建小竹楼记[1]

王禹偁

王禹偁(954—1001),字元之,济州巨野(今山东巨野)人,北宋时期文学家,因直言讽谏,屡受贬谪。他晚岁被贬黄州,故世称“王黄州”,著有《小畜集》《小畜集外集》。

黄冈之地多竹,大者如椽。竹工破之,刳[2]去其节,用代陶瓦,比屋皆然,以其价廉而工省也。子城西北隅,雉堞圮毁[3],蓁莽荒秽,因作小楼二间,与月波楼通。远吞山光,平挹[4]江濑,幽阒[5]辽夐[6],不可具状。夏宜急雨,有瀑布声;冬宜密雪,有碎玉声。宜鼓琴,琴调虚畅;宜咏诗,诗韵清绝;宜围棋,子声丁丁[7]然;宜投壶,矢声铮铮然:皆竹楼之所助也。

公退之暇,披鹤氅衣[8],戴华阳巾,手执《周易》一卷,焚香默坐,销遣世虑。江山之外,第见风帆沙鸟、烟云竹树而已。待其酒力醒,茶烟歇,送夕阳,迎素月,亦谪居之胜概也。彼齐云、落星,高则高矣!井干、丽谯[9],华则华矣!止于贮妓女,藏歌舞,非骚人之事,吾所不取。

吾闻竹工云:“竹之为瓦,仅十稔[10],若重覆之,得二十稔。”噫!吾以至道乙未岁,自翰林出滁上;丙申,移广陵;丁酉,又入西掖[11]。戊戌岁除日有齐安之命,己亥闰三月到郡。四年之间,奔走不暇;未知明年又在何处!岂惧竹楼之易朽乎?幸后之人与我同志,嗣而葺之,庶斯楼之不朽也。

咸平二年八月十五日记。

【注释】

[1] 宋真宗咸平元年(998年),王禹偁因为修《太宗实录》得罪了宰相,被贬为黄州刺史;次年三月二十七日到达任所,不久修建竹楼两间,同年八月十五日作文以记之。

[2] 刳(kū):削剔,挖空。

[3] 雉堞(dié)圮(pǐ)毁:城上的矮墙倒塌毁坏。雉堞:城上的矮墙。

[4] 挹(yì):汲取,文章指望见。

[5] 幽阒(qù):清幽静寂。

[6] 辽夐(xiòng):辽阔。

[7] 丁丁(zhēng):形容棋子敲击棋盘时发出的清脆悠远之声。

[8] 鹤氅(chǎng)衣:用鸟羽制的披风。

[9] 丽谯(qiáo):与“井干”均为古代名楼。

[10] 稔(rěn):谷子一熟叫作一稔,引申指一年。

[11] 西掖(yè):中书省。

【课文简解】

《黄州新建小竹楼记》是王禹偁被贬为黄州刺史时所作的一篇散文。作者开篇讲述竹楼建造起因；作者居住其间幽静，雨雪之季，可在竹楼听听雨雪碎玉瀑布之声，可操琴吟咏。最后写作者公暇之余在竹楼焚香默坐，消遣。文章通过描绘竹楼的特点和作者寓居竹楼所领略到的独特风光和雅趣，集中表现了作者遭贬后怅惘落寞、茫然无奈而又不甘沉沦、刚正不阿的复杂感情。

湖心亭看雪[1]

张　岱

张岱(1597—1680),又名维城,字宗子,又字石公,号陶庵、天孙,别号蝶庵居士,晚号六休居士,山阴(今浙江省绍兴市)人,晚明文学家、史学家。他精于小品文,工诗词,是公认成就最高的明代文学家之一。代表作有《西湖七月半》《湖心亭看雪》,著有《陶庵梦忆》等。

崇祯五年十二月,余住西湖。大雪三日,湖中人鸟声俱绝。是日,更定矣,余拏一小舟,拥毳衣[2]炉火,独往湖心亭看雪。雾凇沆砀[3],天与云与山与水,上下一白。湖上影子,惟长堤一痕,湖心亭一点,与余舟一芥,舟中人两三粒而已。

到亭上,有两人铺毡对坐,一童子烧酒,炉正沸。见余大喜曰:“湖中焉得更有此人?”拉余同饮。余强饮三大白而别。问其姓氏,是金陵人,客此。及下船,舟子喃喃曰:“莫说相公痴,更有痴似相公者!”

【注释】

[1]《湖心亭看雪》是明末清初文学家张岱的代表作,选自《陶庵梦忆·卷三》。

[2] 拥毳(cuì)衣:毳,鸟兽的细毛。

[3] 沆砀:白气弥漫的样子。

【课文简解】

文章描述作者在大雪之日到杭州西湖湖心亭看雪的经过,描述了雪中西湖幽静深远、洁白广阔的景色,表现作者遗世独立、卓然不群的高雅情趣,作者用了对比的手法描述对生活情趣美的欣赏与享受,表达了作者不与世俗同流合污、不随波逐流的品质以及远离世俗、孤芳自赏的情怀。

闺房记乐[1]（节选）

沈　复

沈复（1763—1825），字三白，号梅逸、长洲，清代文学家。他出身于幕僚家庭，没有参加过科举考试，因遭家庭变故，旅居外地，历经坎坷，以卖画维持生计。著有自传体散文《浮生六记》。

友人鲁半舫，名璋，字春山，善写松柏及梅菊，工隶书，兼工铁笔。余寄居其家之萧爽楼一年有半。楼共五椽，东向，余居其三，晦明风雨，可以远眺。庭中有木犀一株，清香撩人。有廊有厢，地极幽静。移居时，有一仆一妪，并挈其小女来。仆能成衣，妪能纺绩，于是芸绣，妪绩，仆则成衣，以供薪水。余素爱客，小酌必行令。芸善不费之烹庖，瓜蔬鱼虾，一经芸手，便有意外味。同人知余贫，每出杖头钱，作竟日叙。余又好洁，地无纤尘，且无拘束，不嫌放纵。时有杨补凡，名昌绪，善人物写真；袁少迂，名沛，工山水；王星澜，名岩，工花卉翎毛，爱萧爽楼幽雅，皆携画具来。余则从之学画，写草篆，镌图章，加以润笔，交芸备茶酒供客，终日品诗论画而已。更有夏淡安、揖山两昆季，并缪山音、知白两昆季，及蒋韵香、陆橘香、周啸霞、郭小愚，华杏帆、张闲憨诸君子，如梁上之燕，自去自来。芸则拔钗沽酒，不动声色，良辰美景，不放轻过。今则天各一方，风流云散，兼之玉碎香埋，不堪回首矣！

萧爽楼有四忌：谈官宦升迁、公廨时事、八股时文、看牌掷色，有犯必罚酒五斤。有四取：慷慨豪爽、风流蕴藉、落拓不羁、澄静缄默。长夏无事，考对为会，每会八人，每人各携青蚨二百。先拈阄，得第一者为主者，关防别座，第二者为誊录，亦就座，余作举子，各于誊录处取纸一条，盖用印章。主考出五七言各一句，刻香为限，行立构思，不准交头私语，对就后投入一匣，方许就座。各人交卷毕，誊录启匣，并录一册，转呈主考，以杜徇私。十二对中取七言三联，五言三联。六联中取第一者即为后任主考，第二者为誊录，每人有两联不取者，罚钱二十文，取一联者免罚十文，过限者倍罚。一场，主考得香钱百文。一日可十场，积钱千文，酒资大畅矣。惟芸议为官卷，准坐而构思。

杨补凡为余夫妇写载花小影，神情确肖。是夜月色颇佳，兰影上粉墙，别有幽致，星澜醉后兴发曰："补凡能为君写真，我能为花图影。"余笑曰："花影能如人影否？"星澜取素纸铺于墙，即就兰影，用墨浓淡图之。日间取视，虽不成画，而花叶萧疏，自有月下之趣。芸宝之，各有题咏。

苏城有南园、北园三处，菜花黄时，苦无酒家小饮。携榼而往，对花冷饮，殊无意味。或议就近觅饮者，或议看花归饮者，终不如对花热饮为快。众议未定。芸笑曰："明日但各出杖头钱，我自担炉火来。"众笑曰："诺。"众去，余问曰："卿果自往乎？"芸曰："非也，妾见市中卖馄饨者，其担锅灶无不备，盍雇之而往？妾先烹调端整，到彼处再一下锅，茶酒两便。"

余曰："酒菜固便矣，茶乏烹具。"芸曰："携一砂罐去，以铁叉串罐柄，去其锅，悬于行灶中，加柴火煎茶，不亦便乎？"余鼓掌称善。街头有鲍姓者，卖馄饨为业，以百钱雇其担，约以明日午后，鲍欣然允议。

明日看花者至，余告以故，众咸叹服。饭后同往，并带席垫至南园，择柳阴下团坐。先烹茗，饮毕，然后暖酒烹肴。是时风和日丽，遍地黄金，青衫红袖，越阡度陌，蝶蜂乱飞，令人不饮自醉。既而酒肴俱熟，坐地大嚼，担者颇不俗，拉与同饮。游人见之莫不羡为奇想。杯盘狼藉，各已陶然，或坐或卧，或歌或啸。红日将颓，余思粥，担者即为买米煮之，果腹而归。芸曰："今日之游乐乎？"众曰："非夫人之力不及此。"大笑而散。

【注释】

[1]《闺房记乐》是《浮生六记》的第一卷。《浮生六记》是清代文学家沈复的一部自传体散文，共六卷，每卷皆有小题，分别是：第一卷《闺房记乐》；第二卷《闲情记趣》；第三卷《坎坷记愁》；第四卷《浪游记快》；第五卷《中山记历》（已佚）；第六卷《养生记道》（已佚）。

【课文简解】

《大公报》曾有语云："凡治中国文学者，鲜有不读沈三白的《浮生六记》的。"作者沈复在《浮生六记》中记叙了夫妻家居生活和各地游历见闻。本篇节选记述了沈复夫妻与友人品诗作画的淡雅生活，以及出城游园赏花饮酒的乐趣。沈复描述妻子心灵手巧，使其生活诗情画意，虽穷而不苦，表达对妻子的怀念。

雅　舍[1]

梁实秋

梁实秋（1903—1987），原名梁治华，字实秋，祖籍浙江杭县，生于北京，中国著名的现当代文学家。梁实秋的创作以散文小品著称，风格朴实隽永，有幽默感，以《雅舍小品》为其代表作。

到四川来，觉得此地人建造房屋最是经济。火烧过的砖，常常用来做柱子，孤零零的砌起四根砖柱，上面盖上一个木头架子，看上去瘦骨嶙嶙，单薄得可怜；但是顶上铺了瓦，四面编了竹篦墙，墙上敷了泥灰，远远的看过去，没有人能说不像是座房子。我现在住的"雅舍"正是这栏一座典型的房子。不消说，这房子有砖柱，有竹篦墙，一切特点都应有尽有。

讲到住房，我的经验不算少，什么"上支下摘""前廊后厦""一楼一底""三上三下""亭子间""茅草棚""琼楼玉宇"和"摩天大厦"，各式各样，我都尝试过。我不论住在哪里，只要住得稍久，对那房子便发生感情，非不得已我还舍不得搬。这"雅舍"，我初来时仅求其能蔽风雨，并不敢存奢望，现在住了两个多月，我的好感油然而生。虽然我已渐渐感觉它是并不能蔽风雨，因为有窗而无玻璃，风来则洞若凉亭，有瓦而空隙不少，雨来则渗如滴漏。纵然不能蔽风雨，"雅舍"还是自有它的个性。有个性就可爱。

"雅舍"的位置在半山腰，下距马路约有七八十层的土阶。前面是阡陌螺旋的稻田。再远望过去是几抹葱翠的远山，旁边有高粱地，有竹林，有水池，有粪坑，后面是荒僻的榛莽未除的土山坡。若说地点荒凉，则月明之夕，或风雨之日，亦常有客到，大抵好友不嫌路远，路远乃见情谊。客来则先爬几十级的土阶，进得屋来仍须上坡，因为屋内地板乃依山势而铺，一面高，一面低，坡度甚大，客来无不惊叹，我则久而安之，每日由书房走到饭厅是上坡，饭后鼓腹而出是下坡，亦不觉有大不便处。

"雅舍"共是六间，我居其二。篦墙不固，门窗不严，故我与邻人彼此均可互通声息。邻人轰饮作乐，咿唔诗章，喁喁细语，以及鼾声，喷嚏声，吮汤声，撕纸声，脱皮鞋声，均随时由门窗户壁的隙处荡漾而来，破我岑寂。入夜则鼠子瞰灯，才一合眼，鼠子便自由行动，或搬核桃在地板上顺坡而下，或吸灯油而推翻烛台，或攀缘而上帐顶，或在门框棹脚上磨牙，使得人不得安枕。但是对于鼠子，我很惭愧地承认，我"没有法子"。"没有法子"一语是被外国人常常引用着的，以为这话最足代表中国人的懒惰隐忍的态度。其实我的对付鼠子并不懒惰。窗上糊纸，纸一戳就破；门户关紧，而相鼠有牙，一阵咬便是一个洞洞。试问还有什么法子？洋鬼子住到"雅舍"里，不也是"没有法子"？比鼠子更骚扰的是蚊子。"雅舍"的蚊风之盛，是我前所未见的。"聚蚊成雷"真有其事！每当黄昏时候，满屋里磕头碰脑的全是蚊子，又黑又大，骨骼都像是硬的。在别处蚊子早已肃清的时候，在"雅舍"则格外猖獗，来客偶不留心，则两腿伤处累累隆起如玉蜀黍，但是我仍安之。冬天一到，蚊子自然绝迹，明年夏天——谁知道我还是否住在“雅舍”！

“雅舍”最宜月夜——地势较高，得月较先。看山头吐月，红盘乍涌，一霎间，清光四射，天空皎洁，四野无声，微闻犬吠，坐客无不悄然！舍前有两株梨树，等到月升中天，清光从树间筛洒而下，地上阴影斑斓，此时尤为幽绝。直到兴阑人散，归房就寝，月光仍然逼进窗来，助我凄凉。细雨蒙蒙之际，“雅舍”亦复有趣。推窗展望，俨然米氏章法，若云若雾，一片弥漫。但若大雨滂沱，我就又惶悚不安了，屋顶湿印到处都有，起初如碗大，俄而扩大如盆，继则滴水乃不绝，终乃屋顶灰泥突然崩裂，如奇葩初绽，砉然一声而泥水下注，此刻满室狼藉，抢救无及。此种经验，已数见不鲜。

“雅舍”之陈设，只当得简朴二字，但洒扫拂拭，不使有纤尘。我非显要，故名公巨卿之照片不得入我室；我非牙医，故无博士文凭张挂壁间；我不业理发，故丝织西湖十景以及电影明星之照片亦均不能张我四壁。我有一几一椅一榻，酣睡写读，均已有着，我亦不复他求。但是陈设虽简，我却喜欢翻新布置。西人常常讥笑妇人喜欢变更桌椅位置，以为这是妇人天性喜变之一征。诬否且不论，我是喜欢改变的。中国旧式家庭，陈设千篇一律，正厅上是一条案，前面一张八仙桌，一旁一把靠椅，两旁是两把靠椅夹一只茶几。我以为陈设宜求疏落参差之致，最忌排偶。“雅舍”所有，毫无新奇，但一物一事之安排布置俱不从俗。人入我室，即知此是我室。笠翁《闲情偶寄》之所论，正合我意。

“雅舍”非我所有，我仅是房客之一。但思“天地者万物之逆旅”，人生本来如寄，我住“雅舍”一日，“雅舍”即一日为我所有。即使此一日亦不能算是我有，至少此一日“雅舍”所能给予之苦辣酸甜，我实躬受亲尝。刘克庄词：“客里似家家似寄。”我此时此刻卜居“雅舍”，“雅舍”即似我家。其实似家似寄，我亦分辨不清。

长日无俚，写作自遣，随想随写，不拘篇章，冠以“雅舍小品”四字，以示写作所在，且志因缘。

【注释】

[1]《雅舍》写于1940年，是梁实秋的散文集《雅舍小品》的开篇。雅舍位于重庆北碚城区内。抗战时期，梁实秋来北碚定居，1939年5月年同吴景超夫妇共同在主湾山腰购得一栋平房，以景超妻龚业雅之名，命名为“雅舍”，梁实秋在雅舍寓居7年，创作雅舍小品20篇。

【课文简解】

《雅舍》写于抗日战争时期，梁实秋离开北平，来到条件艰苦的陪都重庆。这是一篇托物言志的散文，作者将居住的陋室调侃为“雅舍”，通过对“雅舍”的建筑方式、地理位置、内部陈设以及作者在其中居住的种种生活困扰，含蓄地表达了作者忘怀得失、甘居淡泊的心志。全文语言典雅清朗而又富于幽默感，言语淡雅。

清塘荷韵 [1]

季羡林

季羡林作为文学家，一生笔耕不辍，创作了许多优美的散文，著有散文集《天竺心影》《朗润集》《留德十年》《牛棚杂忆》《季羡林论人生》《病榻杂记》等。

楼前有清塘数亩。记得三十多年前初搬来时，池塘里好像是有荷花的，我的记忆里还残留着一些绿叶红花的碎影。后来时移事迁，岁月流逝，池塘里却变得“半亩方塘一鉴开，天光云影共徘徊”，再也不见什么荷花了。

我脑袋里保留的旧的思想意识颇多，每一次望到空荡荡的池塘，总觉得好像缺点什么。这不符合我的审美观念。有池塘就应当有点绿的东西，哪怕是芦苇呢，也比什么都没有强。最好的最理想的当然是荷花。中国旧的诗文中，描写荷花的简直是太多太多了。周敦颐的《爱莲说》读书人不知道的恐怕是绝无仅有的。他那一句有名的“香远益清”是脍炙人口的。几乎可以说，中国人没有不爱荷花的。可我们楼前池塘中独独缺少荷花。每次看到或想到，总觉得是一块心病。

有人从湖北来，带来了洪湖的几颗莲子，外壳呈黑色，极硬。据说，如果埋在淤泥中，能够千年不烂。因此，我用铁锤在莲子上砸开了一条缝，让莲芽能够破壳而出，不至永远埋在泥中。这都是一些主观的愿望，莲芽能不能长出，都是极大的未知数。反正我总算是尽了人事，把五六颗敲破的莲子投入池塘中，下面就是听天由命了。

这样一来，我每天就多了一件工作：到池塘边上去看上几次。心里总是希望，忽然有一天，“小荷才露尖尖角”，有翠绿的莲叶长出水面。可是，事与愿违，投下去的第一年，一直到秋凉落叶，水面上也没有出现什么东西。经过了寂寞的冬天，到了第二年，春水盈塘，绿柳垂丝，一片旖旎 [2] 的风光。可是，我翘盼的水面上却仍然没有露出什么荷叶。此时我已经完全灰了心，以为那几颗湖北带来的硬壳莲子，由于无法解释的原因，大概不会再有长出荷花的希望了。我的目光无法把荷叶从淤泥中吸出。

但是，到了第三年，却忽然出了奇迹。有一天，我忽然发现，在我投莲子的地方长出了几个圆圆的绿叶，

虽然颜色极惹人喜爱，但是却细弱单薄，可怜兮兮地平卧在水面上，像水浮莲的叶子一样。而且最初只长出了五六个叶片。我总嫌这有点太少，总希望多长出几片来。于是，我盼星星，盼月亮，天天到池塘边上去观望。有校外的农民来捞水草，我总请求他们手下留情，不要碰断叶片。但是经过了漫漫的长夏，凄清的秋天又降临人间，池塘里浮动的仍然只是孤零零的那五六个叶片。对我来说，这又是一个虽微有希望但究竟仍是令人灰心的一年。

真正的奇迹出现在第四年上。严冬一过，池塘里又溢满了春水。到了一般荷花长叶的

时候，在去年飘浮着五六个叶片的地方，一夜之间，突然长出了一大片绿叶，而且看来荷花在严冬的冰下并没有停止行动，因为在离开原有五六个叶片的那块基地比较远的池塘中心，也长出了叶片。叶片扩张的速度，扩张范围的扩大，都是惊人地快。几天之内，池塘内不小一部分，已经全为绿叶所覆盖。而且原来平卧在水面上的像是水浮莲一样的叶片，不知道是从哪里积蓄了力量，有一些竟然跃出了水面，长成了亭亭的荷叶。原来我心中还迟迟疑疑，怕池中长的是水浮莲，而不是真正的荷花。这样一来，我心中的疑云一扫而光：池塘中生长的真正是洪湖莲花的子孙了。我心中狂喜，这几年总算是没有白等。

天地萌生万物，对包括人在内的动植物等有生命的东西，总是赋予一种极其惊人的求生存的力量和极其惊人的扩展蔓延的力量，这种力量大到无法抗御。只要你肯费力来观察一下，就必然会承认这一点。现在摆在我面前的就是我楼前池塘里的荷花。自从几个勇敢的叶片跃出水面以后，许多叶片接踵而至。一夜之间，就出来了几十枝，而且迅速地扩散、蔓延。不到十几天的工夫，荷叶已经蔓延得遮蔽了半个池塘。从我撒种的地方出发，向东西南北四面扩展。我无法知道，荷花是怎样在深水中淤泥里走动。反正从露出水面荷叶来看，每天至少要走半尺的距离，才能形成眼前这个局面。

光长荷叶，当然是不能满足的。荷花接踵而至，而且据了解荷花的行家说，我门前池塘里的荷花，同燕园其他池塘里的，都不一样。其他地方的荷花，颜色浅红；而我这里的荷花，不但红色浓，而且花瓣多，每一朵花能开出十六个复瓣，看上去当然就与众不同了。这些红艳耀目的荷花，高高地凌驾于莲叶之上，迎风弄姿，似乎在睥睨[3]一切。幼时读旧诗："毕竟西湖六月中，风光不与四时同。接天莲叶无穷碧，映日荷花别样红。"爱其诗句之美，深恨没有能亲自到杭州西湖去欣赏一番。现在我门前池塘中呈现的就是那一派西湖景象。是我把西湖从杭州搬到燕园里来了。岂不大快人意也哉！前几年才搬到朗润园来的周一良先生赐名为"季荷"。我觉得很有趣，又非常感激。难道我这个人将以荷而传吗？

前年和去年，每当夏月塘荷盛开时，我每天至少有几次徘徊在塘边，坐在石头上，静静地吸吮荷花和荷叶的清香。"蝉噪林愈静，鸟鸣山更幽。"我确实觉得四周静得很。我在一片寂静中，默默地坐在那里，水面上看到的是荷花的绿肥、红肥。倒影映入水中，风乍起，一片莲瓣堕入水中，它从上面向下落，水中的倒影却是从下边向上落，最后一接触到水面，二者合为一，像小船似的漂在那里。我曾在某一本诗话上读到两句诗："池花对影落，沙鸟带声飞。"作者深惜第二句对仗不工。这也难怪，像"池花对影落"这样的境界究竟有几个人能参悟透呢？

晚上，我们一家人也常常坐在塘边石头上纳凉。有一夜，天空中的月亮又明又亮，把一片银光洒在荷花上。我忽听扑通一声。是我的小白波斯猫毛毛扑入水中，她大概是认为水中有白玉盘，想扑上去抓住。她一入水，大概就觉得不对头，连忙矫捷地回到岸上，把月亮的倒影打得支离破碎，好久才恢复了原形。

今年夏天，天气异常闷热，而荷花则开得特欢。绿盖擎天，红花映日，把一个不算小的池塘塞得满而又满，几乎连水面都看不到了。一个喜爱荷花的邻居，天天兴致勃勃地数荷花的朵数。今天告诉我，有四五百朵；明天又告诉我，有六七百朵。但是，我虽然知道他为人细致，却不相信他真能数出确切的数目。在荷叶底下，石头缝里，旮旮旯旯，不知还隐藏着多少菁葖[4]，都是在岸边难以看到的。

连日来，天气突然变寒。池塘里的荷叶虽然仍是绿油油的一片，但是看来变成残荷之日也不会太远了。再过一两个月，池水一结冰，连残荷也将消逝得无影无踪。那时荷花大概会在冰下冬眠，做着春天的梦。它们的梦一定能够圆的。“冬天如果来了，春天还会远吗？”

我为我的“季荷”祝福。

【注释】

[1]《清塘荷韵》是季羡林于 86 岁高龄时完成的佳作，发表于 1997 年 11 月 13 日《人民日报》。

[2] 旖（yǐ）旎（nǐ）：柔和美好。

[3] 睥（pì）睨（nì）：眼睛斜看，形容高傲的样子。

[4] 菁（gū）葖（tū）：花骨朵儿。

【课文简解】

这篇散文获第八届“中国新闻奖”副刊作品一等奖，是一篇散文佳作。文章描述作者爱荷、种荷、盼荷、赏荷的经历，在抒写作者淡雅的生活情趣中，抒发对人生的感悟。文章清新俊逸，脱尽浮华，行文平易晓畅，直白中蕴蓄着绵长不尽的韵味。

入世之惑 [1]

王开林

王开林，1965 年出生于长沙，1986 年毕业于北京大学中文系，湖南省作协副主席，著作有散文随笔集《灵魂在远方》《站在山谷与你对话》《沧海明珠一捧泪》《大变局与狂书生》《新文化与真文人》《敢为天下先》《非常爱，非常痛》《非常人，非常事》等。

严格说来，游泮求学的阶段还只能算作入世的前期，因为羽翮未丰之故，雏鹰也不敢试探云天。

这种企盼却不可遏止。

毕竟草原对于羊是一种诱惑，昊旻对于鸟也是一种诱惑。

它们只想到那里的快乐与自由。

危险呢？是无处不在的，但它们不怕，所谓初生牛犊不怕虎吧。

一个人，除非夭折，入世是迟早的事情。这张大门也永远敞开着，不管熙熙者为名，还是攘攘者为利，它都来者不拒。然而，出口却相对狭小，在这张窄门外不远的地方，布满了寺院和庙宇，这里无疑隐藏着一条通往天堂和来生的捷径。

在寺庙之旁，原本还有隐居者的林薮，现在却被伐木者斧斤剃成了濯濯童山，连蛇鼠之类也迁居别处了。

入世之前，谁会认定自己命运多舛呢？尽管人们都很清楚，怀才不遇是常有的事情。

“愿乘长风破万里浪！”

“直挂云帆济沧海！”

这些都仅仅是美好的理想和愿望。

卞和三献玉，先是被刖足，后是被挖眼，他以残废之躯忍百耻而酬夙愿，是大坚忍者，也是大悲苦者，读史至于此处，怎不令人黯然神伤，恻然心痛？

既有献玉的人，就有淘金的人。

淘金者逐利，“利”字旁边有倚刀，他们走的是一条险道。孟子对梁惠王说：“王何必曰利，唯有仁义而已矣。”这种教诲无论是对庙堂之君还是对市井之民，都终告无效。

何况名利相生，蔚然而为世间的大学问大风景，众人昧于所得，便不计得失。良知呢？成了烫手碍眼之物，统统被弃这沟渠。

圣人死在两千四百七十年前，“仁、义”早已是两粒干瘪的种子，根本不可能再发芽了。

好啊，你方唱罢我登场，何必分南北剧种呢？又何必分生、旦、净、末、丑呢？还是八仙过海，各显神通吧。

入世之初，性善性恶且撇开不顾。

强者说：“虎嘴拔牙，刀口舔血！”

弱者说:“明哲保身,与世无尤。”

智者说:“鹬蚌相争,渔翁得利。”

愚者说:“有酒有肉,心满意足。”

看破者出语则又有不同:“人生在世,衣食二字,我富也如此,贵也如此,贫也如此,贱也如此。何必殚思竭虑以求其余?”

一个聪明的现代人却会立刻看到问题的实质所在:“贫富贵贱的区别乃是生活质量高下的区别。人生如朝露易晞,世事如白云苍狗,富贵与贫贱又何异于霄壤云泥?失意者可以‘视富贵如浮云’而自解,却不应该以此自欺!”

聒耳之声不绝如缕,我们莫衷一是。

且走一程,看一程,思一程,悟一程。我们便不难遇见那些欺世盗名之徒和见利忘义之辈。

名利为傥来之物,汲汲于心者,追逐千里而往往不得;淡淡于怀者,退避三舍而屡屡获之。名为天下之公器,也是皎皎易玷之物,若让小人染指,必定败坏无疑。偷钱者不惜钱,正如沽名者不惜名,他们的龌龊行为使假名日鄙,真名亦为之贱。

古人何以重名节?因为他们有一种自觉意识:“要留清白在人间!”

今人践之踏之而不以为过,都是因为今日之名不同于古时之名,今日之名可由各种新闻媒介去胡乱炒出,古时候,必先实至而后名归。

入世者惑于名,就会成为迷途的羔羊。

现代人与报纸、声像结欢甚牢,眼见着各路名人多于皂泡,自己却默默无闻,怎能不既生烦恼又生羡慕呢?若真有一点楚霸王项羽的豪气,便也会大言不惭地说出“彼可取而代也”的话来。

入世者惑于名,必然急于见效,如此则往往弃大功而修小技,最终的造化就可想而知了。

人生在世,若能在“立德、立功、立言”三事上成就一二,则可以不抱愧,不遗悔。

立德极为艰难,沧海横流,若没有至强至紧的心性,又怎么经受得起世俗风浪的冲击?何况要立德就必须时时以高洁自励。在红尘之中,卓然如鹤立鸡群,衬出了宵小之辈的丑陋,是很遭嫉恨的。孔子周游列国,孟子说梁惠王,都以失败而告终,非其理不立,非其言不当,而是因为它们的德操不为鼠虫之辈所容。反之,张仪、苏秦都无德可称,仅凭其如簧巧舌,就轻而易举地攫取了功名利禄。

一个才志超凡的人若勇于任事,敢为天下先,又有很好的机遇,也是可以建立一番功业的。古人说:“难得而易失者,时也;时至而不旋踵者,机也。故圣人常顺时而动,智者必因机以发。”真要是时运相济,才志相称,立功往往只在指麾之间,否则,筚路蓝缕,胼手胝足,甚而至于杀身求仁,舍生取义,功业依然如九丈沙塔,百建难有一成。“戊戌六君子”爱国不可谓不深,运思不可谓不苦,用国不可谓不勤,最终却都惨死于屠刀之下,千秋功业也成了梦幻空花。自古以来,大才子大志士往往落魄失意,除了嗟叹“时哉命也”,又能如何?

志愿不酬,抱负不展,他们就只好退而立言,如顾炎武、王夫之等先贤,都最终走了这条路。对于他们来说,名山事业乃是最后的依托。

世间立德者少有,而立功、立言者多见。最可笑的是,百无一能者也想功德圆满,不学无术者也想著作等身,尽管他们最终被讥为不自量力和糟蹋斯文,却使尘世添出许多喧嚣与烦聒。

厌于立德而惑于立功、立言，其结果往往走向意愿的反面。这样的功也就很难成为不世之功，这样的言也就很难成为不刊之言。

世人既惑于名，惑于利，也惑于情。

所谓男女之情，岂是风月二字这样简单？

情与欲其实不可分割，纯粹的情（仅指心灵成分）是很难孤立存在的，若不是少男少女的游戏，就是柏拉图主义者的侈谈。

唐朝诗人孟郊有一首《偶作》："利剑不可近，美人不可亲。利剑近伤手，美人近伤身。道险不在远，十步能摧轮。情爱不在多，一夕能伤神。"这首诗虽然有点危言耸听的意思，但也并非全无道理。

惑于情，自不免惑于色。我们自解的办法虽多，能收奇效的却根本没有。僧侣若遇到这种难题，或可以手捻檀珠，口中念念有词："色即是空，空即是色。"然而，常人身上却全无一点道行，又如何能视红粉却白骨？这就难怪会有"冲冠一怒为红颜"的吴三桂，有"不爱江山爱美人"的温莎公爵。

孟子说："食、色，性也。"但极情纵欲就完全超越了本性的限度，适足以使神智两伤。大丈夫伟男子虽然都是有情之人，但其脱俗之处是在于不受情爱的羁绊，他们能入能出，由于有大气概，因此才能成就波澜壮阔、多姿多彩的大感情。

少年惑于情爱，悔在其后；中年惑于情爱，悔则随之；老年惑于情爱，悔则立至。那些千金买笑的人就完全不值一哂了。

"三十而立，四十而不惑。"

孔子的这种界定未免失之简单了一些，因为惑也不惑并不以四十岁为分水岭。有的人终其一生仍在浓雾之中，找不到出路；有的人却早早地钻了黑洞，见到光明。

我从来就没有断然决然的出尘之想，一则视为畏途，一则尚无觉悟。于名利也还没能修成视之如粪土的功夫，但我有明确的原则，正如孔子所说："饭疏食，饮水，曲肱而枕之，乐亦在其中矣。不义而富且贵，于我如浮云。"如此坚守本心，"三立"之事庶几乎可成一二？至于情，我则完全抱着顺其自然的态度，似乎没有迷惑的危险。

世间往往有大困惑，尔后才有大觉悟，因此，不怕有惑于其前，只怕无悟于其后。

不惑，无疑是人生中一种大境界。

【注释】

[1] 课文选自《灵魂在远方》（中央编译出版社，1996 年第 1 版）。

【课文简解】

这篇文章是作者 40 岁左右的人生感悟。人来到世间总要进入社会，进入社会所追求的目标归结为儒家的立德、立功、立言的人生。现实社会中多数人无法立德于世，于是为名利之心而去立功或立言，急于求成，急于获利，急于求名。人生之困惑除了前面"三立"，还有情爱的困惑。作者表述自己对名利情淡然应对，人生不惑在于本心，最后抒发自己不"惑"于世的感慨。

要生活得写意

蒙　田

米歇尔·德·蒙田(1533—1592),法国人,文艺复兴时期思想家、作家。他著有《尝试集》《随笔集》,被人们视为写随笔的文学巨匠。

跳舞的时候我便跳舞,睡觉的时候我就睡觉。即便我一人在幽美的花园中散步,倘若我的思绪一时转到与散步无关的事物上去,我也会很快将思绪收回,令其想想花园,寻味独处的愉悦,思量一下我自己。天性促使我们为保证自身需要而进行活动,这种活动也就给我们带来愉快。慈母般的天性是顾及这一点的。它推动我们去满足理性与欲望的需要。打破它的规矩就违背情理了。

我知道恺撒与亚历山大就在活动最繁忙的时候,仍然充分享受自然的、也就是必需的、正当的生活乐趣。我想指出,这不是要使精神松懈,而是使之增强,因为要让激烈的活动、艰苦的思索服从于日常生活习惯,那是需要有极大的勇气的。他们认为,享受生活乐趣是自己正常的活动,而战事才是非常的活动。他们持这种看法是明智的。我们倒是些大傻瓜。我们说:"他一辈子一事无成。"或者说:"我今天什么事也没有做……"怎么！您不是生活过来了吗？这不仅是最基本的活动,而且也是我们的诸活动中最有光彩的。"如果我能够处理重大的事情,我本可以表现出我的才能。"您懂得考虑自己的生活,懂得去安排它吧？那您就做了最重要的事情了。天性的表露与发挥作用,无需异常的境遇。它在各个方面乃至在暗中也都表现出来,无异于在不设幕的舞台上一样。我们的责任是调整我们的生活习惯,而不是去编书;是使我们的举止井然有致,而不是去打仗,去扩张领地。我们最豪迈、最光荣的事业乃是生活得写意,一切其他事情,执政、致富、建造产业,充其量也只不过是这一事业的点缀和从属品。

【课文简解】

蒙田在这篇文章中阐述了生命的意义在于享受生活的过程。对于生活中的每一件事都能够认真去对待,就是细致的生活,写意的生活。

单元练习

一、诗意栖居的基础是什么？

二、如何看待中国古代文学作品里作家与他们的人生？

三、如何看待中国现当代作家与他们的文学作品里的人生？

四、结合古今中外文学作品和文化观念阐述人生怎样更美丽。

第十三单元　青春无悔

大学是青年走入社会的最后学习场所。在这里，青年人要把握好人生最美的时光。司马迁说："人固有一死，或重于泰山，或轻于鸿毛。"如何做到人生美如画，人生路顺畅，人生有意义，需要年轻的大学生们思考。古往今来，中外大家圣贤也都有过青春时代，他们在青春时代怎样呼喊，过后又怎样反思。

"若有诗词藏于心，岁月从不败美人"，大学是青年学子学习的最重要时期，学习是大学生们的首要任务，不光要把专业课学得扎实深厚，还要学习未来生活必备的文化修养，以一个专通人才的标准去要求自己，不负青春美好年华。

以梦为马，诗酒趁年华。大学生要有理想，学习不是死学，而是在远大理想和抱负的指引下，明确青年大学生所面对的未来世界和所要承担的责任。在使命感的驱使下，不断完善自我，做到青春无悔。

本单元作为最后一单元，选择了古今名家作品作为"青春无悔"主题的篇目，阐述古今名家对青春年华的珍视，鞭策以往者，警示后来者。

苔[1]

袁　枚

袁枚(1716—1797),字子才,号简斋,晚年自号仓山居士、随园主人、随园老人,钱塘(今浙江省杭州市)人,清代诗人、散文家,乾嘉时期代表诗人,乾隆四年(1739年)进士,历任溧水、江宁等县知县。他40岁告归,在江宁小仓山下筑随园,与赵翼、蒋士铨合称"乾隆三大家"。著作有《小仓山房文集》《随园诗话》等,散文代表作《祭妹文》。

白日不到处,青春恰自来。
苔花如米小,也学牡丹开。

【注释】

[1] 苔:即苔藓,是植物中较低等的类群,多生于阴暗潮湿之处。

【课文简解】

《苔》是一首咏物诗。诗歌首句写苔的生存环境,生长在太阳照不到,常年阴冷、潮湿的背阴处;二句写苔顽强的生命力,"青春""自来";三句进一步赞美苔也开出了花,虽然很小,也有着牡丹花的"人生"。苔花却是苔在自然中自我成长的结果。

青　春[1]

席慕蓉

席慕蓉(1943—),蒙古族,中国当代诗人、散文家、画家,全名穆伦·席连勃,著有诗集《七里香》《时光九篇》《无怨的青春》等,散文集《成长的痕迹》《有一首歌》等。

所有的结局都已写好
所有的泪水也都已启程
却忽然忘了是怎么样的一个开始
在那个古老的不再回来的夏日

无论我如何地去追索
年轻的你只如云影掠过
而你微笑的面容极浅极淡
逐渐隐没在日落后的群岚

遂翻开那发黄的扉页
命运将它装订得极为拙劣
含着泪,我一读再读
却不得不承认
青春是一本太仓促的书

【注释】

[1] 这首诗创作于1979年,是诗集《七里香》中一篇对青春感悟的诗作。

【课文简解】

《青春》是席慕蓉创作的现代诗歌。诗人描述青春短暂易逝,过去的青春无论怎样的糟糕,那也是人生的记忆,表现了诗人对青春的无限依恋之情。诗的第一节描述青春已经过去,如今只是回忆。青春犹如夏日,很炽热,有雨,也有骄阳。青春没有明显的界限,是模糊的,朦胧的,不知道什么时候开始,却知道什么时候结束。结果也早已确定,在泪水中还要告别青春,无论怎样,还要前行。第二节中,诗人把青春拟人化,以第二人称描述青春岁月短暂匆匆,年轻人在青春韶华里追寻探索,青年人在青春的微笑中很快结束青春。第三节中,诗人把青春比作"一本书",回味青春。无论青春怎样的拙劣,人们还是眼含热泪一读再读,对青春的无限眷恋和感叹,青春很美,但短暂。

相信未来[1]

食　指

食指（1948—），原名郭路生，山东鱼台人，朦胧诗代表人物，被誉为当代诗坛“朦胧诗鼻祖”。

当蜘蛛网无情地查封了我的炉台，
当灰烬的余烟叹息着贫困的悲哀，
我依然固执地铺平失望的灰烬，
用美丽的雪花写下：相信未来。

当我的紫葡萄化为深秋的露水，
当我的鲜花依偎在别人的情怀，
我依然固执地用凝霜的枯藤，
在凄凉的大地上写下：相信未来。

我要用手指那涌向天边的排浪，
我要用手掌那托住太阳的大海，
摇曳着曙光那枝温暖漂亮的笔杆，
用孩子的笔体写下：相信未来。

我之所以坚定地相信未来，
是我相信未来人们的眼睛——
她有拨开历史风尘的睫毛，
她有看透岁月篇章的瞳孔。

不管人们对于我们腐烂的皮肉，
那些迷途的惆怅、失败的苦痛
是寄予感动的热泪、深切的同情，
还是给予轻蔑的微笑、辛辣的嘲讽。

我坚信人们对于我们的脊骨，
那无数次的探索、迷途、失败和成功，

一定会给予热情、客观、公正的评定，
是的，我焦急地等待着他们的评定。

朋友，坚定地相信未来吧，
相信不屈不挠的努力，
相信战胜死亡的年轻，
相信未来、热爱生命。

1968 年 北京

【注释】

[1] 课文选自《新诗三百首鉴赏辞典》（上海辞书出版社，2008 年第 1 版）。《相信未来》是食指 20 岁时创作的一首朦胧诗，这首诗发表后在社会广为抄传，成为青年人喜爱的诗歌，食指因为这首诗被称为“知青诗魂”。

【课文简解】

全诗共有七节，诗歌的一至三节描述诗人所处的困境和面对困境做出的选择——“相信未来”；四至六节阐述为什么做出“相信未来”这样的选择，作者给予回答；最后第七节，诗人发出呼告“相信未来”，回扣诗题。

这首诗思想深刻，形式整齐，音韵和谐，让人们懂得了在逆境中，怎样好好地生活，怎样自我鼓励，怎样矢志不渝地恪守自己对明天的承诺。

心田上的百合花[1]

林清玄

林清玄(1953—2019),生于中国台湾高雄旗山,毕业于中国台湾世新大学,当代作家、散文家、诗人、学者,著有散文集《莲花开落》《冷月钟笛》《温一壶月光下酒》《白雪少年》《鸳鸯香炉》《迷路的云》《金色印象》《玫瑰海洋》等。

在一个偏僻遥远的山谷里,有一个高达数千尺的断崖。不知道什么时候,断崖边上长出了一株小小的百合。

百合刚刚诞生的时候,长得和杂草一模一样。但是,它心里知道自己并不是一株野草。

它的内心深处,有一个内在的纯洁的念头:“我是一株百合,不是一株野草,唯一能证明我是百合的方法——就是开出美丽的花朵。”有了这个念头,百合努力地吸收水分和阳光,深深地扎根,直直地挺着胸膛。终于,在一个春天的早晨,百合的顶部结出第一个花苞。

百合的心里很高兴,附近的杂草却很不屑,它们在私底下嘲笑着百合花:“这家伙明明是一株草,偏偏说自己是一株花,还真以为自己是一株花。我看它顶上结的不是花苞,而是头脑长瘤了。”公开的场合,它们则讥讽百合:“你不要做梦了,即使你真的会开花,在这荒郊野外,你的价值还不是跟我们一样。”

偶尔也有飞过的蜂蝶鸟雀,它们也会劝百合不用那么努力开花:“在这断崖边上,纵然开出最美丽的花,也不会有人来欣赏呀!”

百合说:“我要开花,是因为我知道自己有美丽的花;我要开花,是为了完成作为一株花的庄严使命;我要开花,是由于自己喜欢以花来证明自己的存在。不管有没有人来欣赏,不管你们怎么看我,我都要开花!”

在野草和蜂蝶的鄙夷下,百合努力地释放内心的能量。

有一天,它终于开花了,它那灵性的白和挺秀的风姿,成了断崖上最美丽的风景。

这时候,野草与蜂蝶再也不敢嘲笑它了。

百合花一朵一朵地盛开着,花朵上每天都有晶莹的水珠,野草们以为那是昨夜的露水,只有百合自己知道,那是极度地欢喜所结的泪滴。

年年春天,百合努力地开花、结籽。它的种子随着风,落到山谷、草原和悬崖边上,渐渐地,山谷里到处都开满洁白的百合。

几十年后,远在百里、甚至千里之外的人们,从城市、从乡村,千里迢迢赶来欣赏百合开花。许多孩童跪下来,闻嗅百合花的芬芳;许多情侣互相拥抱,许下了“百年好合”的誓言;无数的人看到这从未见过的美,感动得落泪,触动内心那纯净温柔的一角。

那里,被人称为“百合谷地”。

不管别人怎么欣赏，满山的百合花都谨记着第一株百合的教导："我们要全心全意默默地开花，以花来证明自己的存在！"

【注释】

[1] 林清玄出生于一个世代务农的普通家庭，由于家贫，林清玄14岁离家，到远方求学，林清玄有着中华民族传统文化中内敛、自信、不屈服、靠自己的奋斗改变命运的精神，他一边求学一边写作，以投稿发表作品赚取生活费。没钱生活时，常帮渔民出海捕鱼、种蚵，甚至帮人在码头搬货，在屠宰场杀猪。林清玄17岁时，报刊连续10天刊载他的作品《行游札记十帖》，轰动一时。

【课文简解】

这篇散文是林清玄自身的写照。散文讲述了一株小小的野百合的生长历程，以寓言故事阐述普通人的成长，表达了要想实现并体现自己的人生价值，应当有自信、自知、执着和坚韧的品质。

野百合生于偏僻遥远的山谷、高数千尺的断崖，生长环境恶劣，但它并没有消磨它作为花——一棵百合的天性，它坚信自己是一朵花，而不是普通的草。为此，它"努力地吸收水分和阳光，深深地扎根，直直地挺着胸膛"，没有因为周围的冷嘲热讽而意志消沉，坚持自己的理想。它以自己的行动绽放了美丽的花朵，终于以它的美丽改变了周围，而不是被改变。

热爱生命[1]

汪国真

汪国真（1956—2015），当代诗人、书画家，主要作品有《年轻的潮》《热爱生命》《如果生活不够慷慨》《我微笑着走向生活》《年轻的思绪》《雨的随想》等。

我不去想
是否能够成功，
既然选择了远方，
便只顾风雨兼程。
我不去想
能否赢得爱情，
既然钟情于玫瑰，
就勇敢地吐露真诚。
我不去想
身后会不会袭来寒风冷雨，
既然目标是地平线，
留给世界的只能是背影。
我不去想
未来是平坦还是泥泞，
只要热爱生命，
一切，都在意料之中。

【注释】

[1] 课文选自《当代诗歌选》（同济大学出版社，2017 年第 1 版）。这首诗作于 1986 年，作者三次投稿后，才在 1988 年 2 月的《追求》上发表，被《读者》（1988 年第 10 期）收为卷首作品。

【课文简解】

这是一首自我激励的抒情诗歌。诗人在这首诗里提出“热爱生命”这一严肃的人生命题。从成功、爱情、别人的冷嘲热讽和未来道路四个方面给出回答，阐释热爱生命就要去努力实践和奋斗。

一滴水可以活多久

迟子建

迟子建，女，1964年出生，黑龙江人，当代作家，著有小说集《北极村童话》《白雪的墓园》《清水洗尘》《雾月牛栏》，散文随笔集《伤怀之美》《我的世界下雪了》，作品获“鲁迅文学奖”“冰心散文奖”“茅盾文学奖”等文学奖，长篇小说《额尔古纳河右岸》入选“新中国70年70部长篇小说典藏”。

这滴水诞生于凌晨的一场大雾中。人们称它为露珠，而她只把它当作一滴水来看待，它的的确确就是一滴水。最初发现它的人是一个七八岁的小女孩，她不是在玫瑰园中发现它的，而是为了放一只羊去草地，在一片青草的叶脉上发现的。那时雾已散去，阳光在透明的空气中飞舞。她低头的一瞬发现了那滴水。它饱满充盈，比珠子还要圆润，阳光将它照得通体透亮。她在敛声屏气地盯着这滴水看的时候，发现了一只黑黑的眼睛，她的眼睛被水珠吸走了，这使她很惊讶。我有三只眼睛，两只在脸上，一只在草叶上，她这样对自己说。然而就在这时，她突然打了一个喷嚏，那柔软的叶脉随之一抖，那滴水骨碌一下便滑落了。她的第三只眼睛也随之消失了。她便蹲下身子寻找那滴水，她太难过了，因为在此之前她从未发现过如此美的事物。然而，那滴水却是难以寻觅了。它去了哪里了？它死了吗？

后来她发现那滴水去了泥土里，从此她便对泥土怀着深深的敬意。人们在那片草地上开了荒，种上了稻谷，当沉甸甸的粮食脱去了糠皮，在她的指间矜持地散发出成熟的微笑时，她确信她看见了那滴水。是那滴水滋养了金灿灿的稻谷，她在吃它们时，意识里便不停地闪现出凌晨叶脉上的那滴水，它盈盈欲动，晶莹剔透。她吃着一滴水培育出来的稻谷一天天地长大了。

有一个夏日的黄昏，她在蚊蚋的歌唱声中发现自己成了一个女人，她看见体内流出的第一滴血时，便确信那是几年前那滴水在她体内作怪的结果。她开始长高，发丝变得越来越光泽柔顺，胸脯也越来越丰满。后来，她嫁给了一个种地的男人。她喜欢他的力气，而他则依恋她的柔情。她怎么会有这么浓的柔情呢？她俯在男人的肩头老是有说不尽的话，在夜晚时被男人搂在怀里就总也不想再出来，后来她明白是那滴水给予了她柔情。不久，她生下了一个孩子，她的奶水真旺啊，如果不是吃那滴水孕育出的稻米，她怎么会有这么鲜浓的奶水呢？后来，她又接二连三地生孩子，她渐渐地老了，她在下田时常常眼花，即使阴雨绵绵的天气也觉得眼前阳光飞舞。她的子孙们却像椴树林一样茁壮地成长起来。

她开始抱怨那滴水，你为什么不再给予我青春、力量和柔情了呢？难道你真的死去了吗？她步履蹒跚地走向童年时去过的那片草地，如今那里已经是一片良田，入夜时田边的水洼里蛙声阵阵。再也不见碧绿的叶脉上那滴纯美至极的水滴了，她伤感地落泪了。她的一滴泪水滑落到手上，她又看见了那滴水，莹白圆润，经久不衰。你还活着，活在我的心头！她惊喜地对着那滴水说。

她的牙齿渐渐老化，咀嚼稻米时显得吃力了。儿孙们跟她说话时要贴着她耳朵大声地喊，即使这样，她也只是听个一知半解。她老眼昏花，再也没有激情俯在她男人的肩头咕哝不休了。而她的男人看上去也畏畏缩缩，终日垂头坐在门槛前的太阳底下，漠然而平静地看着脚下的泥土。有一年的秋季，她的老伴死了，她嫌他比自己死得早，把她给丢下了，一滴眼泪也不肯给予他。然而埋葬他之后的一个深秋的月夜，她不知怎的格外想念他，想念他们的青春时光。她一个人拄着拐杖哆哆嗦嗦地来到河边，对着河水哭她的伴侣。泪水落到河里，河水仿佛被激荡得上涨了。她确信那滴水仍然持久地发挥着它的作用，如今那滴水幻化成泪水融入了大河。而她每天又都喝着河水，那滴水在她的周身循环着。

直到她衰老不堪即将辞世的时候，她的意识里只有一滴水的存在。当她处于弥留之际，儿孙们手忙脚乱地为她穿寿衣，用河水为她洗脸时，她的头脑里也只有一滴水。那滴水湿润地滚动在她的脸颊，为她敲响丧钟。她仿佛听到了叮当叮当的声音。后来，她打了一个微弱的喷嚏，安详地合上眼帘。那滴水随之滑落在地，渗透到她辛劳一生的泥土里。她不在了，而那滴水仍然活着。

她在过世后又变成了一个七八岁的小女孩。有一天凌晨大雾消散后，她来到一片草地，在碧绿的青草叶脉上发现了一颗露珠，确切地说是一滴水。她还看见了一只黑亮的眼睛在水滴里闪闪烁烁，她相信她与一生中所感受到的最美的事物相逢了。

【课文简解】

本文是一篇童话式的散文。文章讲述一个小女孩在一片草茎上发现一滴露珠，这滴露水落入泥土。文章先后用六个设问句来提起下文，反复询问“这滴水哪里去了”？露水滴入泥土滋养稻谷，从稻谷发出成熟的微笑时，小女孩确信那滴水活着，喂养了小女孩的成长。这滴水化成小女孩长大，成人，婚嫁，由露水化成血水，化成奶水，养育了下一代人。这个长大了的女孩始终确信是那滴水。终于有一天，当她老了，当初的露水化成了泪水，而这泪水再次融入泥土。文章以一滴露珠的循环演示着生命存在的价值，更是赞美女性在生命延续中的艰辛与纯美。

生如夏花[1]

泰戈尔

拉宾德拉纳特·泰戈尔（1861—1941），印度诗人、文学家、社会活动家、哲学家和印度民族主义者。1913 年，他以《吉檀迦利》成为第一位获得诺贝尔文学奖的亚洲人。代表作有《吉檀迦利》《飞鸟集》《园丁集》《新月集》《文明的危机》等。

生命，一次又一次轻薄过
轻狂不知疲倦

——题记

我听见回声，来自山谷和心间
以寂寞的镰刀收割空旷的灵魂
不断地重复决绝，又重复幸福
终有绿洲摇曳在沙漠

我相信自己
生来如同璀璨的夏日之花
不凋不败，妖冶如火
承受心跳的负荷和呼吸的累赘
乐此不疲

我听见音乐，来自月光和胴体
辅极端的诱饵捕获飘渺的唯美
一生充盈着激烈，又充盈着纯然
总有回忆贯穿于世间

我相信自己
死时如同静美的秋日落叶
不盛不乱，姿态如烟
即便枯萎也保留丰肌清骨的傲然
玄之又玄

我听见爱情，我相信爱情

爱情是一潭挣扎的蓝藻
如同一阵凄微的风
穿过我失血的静脉
驻守岁月的信念

我相信一切能够听见
甚至预见离散，遇见另一个自己
而有些瞬间无法把握
任凭东走西顾，逝去的必然不返

请看我头置簪花，一路走来一路盛开
频频遗漏一些，又深陷风霜雨雪的感动

般若波罗蜜，一声一声
生如夏花之绚烂，死如秋叶之静美
还在乎拥有什么

【注释】

[1]《生如夏花》（*Let life be beautiful like summer flowers*）是泰戈尔写的诗歌，收录在《飞鸟集》第82首，中文版由郑振铎翻译。

【课文简解】

《生如夏花》的寓意是说生命要像夏季的花朵那般绚烂夺目，努力去盛开，可除了生命中的美丽，人生也难免会有不完美的地方和不如意的结局，即使是悲伤如死亡，淡然地看待，就像秋叶般静美地接受所有的结局，最美的我已尽力去争取经历过了，那便没有遗憾了。

整首诗分成五节，每一节以“我听见……”开始，以“我相信……”承接，分别抒写“回声”“音乐”“爱情”，最后以“我相信一切能够听见”总述作结。

青　春[1]

塞缪尔·厄尔曼

塞缪尔·厄尔曼(1840—1924),美国作家,1840年生于德国,后随家人移居美国,他70多岁才开始写作,作品有《青春》等。

青春不是年华,而是心境;青春不是桃面、丹唇、柔膝,而是深沉的意志、恢宏的想象、炽热的感情;青春是生命的深泉在涌流。

青春气贯长虹,勇锐盖过怯弱,进取压倒苟安。如此锐气,二十后生有之,六旬男子则更多见。年岁有加,并非垂老;理想丢弃,方堕暮年。岁月悠悠,衰微只及肌肤;热忱抛却,颓唐必至灵魂。忧烦、惶恐、丧失自信,定使心灵扭曲,意气如灰。

无论年届花甲,抑或二八芳龄,心中皆有生命之欢乐,奇迹之诱惑,孩童般天真久盛不衰。

人人心中皆有一台天线,只要你从天上人间接收美好、希望、欢乐、勇气和力量的信号,你无不青春永驻、风华长存。

一旦天线降下,锐气便被冰雪覆盖,玩世不恭、自暴自弃油然而生,即便年方二十,实已垂垂老矣;然则只要竖起天线,捕捉乐观信号,你就有望在八十高龄告别尘寰时仍觉年轻。

【注释】

[1] 课文选自《文采菁华》(中山大学出版社,2014年第1版),本文有多个翻译版本,课文选用的是通行的王佐良先生的译本。

【课文简解】

《青春》在美国发表时,轰动全美,许多中老年人把它作为安排后半生的精神支柱。麦克阿瑟将军在太平洋战争时,《青春》这篇文章一直陪伴他,他在演讲时经常引述。松下幸之助一直把《青春》当作自己的座右铭。

有人把这篇短文当作诗歌,有人把它当作散文。作者开篇强调什么是青春,青春是心境、情感和生命的动力,接着围绕这三方面阐述青春的作用和特点,最后告诉读者要拥抱青春。

单元练习

一、背诵《苔》。

二、结合文学作品阐述青年人的人生困境。

三、结合文学作品阐述当代大学生应该怎样对待自己的青春时光。

四、结合文学作品和课程思政要求，试论述当代青年生命价值观。